ACCESO GRATIS *a la Lectura en la Nube*

Para visualizar el libro electrónico en la nube de lectura envíe junto a su nombre y apellidos una fotografía del código de barras situado en la contraportada del libro y otra del ticket de compra a la dirección:

ebooktirant@tirant.com

En un máximo de 72 horas laborables le enviaremos el código de acceso con sus instrucciones.

LA INJERENCIA DE LA JUNTA DE SOCIOS EN ASUNTOS DE GESTIÓN Y LA COMPETENCIA EXCLUSIVA EN MATERIA DE ACTIVOS ESENCIALES

NOVEDADES Y REFLEXIONES

Procedimiento de selección de originales, ver página web:
www.tirant.net/index.php/editorial/procedimiento-de-seleccion-de-originales

LA INJERENCIA DE LA JUNTA DE SOCIOS EN ASUNTOS DE GESTIÓN Y LA COMPETENCIA EXCLUSIVA EN MATERIA DE ACTIVOS ESENCIALES

NOVEDADES Y REFLEXIONES

MARTÍN GONZÁLEZ-ORÚS CHARRO

tirant lo blanch
Valencia, 2025

En caso de erratas y actualizaciones, la Editorial Tirant lo Blanch publicará la pertinente corrección en la página web www.tirant.com.

© TIRANT LO BLANCH
EDITA: TIRANT LO BLANCH
C/ Artes Gráficas, 14 - 46010 - Valencia
TELFS.: 96/361 00 48 - 50
FAX: 96/369 41 51
Email: tlb@tirant.com
www.tirant.com
Librería virtual: www.tirant.es
DEPÓSITO LEGAL: V-4457-2025
ISBN: 979-13-7021-380-0

Si tiene alguna queja o sugerencia, envíenos un mail a: *atencioncliente@tirant.com*. En caso de no ser atendida su sugerencia, por favor, lea en *www.tirant.net/index.php/empresa/politicas-de-empresa* nuestro procedimiento de quejas.

Responsabilidad Social Corporativa: http://www.tirant.net/Docs/RSCTirant.pdf

ÍNDICE

Capítulo II
LAS OPERACIONES SOBRE ACTIVOS ESENCIALES. ÁMBITO OBJETIVO Y PROCEDIMENTAL

Capítulo III
LAS CONSECUENCIAS DE NO SOMETER AL ACUERDO DE LA JUNTA GENERAL LOS ACTOS DE DISPOSICIÓN SOBRE ACTIVOS ESENCIALES

INTRODUCCIÓN

La Ley 31/2014, de 3 de diciembre, por la que se modifica la Ley de Sociedades de Capital para la mejora del gobierno corporativo, trajo consigo una de las novedades más relevantes en materia de orgánica y competencial de las sociedades de capital: la competencia exclusiva de la junta de socios para decidir sobre las operaciones relativas a los activos esenciales, plasmada en los arts. 160 f) y 511 bis de Real Decreto Legislativo 1/2010, de 2 de julio, por el que se aprueba el texto refundido de la Ley de Sociedades de Capital (LSC). Desde ese momento, numerosos autores interesados en escribir sobre el asunto han realizado importantes reflexiones y esfuerzos por ofrecer respuestas a los múltiples interrogantes que plantean aquellos preceptos; también, han sido variadas las resoluciones judiciales y administrativas que han abordado la cuestión.

La intención del legislador fue la de reforzar el papel de la junta general en la sociedad, así como abrir diversos cauces para fomentar la participación accionarial. Esa mayor presencia tiene por objeto, además, ejercer ciertos poderes de control sobre el órgano de administración, otorgando a los socios una facultad adicional y muy específica respecto de sus competencias de gestión. No procede olvidar que la Ley 2/1995, de 23 de marzo, de Sociedades de Responsabilidad Limitada, reconoció en su art. 44.2 la facultad de la junta para intervenir en ciertos asuntos de gestión concretos y bien delimitados, permitiendo impartir instrucciones o un protocolo a los administradores para llevarlos a cabo, o bien exigiendo una autorización previa. Facultad que se ha trasladado a nuestra legislación vigente a través del art. 161 LSC, una potestad de los socios que no ha planteado excesivos problemas, ya que esta injerencia resulta relativamente leve. Únicamente puede recaer sobre asuntos de gestión concretos y no sobre toda la administración en general; además, este protocolo, obligatorio para el administrador, deviene proteccionista frente a terceros de buena fe, quienes no verán alterada la eficacia de los actos con ellos celebrados cuando los administradores los lleven a cabo incumpliendo tales protocolos marcados por la junta.

En cambio, la competencia en materia de activos esenciales ofrece una perspectiva distinta. Pese a ser operaciones sobre asuntos de gestión, quedan reservadas en exclusiva a la aprobación de la junta por su relevancia, pues arrojan efectos similares a las modificaciones estructurales. En este sentido, el legislador plasma en la ley la doctrina alemana de las "competencias no escritas o implícitas" manifestadas en el famoso caso "Hozlmüller"; en este sentido, España es de los pocos países de la UE en incorporar en su ordenamiento una competencia de esta naturaleza, salvando el caso de Bélgica, que en el año 2024 reformó su derecho de sociedades para regular el asunto de los activos esenciales, aunque con mayores precisiones y ciertas diferencias respecto de nuestra regulación, como veremos. El objeto de esta monografía es el de interpretar, conforme a la teoría finalista de nuestras normas, el sentido e impacto que arroja la competencia de los activos esenciales, dando respuesta a los interrogantes que arroja este tema nada sencillo.

A tal efecto, hemos estructurado el libro en cuatro capítulos.

En el Capítulo Primero ofrecemos una visión general sobre el sentido y la importancia de los órganos de las sociedades de capital, la división de competencias y, en especial, la injerencia de la junta sobre los administradores en los asuntos de gestión. En torno a esto último, abordamos los precedentes histórico-causales de esta potestad. La junta, como órgano soberano, asume funciones de supervisión y control sobre la administración social, pues de ella no sólo depende la buena marcha de la sociedad en el tráfico, sino también su subsistencia; razón, ésta, que justifica el establecimiento de protocolos —no excesivamente invasivos en la administración social— sobre ciertas operaciones concretas en materia de gestión. En este sentido, se analiza el significado y alcance del art. 161 LSC: el elenco de operaciones de gestión a que se refiere y las modalidades de injerencia sobre aquéllas (el protocolo previo mediante la emisión de instrucciones o la exigencia de autorización a la junta), y sus requisitos de validez legal. Además, abordaremos la estricta eficacia interna del art. 161 LSC, por expresa remisión e indicación al art. 234 LSC.

En el Capítulo Segundo analizaremos ya el asunto de la competencia exclusiva de la junta en materia de activos esenciales al amparo de los arts. 160 f) y 511 bis LSC. Estos preceptos constituyen un grado de injerencia superior con respecto al art. 161 LSC. Las razones para incorporar una previsión de tal calibre obedecen a una tutela personal y patrimonial de la sociedad y de los derechos de los socios frente a operaciones que, por su dimensión económica, son susceptibles de generar un impacto estructural y/o despatrimonializador, que ponga en riesgo la subsistencia de la entidad. No obstante, los activos esenciales han planteado muchos problemas interpretativos, lo que ha ocasionado una importante división de posturas en nuestra doctrina científica, jurisprudencial y administrativa. Conflictos referentes a múltiples cuestiones, como el alcance del concepto de activo esencial, del tipo de operaciones a las que afecta, del protocolo procedimental que ha de seguir la junta para poder autorizar al órgano de administración su ejecución. Por tal razón, en este capítulo comenzamos ofreciendo una solución interpretativa a estos problemas. Evaluaremos la esencialidad de un activo social, distinguiendo entre aquéllos que tienen una función operativa en la sociedad respecto de los que carecen de dicha utilidad. Además, abordaremos el asunto desde una doble perspectiva. En primer lugar, consideraremos el activo esencial en un sentido cualitativo, desarrollando las consecuencias relevantes más habituales que arroja para la sociedad la salida de uno de esos activos: la modificación de facto del objeto social, el impacto estructural o la liquidación —también de facto— de la entidad. Dentro de los grupos de sociedades dedicamos un espacio al examen de las denominadas "operaciones de filiación y subfiliación". Por otro lado, desempeñaremos el análisis de los activos esenciales desde una perspectiva cuantitativa, donde desgranaremos la presunción legal de esencialidad del 25%. Igualmente, abordamos el problema de la inclusión o exclusión —del art. 160 f) LSC— de las operaciones que no lleva aparejada una transmisión plena o directa del dominio de los activos esenciales: el arrendamiento o el establecimiento de gravámenes (garantías reales) sobre dichos activos. En último lugar, desarrollamos el proceder que han de guardar los administradores sociales cuando consideren adecuado realizar alguna operación sobre activos esenciales.

El Capítulo Tercero está destinado al estudio de un asunto clave en la materia: las consecuencias externas de realizar una operación sobre activos esenciales sin haberla sometido previamente al acuerdo de la junta general. Para el desarrollo de este apartado, he dividido los epígrafes según las dos posiciones defendidas: las que consideran que el negocio sería válido frente a terceros (protección del tercero de buena fe) y los que entienden que habría de ser nulo (medida en defensa de la sociedad y de los socios). Abordamos las posturas doctrinales, jurisprudenciales y de la Dirección General de Seguridad Jurídica y Fe Pública defendidas en ambos sentidos. Después, nos centramos en las consecuencias internas y los remedios oportunos frente al incumplimiento del deber de los administradores de solicitar autorización a la junta para proceder a la enajenación o adquisición de un activo esencial; aquí, nos centramos en el régimen de responsabilidad del órgano de administración establecido en los arts. 236 y ss. LSC. Finalmente, el capítulo cierra con una opinión jurídica sobre el asunto en la que ofrezco mi postura, según lo que considero que nuestro legislador ha querido manifestar con la regulación de los activos esenciales.

En el Capítulo Cuarto —y último— de esta obra abordamos el asunto de las operaciones sobre activos esenciales de la sociedad en estado de disolución o de insolvencia (en sus diversos grados y fases del procedimiento). En primer lugar, trataremos el caso de la sociedad en disolución y la nula relevancia de obtener la autorización de los socios para enajenar un activo esencial, considerando que una entidad incursa en dicha situación ha de liquidar todo su patrimonio para transformarlo en activo dinerario y proceder al pago de la cuota a los socios. Posteriormente, analizaremos la cuestión desde una perspectiva concursal en todas sus fases. Desarrollaremos los principios de la insolvencia en materia de conservación patrimonial durante el concurso y el preconcurso, y nos centraremos en la venta de un activo esencial en los diversos estados del procedimiento (fase común, convenio y liquidación), así como durante la negociación de un plan de reestructuración.

Con todo ello, pretendemos ofrecer al lector el análisis de un asunto candente en la práctica jurídica societaria y que, por tanto, continúa revistiendo un innegable interés teórico-práctico. Con esta obra expongo, igualmente, mi posición interpretativa sobre una legislación que, si bien valiente, resulta compleja y presenta muchos interrogantes que todavía quedan pendientes de resolver por nuestro legislador. Por todo ello, esperamos que su lectura resulte de agrado para toda clase de juristas: desde profesionales e investigadores especializados en el derecho de sociedades, hasta estudiantes que comienzan a iniciarse en las enseñanzas del mismo.

Salamanca, 24 de octubre de 2025

Capítulo I

LAS COMPETENCIAS DE LA JUNTA DE SOCIOS EN MATERIA DE GESTIÓN

I. LOS ÓRGANOS DE LA SOCIEDAD Y LA DISTRIBUCIÓN DE COMPETENCIAS

La sociedad de capital es un ente dotado de personalidad jurídica capaz de adoptar decisiones en el ámbito de sus competencias. La voluntad social se articula como el "querer" de la sociedad en cada uno de los pasos que da en el tráfico jurídico; y la posibilidad de ejecutar todos sus actos proviene de la asunción de unas notas básicas que son comunes a toda persona, sea física o jurídica: capacidad jurídica y responsabilidad. Sin embargo, a diferencia de la persona natural —que exhala en el sentido más propio y directo su voluntad—, la persona jurídica no puede exteriorizarla de la misma manera. Lo hace de una forma indirecta a través los "órganos sociales", que reflejan una estructura corporativa compleja y objetivada, y cuya existencia será permanente y continua a lo largo de toda la vida social. Todo ello es requisito esencial al objeto de gobernarla, pues sólo de este modo es posible llevar a cabo el fin social para el que fue creada[1].

La sociedad de capital está regida por dos órganos bien diferenciados. Por un lado, la junta de socios, consagrado como un órgano integrado exclusivamente por quienes ostentan la condición de socios. Se reúnen para adoptar acuerdos sobre materias objeto de su competencia (art. 160 LSC) por mayoría de votos; esto último a excepción, claro está, cuando la sociedad tenga la consideración de unipersonal, en cuyo caso será el socio único quien ejerza las competencias de la junta general (art. 15.1 LSC), sin que por ello pier-

---

[1] Alude VILLAMIL FERREIRA, V., (*La separación de los administradores en las sociedades de capital*, Tiran lo Blanch, Valencia, 2021, p. 84) a la persona jurídica de la sociedad, refiriéndose a ella, no como una realidad, sino como un mecanismo de imputación de actos y consecuencias jurídicas; una realidad sui generis que afecta a un ente abstracto y a un patrimonio afecto a él que afrontarán la responsabilidad por tales actos.

da en este caso la consideración de "órgano"[2]. Asimismo, la junta es considerada como el órgano soberano y discontinuo. Soberano no necesariamente en un sentido dominante respecto de los administradores, sino en cuanto a las funciones que asume, que son las de mayor trascendencia para la vida social[3]. Así se aprecia en el listado de materias del art. 160 TRLSC.

Considerando a GARCÍA-CRUCES[4], las competencias de la junta pueden agruparse en tres categorías.

La primera hace referencia a las anudadas a la estructura y organización de la sociedad, como la modificación de los estatutos sociales [arts. 160 c) y 285.1 LSC], con especial mención al aumento y reducción de capital [art. 160 d), 296.1, 160.d) y 318.1 LSC] o la limitación o eliminación del derecho de preferencia en la asunción de participaciones y en la suscripción de acciones [arts. 160.e) y 308.1 LSC]; sin duda, aspectos de especial relevancia para lograr una adecuada configuración interna. Dentro de este grupo, también quedan incluidas otras competencias dirigidas a alcanzar una verdadera metamorfosis

---

2 Ya expuso CARBAJO CASCÓN, F., (*La sociedad de capital unipersonal*, Aranzadi, Cizur Menor, 2002, pp. 444 y ss.) que la estructura de toda sociedad de capital no queda sustentada por la existencia de una agrupación de individuos (personas físicas o jurídicas), sino por un elemento esencial y preponderantemente patrimonial (*"intuitu pecuniae"*), situación que se articula a través de un capital social dividido en acciones o participaciones sociales susceptibles de acumularse, todas ellas, en manos de una única persona. Sin embargo, es cierto —y así lo menciona el autor—, que mientras existe esa unipersonalidad, ciertas normas corporativas *"permanecen latentes (inaplicables por irrelevantes) y recuperan todo su vigor cuando concurre una pluralidad de socios"*. Sobre el particular, consúltese la interesante RDGRN de 21 de junio de 1990 (RJ 1990/5366) que admitió firmemente la compatibilidad entre junta general y socio único en un caso de unipersonalidad sobrevenida de sociedad.

3 La STS de 16 de septiembre de 2000 (RJ 2000/7628), al indicar *que "no se puede negar la soberanía de la Junta de accionistas sobre los demás órganos de administración de la sociedad, pero esta soberanía ha de entenderse en las relaciones de carácter vertical, en el sentido de que los acuerdos de la junta son soberanos respecto a los demás actos de la administración de la sociedad"*. Vid., también, entre otras: SSTS de 2 de febrero de 2017 (RJ 2017/396); de 20 de junio de 2010 (RJ 2010/6563); de 9 de julio de 2007 (RJ 2007/4960); o de 30 de septiembre de 1997 (RJ 1997/6461).

4 GARCÍA-CRUCES GONZALEZ, J. A., "Comentarios al art. 160 LSC", en GARCÍA-CRUCES GONZALEZ, J. A. (Dir.), *Comentario de la Ley de Sociedades de Capital*, Tomo III, Tirant lo Blanch, Valencia, 2021, pp. 2243-2282, p. 2251.

en la estructura societaria, como la de establecer una modificación estructural de la persona jurídica, que implica una alteración de su ADN; aspecto que arroja, indudablemente, múltiples efectos, tanto internos como externos [transformación, fusión, escisión, cesión global de activo y pasivo o el traslado del domicilio social al extranjero: arts. 160 g) y Títulos III y IV del Real Decreto-ley 5/2023, de 28 de junio, de transposición de Directivas de la Unión Europea en materia de modificaciones estructurales de sociedades mercantiles (y otros asuntos)]; igualmente, podríamos mencionar otras relacionadas en materia de emisión de obligaciones [arts. 406, 414 y 417 LSC].

La segunda categoría de competencias está referida a la política financiera y contable de la sociedad. Como titulares patrimoniales de la entidad, corresponde a los socios la aprobación o el rehúse de las cuentas anuales elaboradas por el órgano de administración [arts. 160 a) y 272.1 LSC], quienes tienen la última palabra sobre éstas previamente a su depósito en el Registro Mercantil. También es de su competencia la aplicación del resultado [arts. 160 a) y 273.1 LSC], lo que integra —a su vez— la determinación y el reparto, en su caso, del dividendo [arts. 160 a) y 276.1 LSC]. En torno a la verificación de las cuentas anuales, corresponde —igualmente a la junta— la designación del auditor [art. 160 b), 264 y 265 LSC].

En último lugar, la junta asume funciones de vigilancia y control sobre el órgano de administración. Como se verá más adelante, los socios, como inversores del patrimonio social inicial —y de las aportaciones efectuadas por aumentos de capital—, asumen un cierto papel sobre los sujetos cuya gestión y administración se encomienda. De este modo, los socios nombran o separan del cargo a los administradores [arts. 160 b), 214.1 y 223.2 LSC], y aprueban la gestión que éstos realizan durante cada ejercicio [art. 160 a) LSC] —aunque no resulta obligatorio para aquellas sociedades que pueden presentar el balance y el estado de cambios en el patrimonio neto abreviados (art. 262.3 LSC); igualmente, habrán de decidir su sistema de remuneración de acuerdo con los parámetros establecidos por la ley (arts. 217-219 LSC).

Por otro lado, la junta es un órgano discontinuo. Aspecto referido, no en torno a una existencia oscilante del mismo, sino respecto a las veces que se reúne y actúa. Se congrega puntualmente: cuando proceda el examen y votación de los asuntos objeto de su competencia, bien porque así lo indique la ley (art. 164 LSC) o los estatutos, o bien porque convenga a los intereses sociales (art. 167 LSC).

El otro órgano de la sociedad es el encargado de la gestión y la administración social (art. 209 LSC). Representa a la entidad en el tráfico frente a terceros y adoptan las decisiones estratégicas ordinarias y algunas extraordinarias de naturaleza económica. Estas funciones habrán de ser ejecutadas respetando los deberes de diligencia y lealtad que los administradores tienen encomendados por la ley (arts. 225 y ss. LSC), quedando sometidos a un severo régimen de responsabilidad en caso de su incumplimiento (arts. 236 y ss., y 367 LSC). La organización del sistema de administración, nombramiento y cese de sus integrantes corresponde en exclusiva a la junta general (arts. 210, 211, 214 y 223 LSC), que no necesariamente habrán de reunir simultáneamente la condición de socio (art. 212.2 LSC). Los administradores ostentan en exclusiva las facultades representativas, al ser materia que afecta a terceros[5]; no obstante, esa representación tiene una naturaleza orgánica, bien diferenciada de una mera representación voluntaria[6]. En cambio, la materia relativa a la administración

---

5 RECALDE CASTELLS, A. J., "Art. 161. Intervención de la junta en asuntos de gestión", en JUSTE MENCÍA, J. (Coord.), *La junta general de las sociedades de capital: comentario a los artículos 159 a 208 LSC*, Aranzadi, Cizur Menor, 2022, pp. 80-95, p. 82.

6 El órgano de administración no representa *strictu sensu* a la sociedad, desarrollan lo que se denomina una "representación orgánica" porque son los encargados de crear, exteriorizar y ejecutar la voluntad social. No podemos hablar de una verdadera representación voluntaria. En primer lugar, porque los órganos sociales existen como un elemento inmanente a la persona jurídica, no son sujetos distintos a ella, aspecto básico en toda relación de representación (lo que se denomina "alteridad"). En segundo lugar, porque los órganos sociales son indispensables para la existencia y permanencia de la sociedad, como lo son los órganos vitales al cuerpo humano. Mientras que un simple representante colabora con la persona representada en ciertos momentos de su vida, pero su ausencia no impide la subsistencia del sujeto representado. En este sentido, la jurisprudencia de nuestro Alto Tribunal distingue nítidamente entre la representación orgánica que por imperio de la ley corresponde al administrador o administradores de la sociedad y la representación voluntaria otorgada a otras personas por los órganos de administración mediante apoderamientos parciales o generales. Así, la STS de 14 de marzo de 2002 (RJ 2002\5698) dispuso algunas consecuencias de dicha distinción: *"(…) mientras la representación orgánica se rige por la normativa correspondiente al tipo de sociedad de que se trate, la representación*

ofrece mayores problemas interpretativos, así como límites confusos respecto de la gestión, cuya respuesta no abordaremos aquí de una manera general, sino centrada en los extremos relacionados con el tema que es objeto de nuestro estudio: la intervención de la junta en la gestión y la competencia en materia de activos esenciales.

La junta y el órgano de administración aparecen como instituciones claramente diferenciadas. La condición de socio, como titular de todo o parte del capital que conforma la entidad, no requiere de la asunción de funciones administrativas y representativas, pues basta su intervención para adoptar ciertas decisiones regulares de control (aprobación de las cuentas anuales, del informe de gestión y decisión sobre la aplicación del resultado) u otras que se presenten puntualmente y sean de trascendencia para la subsistencia de la sociedad (la disolución o alguna modificación estructural). Por esa razón, la ley no exige al socio asumir labores de gestión y administración, un aspecto muy práctico para quienes han creado la entidad, o se han incorporado a ella, por una mera finalidad inversionista. De este modo, la existencia de otro órgano se hace crucial, pues los administradores son los encargados de dirigir a la sociedad en la ejecución de su actividad económica, tanto a nivel interno como externo en el mercado y sus relaciones con terceros (proveedores y otros operadores privados, organismos públicos y clientes finales). Esta labor exige una dedicación constante y continuada en el tiempo

Estos dos órganos coexisten en la sociedad de capital, aunque su trato en la práctica resulte más o menos próximo considerando

---

voluntaria para actos externos, admitida tanto por el artículo 77 de la Ley de Sociedades Anónimas de 1951 como por el artículo 141.1 del Texto Refundido de 1989, se rige por las normas del Código Civil sobre el mandato y por los artículos 281 y siguientes del Código de Comercio sobre el mandato mercantil. Y consecuencia de esto último, a su vez, es que subsisten las facultades del apoderado, pese a los cambios personales en el órgano de administración, mientras éste no revoque el poder válidamente otorgado en su día (…)". Respecto de la cuestión, GARCÍA-CRUCES GONZÁLEZ, J. A., (*Derecho de sociedades mercantiles*, Tiran lo Blanch, Valencia, 2025, pp. 413-414) clarificó que el término representación en el seno de los administradores adquiere una connotación orgánica en el sentido de que ellos son los encargados de emanar la voluntad social frente a terceros, pero no son verdaderos representantes de la sociedad, al constituir uno de sus órganos y, por tanto, formar parte de su estructura interna y no externa (como sí ocurriría en el caso de la representación voluntaria).

el modelo societario adoptado. Así, por ejemplo, en las sociedades anónimas —especialmente en las de mayor tamaño—, los socios están muy desvinculados de la gestión social, dejándola en manos de profesionales designados como ejecutivos del consejo que ejercen sus funciones con un buen grado de autonomía. En cambio, en las sociedades cerradas (personalistas) o semi-cerradas (limitadas) con un número reducido de socios, éstos tienden a interesarse mucho por administrar la sociedad. En cualquier caso, nuestra legislación consagra un claro modelo de distribución de competencias entre los órganos sociales, donde cada uno se encarga de asumir y ejecutar las que por ley tiene encomendadas.

Sin embargo, estas competencias no son enteramente estancas, sino que a veces existe cierta injerencia por parte de la junta sobre el órgano de administración, como veremos a continuación. Es supuesto tradicional y recogido por la ley la facultad de la junta general para injerir o intervenir en asuntos de gestión. Los socios, como sujetos titulares de acciones o participaciones sociales —y, por tanto, propietarios de una parte del capital social—, resultan interesados en la buena marcha de la sociedad, lo cual se extiende a los asuntos de gestión y administración. Pues, en muy buen grado, de ello depende la subsistencia de la sociedad y la rentabilización de las aportaciones realizadas al tiempo de constituirla[7].

II. INJERENCIA DE LA JUNTA PARA INTERVENIR EN LOS ASUNTOS DE GESTIÓN

1. Origen histórico y justificación

En un inicio, ninguna norma reguladora de las sociedades de capital reconoció un derecho de la junta para intervenir en los asuntos de gestión. La ley de sociedades limitadas de 1953 dispuso brevemente un estatuto para el órgano de administración en sus artículos 11-

---

[7] Vid. GARCÍA-CRUCES GONZÁLEZ, J. A., "Comentario al art. 161 LSC", en GARCÍA-CRUCES GONZÁLEZ, J. A. (Dir.), *Comentario de la ley de Sociedades de Capital. Tomo III. La junta general. La administración de la sociedad*, Tirant lo Blanch, Valencia, 2021, pp. 2283-2302, p. 2283.

13, sin determinar sus competencias; simplemente señalaba las formas de organización que podía revestir, el nombramiento y el cese del cargo y la responsabilidad que asumían durante su desempeño. La Ley de anónimas de 1951, por otra parte, dedicó un desarrollo mucho mayor a la regulación de los órganos sociales (arts. 48-83); sin embargo, tampoco mencionó ninguna facultad de injerencia en favor de los socios sobre la administración social. Lo único que indicaba su art. 76 I era lo siguiente: *"La representación de la sociedad, en juicio y fuera de él corresponde al Consejo de Administración. En defecto de éste, la representación se regirá por lo dispuesto en los Estatutos y en los acuerdos de la Junta general"*; esta mención se efectuaba en relación con la función de representación, pero no con la gestión, y se trasladó en idénticos términos al Real Decreto Legislativo 1564/1989, de 22 de diciembre, por el que se aprueba el texto refundido de la Ley de Sociedades Anónimas. Con todo ello, el legislador de la época parecía tener clara la idea de que cada órgano debía realizar su función de forma plenamente separada.

La facultad de la junta para intervenir en los asuntos de gestión fue inicialmente reconocida sólo para la sociedad limitada en 1995. Así lo estableció en el art. 44.2 de la Ley 2/1995, de 23 de marzo, de Sociedades de Responsabilidad Limitada[8]: *"(...) salvo disposición contraria de los estatutos, la Junta General podrá impartir instrucciones al órgano de administración o someter a autorización la adopción por dicho órgano de decisiones o acuerdos sobre determinados asuntos de gestión, sin perjuicio de lo establecido en el artículo 63"*. Esta disposición no fue reproducida en la normativa de sociedades anónimas porque el legislador la consideró oportuna sólo para entidades con número reducido de socios, donde todos ellos o, al menos, la mayoría, podrían mostrar un elevado interés por participar en todos los asuntos sociales. Con la LSC de 2010, esta disposición se trasladó en los mismos términos al originario art. 161 LSC, es decir, sólo para sociedades limitadas.

Respecto de las sociedades anónimas, el Real Decreto Legislativo 1564/1989, de 22 de diciembre, por el que se aprueba el texto refundido de la Ley de Sociedades Anónimas[9], guardó silencio sobre la

---

[8] BOE núm. 71, de 24 de marzo de 1995.

[9] BOE núm. 310, de 27 de diciembre de 1989,

cuestión, lo que parecía apuntar la imposibilidad de permitir injerencias en materia de gestión por la junta en este tipo de sociedades. Sin embargo, no faltaron autores que salieron en defensa de aplicar a la anónima por analogía los arts. 44.2 LSRL 1995 y el originario art. 161 LSC. En este sentido, ESTEBAN VELASCO[10] manifestó que podía aplicarse a las sociedades anónimas que presentaran una estructura similar a las limitadas: sociedades ordinarias y con alta concentración de su accionariado, excluyendo de su aplicación a las cotizadas y a las ordinarias con elevada dispersión de socios.

Este paradigma cambia con Ley 31/2014, de 3 de diciembre, por la que se modifica la Ley de Sociedades de Capital para la mejora del gobierno corporativo[11], que reconoce dicha facultad a la junta de accionistas de sociedades anónimas y comanditarias por acciones[12]. De este modo, el art. 161 LSC alcanzó su redacción vigente: *"Salvo disposición contraria de los estatutos, la junta general de las sociedades de capital podrá impartir instrucciones al órgano de administración o someter a su autorización la adopción por dicho órgano de decisiones o acuerdos sobre determinados asuntos de gestión, sin perjuicio de lo establecido en el artículo 234"*. Es evidente que nuestro legislador consideró carente de sentido la distinción entre tipos societarios, opción aplaudida por buena parte de la doctrina y ratificada en otros textos extra legislativos[13]. No obstante, cabe recordar que la tramitación legislativa de esta norma

---

10 ESTEBAN VELASCO, G., "Comentario al art. 161 LSC", en ROJO FERNÁNDEZ RÍO, Á. (Dir.); y BELTRÁN SÁNCHEZ, E. (Dir.), *Comentario de la Ley de sociedades de Capital*, Tomo I, Aranzadi, Pamplona, 2010, pp. 1209-1217, p. 1217.

11 BOE núm. 293, de 4 de diciembre de 2014.

12 Concretamente, la exposición de motivos de la Ley 31/2014 señaló: *"Comenzando por las modificaciones relativas a la junta general de accionistas, se pretende con carácter general reforzar su papel y abrir cauces para fomentar la participación accionarial. A estos efectos, se extiende expresamente la posibilidad de la junta de impartir instrucciones en materias de gestión a todas las sociedades de capital, manteniendo en todo caso la previsión de que los estatutos puedan limitarla (…)"*. Vid., también: NAVARRO MATAMOROS, L., *Panorama del derecho de sociedades contemporáneo: nuevas figuras y tendencias prácticas*, Aranzadi, Cizur Menor, 2019, p. 86.

13 En tal sentido, por ejemplo, la Sección Segunda de la Comisión General de la Codificación, en su elaboración de la Propuesta de Código Mercantil —versión de 2018—, trasladó íntegramente el contenido del art. 161 LSC sin tocar su redacción al art. 231-52.2 PROCOMER. No reproducimos su contenido al ser exacto al del precepto vigente aludido.

no fue pacífica en este punto, pues algunos grupos parlamentarios parecían querer mantener la facultad de intervenir en la gestión de la junta para las sociedades limitadas[14]. Por su parte, GARCÍA-CRUCES señaló la irrelevancia del elemento tipológico, pues lo importante, al tiempo de otorgar a los socios la facultad de injerir en la gestión social, residía en la operatividad de la junta para desempeñar sus competencias. No obstante, añade el citado autor que en casos de grandes sociedades anónimas cotizadas o con elevada dispersión de su accionariado, la previsión del art. 161 LSC carecía de razón de ser: *"Y, en tal sentido, la norma ya advierte la posibilidad de limitar la competencia de la junta excluyendo ésta en materia de gestión, lo que requerirá del oportuno pacto estatutario que así lo establezca (posibilidad ésta de la que han hecho uso algunas conocidas sociedades cotizadas)"*[15].

Con carácter general, se infiere en la soberanía de la junta como razón de mayor peso para delegar en ella la función de control sobre el órgano de administración, lo que justifica posibilitar una cierta injerencia en los asuntos de gestión. En esta línea, expuso la SAP de

---

14 Basta con examinar algunas enmiendas que se presentaron al proyecto de ley en su momento. La primera de ellas, a iniciativa del Grupo Parlamentario Socialista, quien propuso dar al art. 161 LSC la siguiente redacción: *"1. Los estatutos podrán someter a aprobación de la junta general determinados asuntos de gestión. 2. Salvo disposición contraria de los estatutos, la junta general (de las sociedades de responsabilidad limitada) podrá impartir instrucciones al órgano de administración. Los actos realizados por los administradores infringiendo las instrucciones impartidas por la junta serán válidos frente a terceros"* (BOCG, Congreso de los Diputados, X Legislatura, Serie A, núm. 97-2, 23 de septiembre de 2014, p. 50). La segunda enmienda, idéntica a ésta, la presentó el Grupo Parlamentario Entesa pel Progrés de Catalunya (GPEPC) al amparo de lo previsto en el artículo 107 del Reglamento del Senado (BOCG, Senado, núm. 425, 29 de octubre de 2014, p. 24)

15 GARCÍA-CRUCES GONZÁLEZ, J. A., "Comentario al art. 161 LSC", p. 2285. En el mismo sentido: HERNÁNDEZ HERNÁNDEZ, J., "La intervención de la Junta General en asuntos de gestión y su repercusión en el deber de diligencia", en MUÑOZ PAREDES, A. (Dir.); y COHEN BENCHETRIT, A. (Dir.), *Deberes de los administradores de las sociedades de capital*, Aranzadi, Cizur Menor, 2023, pp. 267-276, pp. 268-269; y ARMENDARIZ ROMÁN, J., "Las instrucciones de la junta y la responsabilidad de los administradores a la luz de la reciente reforma en materia de gobierno corporativo", en EMPARANZA SOBEJANO, A. (Dir.), *Los intentos de reforzamiento del poder de la junta y de los socios en los grupos de sociedades*, Marcial Pons, Madrid, 2018, pp. 77-99, p. 90.

Almería de 25 de noviembre de 2014[16] que *"el elenco de materias del art. 160 en realidad tiene, no tanto un contenido cerrado (esas y sólo esas son las materias de competencias de la Junta), sino un contenido por exclusión: en esas materias no puede nunca entrar el órgano de administración (SSAAPP de Madrid —Sección 28ª— 114/2014 de 7 abril, Las Palmas —Sección 4ª— 163/2010 de 17 marzo, y Cáceres —Sección 1ª— 87/2007 de 3 mayo), pero sí que puede entrar la Junta, como órgano soberano en otras materias, incluso en los ámbitos de gestión y administración propios del órgano de administración"*.

En consecuencia, la facultad de intervenir en los asuntos de gestión se aplica hoy a toda sociedad de capital, sin distinción de tipos. Constituye, por tanto, un elemento natural que sólo podrá desvirtuarse mediante pacto contrario en estatutos. Ahora bien, dicha previsión es modulable. Considerando el principio *Qui potest plis, potest minus* (quien puede lo más, puede lo menos), la cláusula estatutaria podrá simplemente limitar —y no eliminar— cierta injerencia de la junta en los asuntos de gestión. Por ejemplo, señalando los aspectos concretos de la gestión que pueden ser intervenidos por la junta, dejando clara la imposibilidad de injerir sobre otros no expresamente

16 SAP de Almería (Sección 1.ª) de 25 de noviembre de 2014 (JUR 2015\169798). En una línea idéntica, resulta de interés lo expuesto en la Sentencia del Juzgado de lo Mercantil n.º 1 de Palma de 26 de julio de 2019 (ECLI:ES:JMIB:2019:1549) que dispuso: *"Los administradores nombrados desempeñan sus funciones con arreglo a lo previsto en la Ley de Sociedades de Capital, los estatutos y las concretas instrucciones que sean impartidas por la junta general, con lealtad y diligencia, aun admitiéndose incluso en ciertos campos la discrecionalidad, pero no pueden dejar sin efecto, de facto, el mandato dado por la junta general que les nombró como administradores, privando a los socios, no solo ya del efectivo control y posibilidad de separarlos del cargo y nombrar otros administradores (art. 160.b LSC), sino también de tomar decisiones sobre la gestión impartiendo instrucciones a los administradores conforme la posibilidad indisponible para los administradores que en favor de los socios se establece en el artículo 161 LSC"*. Por otro lado, ALFARO ÁGUILA-REAL, J., ["Competencias de la Junta e instrucciones a los administradores (I)", en Blog "Derecho mercantil", publicado el 18 de junio de 2014, disponible para su consulta en: https://derechomercantilespana.blogspot.com/2014/06/competencias-de-la-junta-e.html] mencionó que la prueba más contundente de la libertad de la Junta para deliberar y tomar acuerdos sobre cualquier extremo que afecte a la vida social, incluida la gestión, reside en la inexistencia de restricciones al contenido del orden del día en las convocatorias de juntas.

contemplados en el eventual listado que figure en estatutos[17]. Entiendo que en la práctica societaria de inclusión de pactos limitativos a dicha injerencia resultará escasa, pues a fin de cuentas implica una restricción voluntaria de los socios mediante la cuál éstos pierden control sobre la gestión[18]. Resultará más adecuado no señalar nada en los estatutos, dejando libertad al órgano de administración en su actuación, aunque siempre conservando la posibilidad de fiscalizar ciertas operaciones que, por seguridad o cualquier otro motivo, sean aconsejables controlar. No obstante, la práctica societaria conoce casos de pactos estatutarios que han restringido o limitado el derecho de los socios amparado en el art. 161 LSC[19].

---

17 BOQUERA MATARREDONA, J., "La intervención de la junta general en asuntos de gestión", en GARCÍA-CRUCES GONZÁLEZ, J. A. (Dir.), *La gobernanza de las sociedades no cotizadas,* Tirant lo Blanch, Valencia, 2020, pp. 101-140, p. 119.

18 Sobre este punto, advierte ÁVILA NAVARRO, P., (*La sociedad limitada,* Bosch, Barcelona, 1996, p. 339) que la limitación o supresión por pacto estatutario de la facultad conferida por el art. 161 LSC (anterior 44.2 LSRL) arroja algunas consecuencias de gran calado: no poder impartir instrucciones o exigir autorizaciones al órgano de administración en materia de actos de gestión, quedando bajo el amparo de la impugnación de acuerdos la transgresión de dicho pacto, que sólo podrá quedar sin efecto mediante la oportuna reforma estatutaria. En estos casos, añade ALCOVER GARAU, G., ["Comentario al art. 44 LSRL", en ARROYO MARTÍNEZ, I. (Coord.); EMBID IRUJO, J. M. (Coord.); y GÓRRIZ LÓPEZ, C. (Coord.), *Comentarios a la Ley de Sociedades de Responsabilidad Limitada,* Tecnos, Madrid, 2009, pp. 605-612, p. 612] que en estos casos la junta habrá de conformarse con cesar a los administradores en caso de disconformidad con su gestión.

19 Aunque esta ha sido la fórmula más acogida, no han faltado entidades que han asumido otras distintas. Por ejemplo: ACERINOX, S. A., retiro en sus estatutos la facultad de la junta para intervenir en la gestión: *"(...) La Junta General de Accionistas no estará facultada para impartir instrucciones al Consejo de Administración o someter a su autorización la adopción por dicho órgano de decisiones o acuerdos sobre asuntos de gestión"* (art. 16); disponible para su consulta en: https://www.acerinox.com/export/sites/acerinox/.content/galerias/galeria-descargas/Estatutos-Sociales-de-Acerinox-S.A.pdf. Otras entidades optaron simplemente por exigir mayorías superiores a las ordinarias para poder ejercitar dicha facultad, como fue el caso de PHARMA MAR, S. A.: *"La Junta General podrá, con el voto favorable de dos tercios de las acciones presentes o representadas, impartir instrucciones al Consejo de Administración o someter a su autorización la adopción por dicho órgano de decisiones en asuntos de gestión".* (art. 14 de sus estatutos); disponibles en: https://pharmamar.com/wp-content/uploads/2021/11/Estatutos-PharmaMar-actualizados-a-15-abril-2021.pdf.

2. *Significado y alcance del art. 161 LSC*

2.1 Objeto: los asuntos de gestión

2.1.1 Concepto de gestión

A) Gestión vs. Administración

No resulta tarea fácil delimitar el término de "gestión", puesto que la ley no lo define, de modo que procede en primer término acudir a los textos generales de la lengua española. El diccionario de la Real Academia Española lo conceptúa como aquella tarea consistente en "llevar adelante una iniciativa o proyecto de cualquier tipo"; y, más concretamente, "ocuparse de la administración, organización y funcionamiento de una empresa, actividad económica u organismo"[20]. Por otro lado, procede reparar que el término "gestión" aparece muy ligado a concepto de "administración", lo que tradicionalmente ha resultado una dicotomía algo confusa. El Código de comercio ha utilizado indistintamente ambos términos, optando en unos casos por referirse a la gestión social (arts. 125, CCom) y en otros a la administración (arts. 131 y 132 CCom). Poco aportan otras normas más recientes en materia societaria, sino más bien constituyen un indicio —como ya anunciaba el CCom— que se trata de términos sinónimos. Una prueba de ello —que no la única— la observamos comparando el art. 209 LSC y el art. 215-2.1 de a Propuesta de Código Mercantil —versión 2018— elaborada por la Sección Segunda de la Comisión General de la Codificación (en adelante PROCOMER 2018). El primero de los preceptos enunciados atribuye al órgano de administración la competencia para la gestión y representación de la entidad, mientras que el segundo establece que compete al citado órgano *"La administración y la representación de la sociedad corresponde a los administradores en los términos establecidos en este Código"*. Por tanto, cabe concluir que ambos términos resultan equivalentes.

2.1.2 Tipos de gestión

A) Actos de estrategia empresarial y actos de gestión ordinaria

---

20 https://dle.rae.es/gestionar?m=form

En primer lugar, los actos de gestión o administración más básicos a los que se enfrenta todo empresario son de dos clases.

Por un lado, los actos de planificación de la estrategia empresarial constituyen el punto de arranque de un negocio o de una nueva política de interacción en el mercado. Son proyecciones empresariales previas a cualquier operación que se lleve a término y que van a configurar el proceder general de la sociedad. En este sentido, GARCÍA VIDAL[21] los agrupa en distintas clases: la organización productiva de la entidad (nivel de producción, determinación de los mercados de actuación), los modos de financiación (si va a ser bancaria o extrabancaria, qué productos financieros son los más adecuados para la sociedad, qué entidades ofrecen mejores condiciones), la política personal (recursos humanos: trabajadores que hacen falta, si puntualmente requerirá la contratación de personal externo) y la estrategia de ventas (forma de promocionar y vender los productos, medios publicitarios que se van a emplear).

Por otro lado, los actos de gestión ordinaria en sentido estricto son aquellos propios del devenir habitual del negocio. Operaciones del curso regular y genérico (del día a día) de la sociedad que no suponen un impacto económico significativo (compras regulares, la emisión y ordenación de facturas y de la contabilidad, etc.). Sin embargo, son, a la vez, operaciones que van más allá de la simple conservación o aumento progresivo del patrimonio social, pues abarcan igualmente actos de disposición sobre éste; eso sí, en ningún caso implican un riesgo elevado para su subsistencia[22]. Son

---

21 GARCÍA VIDAL, Á., *Las instrucciones de la junta general a los administradores de la sociedad de responsabilidad limitada*, Aranzadi, Cizur Menor, 2006, p. 50.

22 En estos mismos términos coincide la doctrina civilista al distinguir entre actos de administración ordinaria y extraordinaria a propósito de lo establecido en el último inciso del art. 164.3 CC: *"(…) Los actos de administración ordinaria serán realizados por el hijo, que necesitará el consentimiento de los padres para los que excedan de ella"*. Así, apunta VÁZQUEZ PASTOR JIMÉNEZ, L., ["La administración del patrimonio de los hijos y actos de disposición", en AAVV, *Estudios y comentarios legislativos. Derecho de familia*, Aranzadi, Cizur Menor, 2012 (consultado en Aranzadi Instituciones: BIB\2012\8032)] que son actos de disposición extraordinaria los que el menor no puede realizar sin el consentimiento de sus padres, los actos que no puede realizar un emancipado (art. 323 CC), ni aquellos otros que afecten sustancialmente a la composición del patrimonio administrado; por el

actos mediante los cuales se emplea el haber social con fines productivos generales[23].

B) Actos de gestión extraordinaria

En torno a los actos de gestión extraordinaria, son aquéllos que por su contenido y/o cuantía, exceden de los límites del tráfico ordinario de la sociedad. Son decisiones que requieren una reflexión previa y reposada, pues exigen realizar cierta inversión de importancia económica[24]; además, son actuaciones poco frecuentes o esporádicas, que se producen ante situaciones concretas devenidas generalmente de oportunidades de negocio atractivas y que no se presentan todos los días. Algunos ejemplos de estos actos son la constitución de gravámenes sobre activos patrimoniales (hipotecas, prendas), la realización de operaciones inmobiliarias de cierto calado, la creación de sucursales o filiales, la modificación, traslado o supresión de la página web de la sociedad (recuerde que su creación es competencia de la junta al amparo del art. 11 bis LSC), entre otros actos.

C) Decisiones de naturaleza estructural

En último término, los denominados "asuntos de gestión de naturaleza estructural o excepcional" son aquellos que quedan excluidos de la competencia de los administradores en favor de la junta general por afectar sustancialmente al núcleo de la sociedad. Dentro de este

---

contrario, son actos de disposición ordinaria los que *"supongan gestión o explotación regular de los bienes o la disposición sobre los frutos"*.

23 GARCÍA VIDAL, Á., *Las instrucciones de la junta general a los administradores de la sociedad de responsabilidad limitada*, cit., p. 50.

24 Sobre la distinción entre actos de gestión ordinaria y extraordinaria, ALFARO ÁGUILA-REAL, J., ("Criterios de distribución de competencias entre la junta y el consejo de administración", en el blog *Almacén de Derecho*, el 30 de mayo de 2019, y está disponible para su consulta en: https://almacendederecho.org/criterios-de-distribucion-de-competencias-entre-la-junta-y-el-consejo-de-administracion) citando a Eisenberg indica que la envergadura económica del asunto, cuanto mayor sea, más probablemente proceda atribuir la decisión a los accionistas-inversores: *"cuanto mayor sea la relevancia económica del asunto en términos temporales, de riesgo, de efectos y costes de reversión, más probable es que los dueños esperen que se les someta a su decisión"*.

elenco, cabe citar la adopción de alguna modificación estructural [art. 160 g) LSC], la modificación del objeto social [art. 160 c) LSC], o los actos de gestión y disposición sobre activos esenciales [art. 160 f) LSC]. Respecto de estos actos, no puede decirse que estén integrados dentro de la actividad gestora porque afectan a la configuración de la sociedad en cuanto a entidad personalizada y a su objeto[25], motivo éste, por el que el órgano de administración no puede decidir la constitución de actos de esta categoría; en su caso, podrá sugerirlos a la junta.

2.2 Operaciones comprendidas en el art. 161: tesis defendidas

Examinadas las diversas clases de actos de administración, procede resolver sobre cuáles de ellas puede interferir la junta. Considerando que el art. 161 LSC no distingue por categorías, todo apunta a que de injerir puede recaer sobre cualquier acto de gestión, con independencia de su naturaleza. No obstante, la doctrina ha mantenido posturas dispares en torno a este asunto.

En primer lugar, un sector ha mantenido una posición restrictiva, considerando que los socios sólo pueden incidir impartiendo instrucciones o exigiendo autorizaciones previas respecto de los actos de administración extraordinaria y no sobre los de naturaleza ordinaria, que quedarían bajo la exclusiva y absoluta competencia del órgano de administración[26]. La principal razón esgrimida al respecto reposa

---

25 De esta opinión: GARCÍA VIDAL, Á., *Las instrucciones de la junta general a los administradores de la sociedad de responsabilidad limitada*, cit., pp. 52-53; y GIRÓN TENA, J., *Derecho de Sociedades. Tomo I. Parte General. Sociedades colectivas y comunitarias*, Benzal, Madrid, 1976, p. 301.

26 Entre otros: ALCALÁ DÍAZ, M. Á., ["Conflictos de interés socios-administradores: competencias de la junta general en asuntos de gestión y, en particular, sobre activos esenciales", en ALCALÁ DÍAZ, M. Á. (Dir.), *Las sociedades de capital: sus intereses y conflictos*, Tirant lo Blanch, Valencia, 2022, pp. 417-446, p. 424] quien argumentó que: *"Si bien este criterio no se deriva del tenor literal de las normas legales referidas que no establecen limitación alguna al respecto, es coherente con el haz de competencias del órgano de administración, evitando el riesgo de convertir al órgano de los socios en órgano de gestión y privando a aquel de sus competencias generales o "naturales"*; y, también: ALCOVER GARAU, G., "Comentario al art. 44", cit., pp. 611; GIRGADO PERANDONÉS, P., *La empresa de grupo y el derecho de sociedades*, Comares, Granada, 2001, p. 338; y BISBAL MÉNDEZ J., "La junta general de

en que las operaciones de gestión extraordinaria son aquéllas respecto de las cuales la junta centra su mayor interés, al constituir actos de producción esporádica y que revisten cierta envergadura económica; respecto de la gestión ordinaria, cualquier intervención de la junta supondría una injerencia extralimitada que pondría en peligro el principio de división de competencias entre órganos sociales; considerando, además, que la junta no es un órgano de actuación permanente y no debe atribuírsele competencias de gestión generales o naturales[27]. Afirman, a su vez, que es exclusivamente sobre aquella categoría de actos —de gestión extraordinaria— donde el art. 161 LSC tendrá una aplicación práctica.

La segunda tesis, en cambio, aboga por considerar que la junta de socios puede intervenir en toda clase asuntos de gestión, tanto ordinarios como extraordinarios[28]. El respaldo de esta postura radica,

---

socios de la sociedad de responsabilidad limitada", en PAZ ARES, C. (Coord.), *Tratado de la sociedad limitada*, Fundación Cultural del Notariado, Madrid, 1997, pp. 663-688, p. 680.

27 ALCALÁ DÍAZ, M. Á., *Las competencias de la junta en asuntos de gestión*, La Ley, Madrid, 2018, p. 81.

28 Coinciden en este punto: HERNÁNDEZ HERNÁNDEZ, J., "La intervención de la Junta General en asuntos de gestión y su repercusión en el deber de diligencia", cit., p. 270; GARCÍA-CRUCES GONZÁLEZ, J. A., "Comentario al art. 161 LSC", cit., p. 2288; BOQUERA MATARREDONA, J., "La intervención de la junta general en asuntos de gestión", cit., p. 116; URRECHA ESPLUGA, S., "GoodPapers: Las instrucciones de la Junta (art. 161 LSC): ¿cuestión tipológica?", en el blog *Almacén de Derecho*, el 10 de febrero de 2018, y está disponible para su consulta en: https://almacendederecho.org/goodpapers-las-instrucciones-la-junta-art-161-lsc-cuestion-tipologica; FERNÁNDEZ DEL POZO, L., "Aproximación a la categoría de «operaciones sobre activos esenciales», cuya decisión es competencia exclusiva de la Junta [arts. 160 f) y 511 bis LSC]", *La Ley Mercantil*, n.° 11, 2015 (Base de datos La Ley 1585/2015); RECALDE CASTELLS, A. J., "Art. 161. Intervención de la junta en asuntos de gestión", cit., p. 89; PÉREZ MORIONES, A., "La extensión de la facultad de la junta general de intervenir en asuntos de gestión. En particular, la intervención de la junta en asuntos de gestión del grupo", en EMPARANZA SOBEJANO, A. (Dir.), *Los intentos de reforzamiento del poder de la junta y de los socios en los grupos de sociedades*, Marcial Pons, Madrid, 2018, pp. 101-137, pp. 120-121; ARMENDARIZ ROMÁN, J., "Las instrucciones de la junta y la responsabilidad de los administradores a la luz de la reciente reforma en materia de gobierno corporativo", cit., p. 88; SÁNCHEZ CALERO, F., *Los administradores en las sociedades de capital*, Aranzadi, Cizur Menor, 2007, p. 50; CUENCA GARCÍA, Á.; y FERRANDO VILLALBA, M.

principalmente, en la ausencia de concreción de la norma, pues no realiza ninguna especificación al respecto, más allá de señalar "determinados asuntos de gestión". La junta puede ingerir en la gestión de cualquier tipo, siempre y cuando, claro está, ello no suponga una restricción excesiva de las funciones del órgano de administración. Precisamente por eso el art. 161 LSC habla de "impartir instrucciones" —que no ejecutar por sí misma el acto— o someter a su autorización —que no prohibir de manera absoluta— ciertos asuntos de gestión —que no toda operación que tenga tal carácter (como se verá en el apartado siguiente).

En mi opinión, resulta más acertada esta última postura, por varias razones. En primer lugar, la norma no discrimina entre actos de gestión ordinaria ni extraordinaria; por tanto, mientras el art. 161 LSC conserve su redacción actual, la junta puede interferir —según se extrae del tenor de la norma— sobre actos de administración de cualquier naturaleza que no esté expresamente reservada a los socios por ley. Entiendo que, si el legislador hubiera querido limitar dicha competencia a operaciones extraordinarias, habría resultado apropiado otorgar al art. 161 LSC una redacción como la que sigue: *"(...) podrá impartir instrucciones al órgano de administración o someter a su autorización la adopción por dicho órgano de decisiones o acuerdos sobre determinados asuntos de gestión, siempre que no sean del curso ordinario de la sociedad e impliquen una trascendencia económica significativa (...)"*. En segundo término, la noción "determinados asuntos de gestión" no está, necesariamente, referida a la gestión ordinaria o extraordinaria, simplemente alude a la necesidad de concretar el asunto que va a ser intervenido, y que puede recaer, naturalmente sobre una operación de administración ordinaria (de política general de la sociedad[29]). Si bien, y con independencia de lo expuesto, es cierto que en la práctica la junta será proclive a dejar al libre criterio del órgano de admi-

---

L., "Las competencias de los órganos sociales en la sociedad de responsabilidad limitada", en EMBID IRUJO, J. M. (Dir.), *Las competencias de los órganos sociales en las sociedades de capital*, Tiran lo Blanch, Valencia, 2005, pp. 168-281, p. 237; y GARCÍA VIDAL, Á., *Las instrucciones de la junta general a los administradores de la sociedad de responsabilidad limitada*, cit., pp. 60 y ss.

[29] GARCÍA VIDAL, Á., *Las instrucciones de la junta general a los administradores de la sociedad de responsabilidad limitada*, cit., p. 62.

nistración las decisiones relativas a la gestión ordinaria y de poca trascendencia económica, reservando el uso de la facultad del 161 LSC para asuntos que tengan una consideración de extraordinarios[30]. En todo caso, queda abierta la puerta a asuntos de cualquier tipo.

2.3 ¿Qué ha de entenderse por "determinados asuntos de gestión"?

El tenor literal del art. 161 LSC ofrece un mayor número de interrogantes que de luces, pues la mención "determinados asuntos de gestión" plantea algunas dudas. Sobre este punto, dos especificaciones.

La primera, que el art. 161 LSC sólo hace referencia a la gestión y no a la representación. Como ya hemos indicado, la facultad de ejecutar actos frente a terceros es competencia exclusiva e indelegable del órgano de administración (art. 233 LSC). La clásica firma social queda estrictamente en manos de sus integrantes, cuya funcionalidad habrá de regirse según la modalidad de organización escogida (administración solidaria, mancomunada, etc.). Por tanto, este extremo es inatacable por parte de la junta en el sentido en que son los administradores quienes pueden ejercitarla[31]. Las relaciones jurídicas que la sociedad lleve a cabo con terceros de buena fe serán eficaces frente a éstos aunque consten limitadas las facultades representativas o, incluso, recaigan sobre actos no comprendidos en el objeto social (art. 234 LSC).

La segunda consideración se dirige a interpretar el concepto de "determinados asuntos de gestión" y su alcance. En principio, nuestro legislador pretende evitar que la junta imponga a los adminis-

---

30 De la misma opinión: CUENCA GARCÍA, Á.; y FERRANDO VILLALBA, M. L., "Las competencias de los órganos sociales en la sociedad de responsabilidad limitada", cit., p. 237; en contra: GARCÍA VIDAL, Á., (*Las instrucciones de la junta general a los administradores de la sociedad de responsabilidad limitada*, cit., p. 63) quien destaca la existencia de ocasiones en que la junta decide emitir instrucciones relativas a actos de gestión ordinaria que no necesariamente deben acatarse con carácter inmediato o ciertamente próximo; simplemente emana disposiciones pro futuro que habrán de ser cumplidas para determinadas operaciones regulares del tráfico que tengan lugar desde su aprobación en adelante.

31 FERNÁNDEZ DE LA GÁNDARA, L., *Derecho de sociedades, vol. I*, Tirant lo Blanch, Valencia, 2010, p. 728

tradores un protocolo general y absoluto con instrucciones sobre cómo llevar a cabo cualquier acto de gestión, así como exigir una autorización singular antes de proceder a realizar toda operación de administración[32]. Ello supondría —en el primer caso— una injerencia plena e injustificadamente intrusiva de la junta sobre el órgano de administración, lo que desvirtuaría la dualidad de órganos en la sociedad de capital; los administradores pasarían a ser un simple brazo ejecutor de la voluntad de la junta en materia de gestión. Y ello no resulta aceptable considerando la necesidad de cierta autonomía de decisión de cada órgano, y en esta sede, procede respetar, en todo caso, un cierto margen de actuación para los administradores[33]. En el segundo caso —necesidad de autorización para cada acto—, además, nos encontraríamos ante una traba constante hacia los administradores, que les impediría desarrollar con fluidez su cometido; en consecuencia, la sociedad vendría incursa en causa de disolución al imposibilitar la consecución del objeto social por la paralización de dicho órgano social [art. 363.1 c) y d) LSC].

La dicción del art. 161 LSC no implica una facultad absoluta de la junta para intervenir en asuntos que son propios de los administradores, sino que es limitada: busca proteger la división de competencias entre órganos. Sobre este punto señala acertadamente ESTEBAN VELASCO[34] que: *"la competencia de la junta general en materia de gestión no puede ampliarse hasta llegar a vaciar absolutamente de contenido la posición y la función legal de los administradores. En otros términos, los poderes de intervención sólo podrán referirse a asuntos concretos de especial importancia: actos o categorías de actos que se refieran a la estructura u organización financiera de la empresa o que pertenezcan a la llamada administración extraordinaria. Incluso se puede pensar en reservas estatutarias o en ocasionales instrucciones sobre asuntos ordinarios, pero nunca injerencias que*

---

32 Así, expone MUÑOZ PÉREZ, A. F., (*El proceso de liquidación de la sociedad anónima*, Aranzadi, Cizur Menor, 2002, p. 169) la prohibición de establecer instrucciones o autorizaciones que impliquen asumir, en favor de la junta, la gestión ordinaria de la sociedad.

33 GARCÍA VIDAL, Á., *Las instrucciones de la junta general a los administradores de la sociedad de responsabilidad limitada*, cit., p. 66.

34 ESTEBAN VELASCO, G., "Comentario al art. 161 LSC", cit., p. 1214. También: SÁNCHEZ CALERO, F., *Los administradores en las sociedades de capital*, cit., p. 51.

por su frecuencia o intensidad anulen la posición de los administradores con un mínimo de competencia gestora autónoma".

En consecuencia, la impartición de instrucciones o exigencia de autorización previa sólo puede recaer para asuntos concretos y que los socios hayan especificado adecuadamente a los administradores[35]. Esto no sólo impide, como hemos indicado, establecer una generalidad de ellos, sino igualmente, señalar un conjunto sectorial de actos objeto de control. Por ejemplo, sería ilícito indicar unos parámetros muy constreñidos para cualquier acto de gestión ordinaria (transferencia tácita a la juta sobre todo acto de esta naturaleza); igualmente, tampoco se podrá establecerse la exigencia de autorización previa respecto de cualquier acto de gestión. El acto deberá ser concreto y la junta deberá describir la actuación específica que precisará el seguimiento de unas instrucciones o la exigencia de una autorización previa.

2.4 Modalidades de injerencia en la gestión: instrucciones vs autorizaciones

Respecto de las modalidades que la norma ofrece a la junta para intervenir en la gestión, el art. 161 LSC menciona el concepto de "instrucciones" y la "autorización previa". Antes de abordar su examen y diferencias, ambos términos aluden a un sistema de dirección por parte de la junta, pero nunca de ejecución; por tanto, cualquier injerencia en determinados actos de gestión se articulan desde un plano meramente directivo o de control, ya que la competencia para llevarlos a término será siempre del órgano de administración.

En torno al concepto de instrucciones, se trata de una serie de disposiciones técnicas o explicativas para el cumplimiento de un de-

---

35 Sobre este punto, expone GARCÍA-CRUCES GONZÁLEZ, J. A., ("Comentario al art. 161 LSC", p. 2289) que: *"no cabe desconocer qué si las instrucciones tuvieran un mero carácter genérico y abstracto, la eficacia del acuerdo de la junta vendría a menos, pues difícilmente generarían un criterio de actuación que resultara vinculante para la administración social. Por último, la posibilidad de que las instrucciones emanadas de la junta no tuvieran por contenido un asunto determinado, incrementaría el riesgo de vaciamiento de la competencia de gestión de la administración social".*

terminado encargo o servicio[36]; éstas pueden procurarse mediante reglas, órdenes o directrices. Tienen fuerza imperativa, de modo que su contenido va más allá de las meras recomendaciones, consejos o disposiciones puramente orientativas (que también podría ser establecidas por la junta y no presentarían mayores problemas). No obstante, esta última categoría no suele ser muy habitual, pues cuando es deseo de la junta permitir al administrador obrar conforme a su parecer, generalmente se abstiene de emitir cualquier clase de instrucciones.

Respecto a la clasificación de las instrucciones proferidas, pueden existir varios tipos: las primeras son directrices que imparte la junta *ex ante* al acto concreto, que vienen configuradas en estatutos o en reglamentos internos. A estas nos referiremos más adelante, pues parecen exceder de lo previsto en el art. 161 LSC y tienen su cabida en el art. 160 j) LSC. Las instrucciones proferidas del 161 LSC, en cambio, hacen referencia a un mandato espontáneo, no previsto en la ley o en estatutos, pues se aplican directamente por ministerio de la norma[37]; salvo, claro está, que se limite o elimine por pacto estatutario. Son instrucciones "ad hoc", que decide impartir el órgano para determinadas categorías de actos gestión donde así lo considere, como las relativas a la actividad del negocio, a los planes estratégicos, o a las cuestiones corporativo-organizativas de la sociedad[38]. La decisión de impartir instrucciones surge durante la vida social por razones no previstas al tiempo de constituir la entidad (de lo contrario, los socios habrían realizado la oportuna previsión estatutaria). Normalmente, cuando los administradores convocan una junta extraordinaria indicando los puntos del orden del día a tratar; durante su celebración, puede surgir la iniciativa de algún socio proponiendo un proceder concreto, en adelante, para actos de la misma naturaleza que el que es objeto de debate en la reunión. En todo caso, la junta acordará, si es deseo de la mayoría, un procedimiento adecuado para llevarlo a cabo.

---

36 Dirección extraída del Diccionario de la Real Academia Española: https://dle.rae.es/instrucci%C3%B3n?m=form

37 ÁVILA NAVARRO, P., *La sociedad limitada*, cit., p. 338.

38 RECALDE CASTELLS, A. J., "Art. 161. Intervención de la junta en asuntos de gestión", cit., p. 89.

Según la minuciosidad del proceder, podremos hablar de otros tipos. Por un lado, las denominadas "instrucciones imperativas", que implican reglas muy precisas y, generalmente, completas, que el gestor debe seguir con exactitud, debiendo consultar a la junta aquellos extremos o aspectos no contemplados en ellas. Por otra parte, cabe la posibilidad de impartir "instrucciones indicativas", normas de contenido más genérico y menos extenso, que resulta de obligado cumplimiento todo lo previsto en ellas, a excepción de todo lo no expresamente señalado, donde el administrador dispondrá de libertad de movimiento. Otro tipo de instrucciones, las de carácter facultativo, no son consideradas en el estudio de la materia del art. 161 LSC ante su nula fuerza vinculante; aquí no nos hallamos ante una instrucción propiamente dicha, sino ante una mera recomendación, que permite a su destinatario acatarla o rechazar su seguimiento en todo o en parte[39].

Sobre el modo de manifestar las instrucciones, la junta deberá exteriorizarlas a través del acta de la reunión donde se hayan acordado y, también, de manera oral durante su celebración, ya que los administradores estarán presentes en ella (sin perjuicio de que posteriormente queden documentadas por escrito). En primer lugar, si era deseo previo de la junta impartir instrucciones sobre determinados actos de gestión (a iniciativa de uno o varios socios), la reunión se convocará en uso del mecanismo que concede el art. 168 LSC (minoría del 5% del capital social individual o agrupadamente establecido). En segundo término, puede ocurrir que los administradores convoquen "motu proprio" una junta para discutir una operación de gestión que —naturalmente— habrá de incorporar el orden del día, y los socios aprovechen para detallar el procedimiento para llevarla a cabo. El protocolo proyectado sólo podrá resultar de aplicación para actos de la misma clase y cuantía que aquél publicado en el anuncio de convocatoria, pues la asamblea viene legitimada, salvo disposición legal en contra, por lo estrictamente contenido en el orden del día[40].

---

39 GARCÍA VIDAL, Á., *Las instrucciones de la junta general a los administradores de la sociedad de responsabilidad limitada*, cit., p. 38.

40 Señala GARCÍA-CRUCES GONZÁLEZ, J. A., ("Comentario al art. 161 LSC", cit., p. 2291) que extender ese protocolo a otros actos distintos al anunciado en el

La otra modalidad de intervención consiste en establecer una autorización. En estos casos, los administradores deben comunicar con carácter previo la idoneidad de ejecutar una determinada operación explicando su contenido y, simultáneamente, pedir permiso para ejecutarla. Normalmente, esta modalidad de injerencia en la gestión existirá en virtud de acuerdo de una junta anterior. Como la ley no indica nada al respecto, el procedimiento a seguir para efectuar la petición habrá de regirse por el protocolo que los socios hayan establecido (plazo y forma de la autorización); el cauce por el que discurrirá será, generalmente, mediante una celebración de junta. Bajo esta modalidad, los socios buscan una seguridad mayor que en el caso de las instrucciones, pues aquí de lo que se trata no es de indicar un proceder concreto frente a una determinada operación proyectada, sino consentir o no su ejecución. También es posible, en caso de autorización concedida, proferir un protocolo para llevar a término el acto de gestión.

2.5 Requisitos de validez de las instrucciones o exigencia de la autorización

Otra cuestión de importancia reposa en los requisitos procedimentales y formales que deben revestir las instrucciones o autorizaciones en materia de gestión, al objeto de resultar legítimas y vinculantes para los administradores. Aunque la dicción del 161 LSC es breve y parece clara al respecto, lo cierto es que su contenido no puede ponerse en práctica en cualquier término. Es decir, la facultad de la junta de impartir instrucciones o exigir autorización al órgano de administración no se traduce en la opción de un socio que en cualquier momento decida, individualmente, que los administradores deben llevar a término un acto de gestión conforme a un procedimiento que él mismo ha desarrollado sin conocimiento o consentimiento de sus consortes[41]. Ello resultaría ilógico a la vez que peligroso, pues existiría el riesgo de instrucciones cruzadas y contradictorias por dis-

---

orden del día supone una extralimitación de la junta, y perjudicaría los derechos que asisten a los socios, en particular al de información.

41 Recuerda RECALDE CASTELLS, A. J., ("Art. 161. Intervención de la junta en asuntos de gestión", cit., p. 90) que el art. 161 LSC no habilita la impartición de

tintos socios respecto de operaciones análogas, lo que supondría un bloqueo del órgano de administración. Además, cabe reparar en que el art. 161 LSC habla de "junta"; por tanto, de órgano social en su conjunto.

En consecuencia, todas las instrucciones proferidas o la exigencia de autorizaciones previas en materia de gestión deben ser aprobadas en junta, y, salvo en casos de junta universal, deben quedar expresamente previstas en el orden del día de la convocatoria o haberse impartido a propósito de alguna operación de gestión anunciada en ella. Por tanto, resultan de aplicación los quórums de asistencia y mayorías de voto generales. En caso de sociedad limitada, la normativa de sociedades no prevé una asistencia mínima, aunque el acuerdo que pretenda intervenir en la gestión de conformidad al art. 161 LSC deberá aprobarlo por mayoría de los votos válidamente emitidos, siempre que representen al menos un tercio de los votos correspondientes a las participaciones sociales en que se divida el capital social, sin computar los votos en blanco (art. 198 LSC). En cambio, en la sociedad anónima se exigirá una asistencia de, al menos, el veinticinco por ciento del capital suscrito con derecho de voto para la primera convocatoria (art. 193.1 LSC), y sin necesidad de un quórum específico para la segunda (art. 193.2 LSC). Los estatutos podrán fijar un quórum superior. Para la adopción del acuerdo, se precisará mayoría simple de los votos de los accionistas presentes o representados en la junta (art. 201.1 LSC). En consecuencia, no es necesario que las instrucciones vengan proferidas por los socios de manera unánime (basta las mayorías establecidas por la ley)[42].

Por otra parte, el contenido de dichas instrucciones o autorizaciones habrán de reflejarse documentalmente en el acta de la reunión que las haya acordado[43]. En torno al momento en que pueden ser

---

instrucciones privada, ni siquiera aunque vengan motivadas o impulsadas fruto de un acuerdo parasocial.

42 ALFARO ÁGUILA-REAL, J., "Los poderes de la junta y las instrucciones a los administradores", en Blog "Derecho mercantil", publicado el 20 de febrero de 2021, disponible para su consulta en: https://almacendederecho.org/los-poderes-de-la-junta-y-las-instrucciones-a-los-administradores.

43 Aunque el acta no constituye el acuerdo, sí se configura como el medio de prueba y seguridad más idóneo para acreditar su existencia y veracidad [SSTS de 5

impartidas o exigidas, la ley nos ofrece dos posibilidades. En caso de acta privada —redactada por el secretario de la junta—, los acuerdos podrán ejecutarse a partir de la fecha de su aprobación (art. 202.3 LSC). Este trámite puede realizarse al final de la reunión (art. 202.2 LSC), sin necesidad de que figure como último punto del orden del día, aunque algún autor lo considera muy recomendable[44]; un sistema considerado como el más idóneo si la junta desea aplicar esta previsión en materia de gestión con celeridad. Por otro lado, la aprobación del acta puede producirse en los quince días siguientes a la celebración, por el presidente de la junta general y dos socios interventores, uno en representación de la mayoría y otro por la minoría (art. 202.2 LSC). En el supuesto se sociedad unipersonal, el socio único —o el órgano de administración— podrá ejecutar sus decisiones consignadas en el acta bajo su firma o la de su representante (art. 15.2 LSC)[45], exigiendo las instrucciones o autorizaciones correspondientes en materia de gestión a los administradores. En caso de acta pública —por Notario—, no precisará de aprobación —ni de firma del Presidente y Secretario— y los acuerdos aprobados en materia de gestión podrán ejecutarse a partir de la fecha de su cierre (art. 203.2 LSC), que se producirá mediante diligencia extendida en la propia reunión (al final) o ulteriormente en su estudio (art. 103.1 RRM)[46].

---

de febrero de 2002 (RJ 2002\1600); y de 5 de enero de 2007 (RJ 2007\1276)]. De este modo, es imprescindible la constancia del contenido de los acuerdos adoptados en ella; en este sentido, la ley únicamente lo exige para actas públicas (art. 102.1. 4º RRM), pero parece razonable extender —por analogía esta exigencia— en cuanto la descripción precisa y las intervenciones relacionadas con cada acuerdo aprobado es la finalidad primordial del acta.

44 CAMPINS VARGAS, A., “El acta de la Junta: un comentario al art. 202 LSC”, en el blog *Almacén de Derecho*, el 2 de julio de 2018, y está disponible para su consulta en: https://almacendederecho.org/acta-la-junta-comentario-al-art-202-lsc

45 Ya comentó en su momento CARBAJO CASCÓN, F., (*La sociedad de capital unipersonal*, cit., p. 461, nota al pie 169) que esta previsión (entonces era el art. 127 LSRL) que si el representante puede adoptar decisiones en nombre del socio único, también debe resultar legitimado para estampar su firma en el acta correspondiente.

46 Momento e que se produce la perfección del documento como acta notarial, adquiriendo la consideración de acta de la junta (art. 103.2 RRM). Vid, sobre ello: CAMPINS VARGAS, A., “El acta notarial de la Junta: un comentario al art. 203 LSC”, en el blog *Almacén de Derecho*, el 2 de julio de

En último lugar, procede indicar que las instrucciones o exigencia de autorización proferidas por la junta tendrán la vigencia que marque el propio órgano al tiempo de dictarlas. De este modo, el acuerdo que apruebe unas determinadas instrucciones podrá establecer que éstas sólo se apliquen, por ejemplo, para ciertos actos de gestión que se realicen durante el ejercicio social en curso o durante el presente y el inmediatamente posterior. Así, transcurrido el tiempo de vigencia mencionado, el administrador podrá proceder como mejor considere para la ejecución de dichas operaciones. Ahora bien, si la junta no ha establecido una vigencia concreta, las instrucciones o autorizaciones emanadas serán de obligado cumplimiento con carácter indefinido, hasta que sean revocadas o sustituidas por la junta mediante acuerdo posterior. En consecuencia, mientras la instrucción o autorización se halle vigente, el administrador habrá de proceder conforme a ella; deberá ser respetada, incluso —y sin perjuicio del cumplimiento de los deberes anudados a su cargo—, cuando el administrador quiera hacer valer una decisión distinta más favorable para el interés social[47].

2.6 Eficacia del art. 161 LSC

2.6.1 Ámbito interno: la protección del tercero de buena fe al amparo del art. 234 LSC

Las instrucciones impartidas o autorizaciones exigidas en materia de gestión por la junta serán de obligado cumplimiento para los administradores, siempre que resulten legítimas —tanto por su contenido (que no sean ilícitas o contrarias a una norma imperativa: administrativa, penal, contraria al orden público, etc.) como por haber sido adoptadas en el seno de un procedimiento legítimo (acuerdo válido de la junta)—. El uso de la facultad del art. 161 LSC constituye un mandato vinculante cuya inobservancia arroja consecuencias; si bien, éstas quedan reducidas a la esfera interna de la sociedad. Lo

2018, y está disponible para su consulta en: https://almacendederecho.org/acta-notarial-la-junta-comentario-al-art-203-lsc

47 GARCÍA-CRUCES GONZÁLEZ, J. A., "Comentario al art. 161 LSC", cit., p. 2293.

actuado no afectará, por tanto, a los terceros de buena fe afectados por la operación ejecutada en contravención al mandato de la junta.

Procede recordar el inciso del art. 161 LSC: *"sin perjuicio de lo establecido en el artículo 234"*. Esta remisión hace referencia a la protección del poder de representación que ostentan los administradores como "representantes orgánicos" de la entidad en el tráfico. Por tanto, el contenido de las instrucciones o la autorización no limitará dicho poder y por todo acto de gestión realizado incumpliendo lo expresamente establecido por la junta será eficaz en el ámbito externo[48]: *"La sociedad quedará obligada frente a terceros que hayan obrado de buena fe y sin culpa grave, aún cuando se desprenda de los estatutos inscritos en el Registro Mercantil que el acto no está comprendido en el objeto social"* (art. 234.2 LSC). Esta limitación opera, incluso, aunque la facultad intervención de la junta conste establecida expresamente en estatutos y/o se halle inscrita en el Registro Mercantil. Así lo dispone el art. 234.1 II LSC: *"Cualquier limitación de las facultades representativas de los administradores, aunque se halle inscrita en el Registro Mercantil, será ineficaz frente a terceros"*.

La tutela de terceros de buena fe es aspecto básico en el ejercicio de la facultad establecida en el art. 161 LSC, que implica una vía de injerencia general de los socios sobre ciertos asuntos de gestión. La

---

48 Vid., la clásica RDGRN de 11 de marzo de 1992 (RJ 1992\2884), relativa al alcance de una limitación estatutaria de una sociedad anónima impuesta frente al poder representativo de los administradores. De forma más precisa se pronunció, entre otras, la RDGRN de 21 de diciembre de 2019 (RJ 2018/5988) cuando expuso que: *"las limitaciones al ámbito del poder de representación del órgano de administración de las sociedades de capital tienen una eficacia meramente interna (en el ámbito de la exigencia de responsabilidad que la sociedad pudiera hacer valer frente al administrador que se hubiese extralimitado), por lo que no pueden trascender a sus relaciones con terceros. Siendo indiscutible que la facultad de disposición de bienes sociales cae en el ámbito del poder de representación del órgano de administración (excepción hecha del supuesto del artículo 160.f, de la Ley de Sociedades de Capital), cualquier acuerdo que implique una limitación de su ejercicio no puede tener otra eficacia que la meramente interna"*. Ya recordaba GARRIGUES, J., (*Curso de Derecho Mercantil*, Tomo I, Aguirre, Madrid, 1976, pp. 561-562) que sería improcedente inscribir la limitación al poder de representación en el registro, y de practicarse no sería posible basarse en ella para excusar el cumplimiento de un negocio formalizado con trasgresión de facultades que el contratante hubiera celebrado con la sociedad, pues tales limitaciones son contrarias a la ley.

opción de impartir instrucciones o exigir una autorización para tales operaciones no viene establecida como una de las competencias de la junta del art. 160 LSC; y es así porque se trata de una injerencia general en el conjunto de asuntos de gestión. La junta puede exigir ciertos protocolos de actuación y de control, pero su eficacia jurídica se reduce a la esfera interna, de lo contrario se estaría cometiendo una intrusión excesiva en una competencia ajena. Más confuso es el incumplimiento de instrucciones o autorizaciones establecidas previamente en estatutos al amparo del art. 160 j) LSC. En este caso, la doctrina aboga por aplicar la misma consecuencia —ausencia de efectos frente a terceros de buena fe—, pues la incidencia de estas cláusulas —aún inscritas en el Registro Mercantil— tampoco perjudicarán a terceros de buena fe al amparo del art. 234 LSC[49].

Los terceros de buena fe formalizan operaciones sociales directamente con el órgano de administración (o bien con tercero debidamente apoderado o autorizado), que son los competentes para el desempeño de tal función al amparo de la ley. Por tanto, en pro de la seguridad jurídica, el contratante que haya formalizado algún negocio con la sociedad no tiene por qué conocer que se han proferido instrucciones al administrador firmante el contrato establecido, incluso aunque consten inscritas en el Registro Mercantil. En consecuencia, no soportarán consecuencias jurídicas de la contravención de un mandato interno. No obstante, como excepción a la protección mencionada, el art. 234 LSC incorpora dos supuestos en los que el tercero no resultará tutelado: cuando éste haya obrado de mala fe o con culpa grave.

2.6.2 *Consecuencias internas del incumplimiento de las instrucciones o autorizaciones por los administradores*

Las consecuencias del incumplimiento del mandato de la junta ostentado en virtud del art. 161 LSC pueden ser muy diversas en función de los supuestos examinados. Al objeto de centrar el tema en

---

49 En el mismo sentido: GARCÍA-CRUCES GONZÁLEZ, J. A., "Comentario al art. 161 LSC", cit., p. 2294.

los aspectos que interesan, abordaremos únicamente el caso del incumplimiento por el administrador de instrucciones cuyo contenido sea lícito y hayan sido proferidas respetando el procedimiento legal. Respecto de las consecuencias anudadas al incumplimiento, cabe decir que no se produce de forma automática o ipso iure, sino que habilitan a la junta para adoptar una medida sancionadora o resarcitoria, pero que en todo caso ha de ser instada por ésta.

La primera consecuencia para el administrador es la separación del cargo. Considerando que se trata de un puesto de confianza, el art. 223 LSC permite a los socios cesarlo sin necesidad de justa causa ni que el cese conste en el orden del día de la convocatoria de la junta. Evidentemente, si la separación es libre, con mayor razón podrá tener lugar cuando exista un motivo para impulsarla, como es el incumplimiento de acatar unas instrucciones o solicitar una autorización previa relativa a algún acto de gestión[50]; este supuesto, para alguna autora, constituye un incumplimiento del deber de lealtad[51]. Si el contenido del mandato emitido por la junta fuera de contenido ilícito o claramente perjudicial para el interés social, la negativa del administrador a ejecutarlo también podría derivar —por causa indirecta— en su cese, que sería justificado por los socios en una simple pérdida de confianza. Generalmente, la separación del administrador no conlleva, *per se*, y en ausencia de previsión específica de la legislación societaria, derecho a indemnización alguna, más allá de un protocolario agradecimiento por el trabajo realizado[52]; sin embargo, recuerda la doctrina que, en virtud del derecho civil de daños, el administrador cesado podría resultar destinatario de un resarcimiento

---

50 GARCÍA VIDAL, Á., *Las instrucciones de la junta general a los administradores de la sociedad de responsabilidad limitada*, cit., pp. 129-130.

51 BOQUERA MATARREDONA, J., "La intervención de la junta general en asuntos de gestión", cit., p. 128.

52 DOMÍNGUEZ PÉREZ, E. M., "Cese de los administradores de sociedades de capital por infracción de prohibiciones legales, intereses opuestos a la sociedad e infracción de los deberes de diligencia y lealtad tras la reforma de la LSC (Ley 31/2014, de 3 de diciembre)", en GARCÍACRUCES GONZÁLEZ, J. A. (Dir.), *La gobernanza de las sociedades no cotizadas*, Tirant lo Blanch, Valencia, 2020, pp. 403-443, p. 407.

cuando su cese le hubiera ocasionado algún daño que resulte debidamente acreditado[53].

En segundo lugar, la inobservancia del mandato de la junta conlleva una responsabilidad para el administrador siempre que se cumpla un doble requisito. En primer lugar, que la instrucción sea emanada conforme al procedimiento establecido: que venga fruto de un acuerdo válido de la junta general y que el contenido de las disposiciones emanadas resulte lícito y no contrario a la moral o al orden público. En caso contrario, la decisión de no acatar las instrucciones está justificada; así mismo, en virtud del deber de diligencia que les asiste, los administradores podrán solicitar cautelarmente que el mandato emanado de la junta no se ejecute[54]. En segundo lugar, para activar la responsabilidad de los administradores, es preciso que la inobservancia de las instrucciones haya ocasionado un daño, bien a la sociedad (art. 238 LSC) o a uno o varios socios o terceros (art. 241 LSC).

Cuando el perjuicio recaiga en el patrimonio de la sociedad, la junta podrá activar la acción social de responsabilidad. Podrá interponerse a solicitud de cualquier socio necesidad de que tal extremo venga contemplado en el orden del día de la reunión (art. 238.1 LSC); aspecto, este último, impulsado por la ley para evitar maniobras dilatorias que pudieran ejercer los administradores como encargados de confeccionar el orden del día[55]. La premisa relevante en

---

53 Señala GALLEGO SÁNCHEZ, E., ["Comentario al art. 223 LSC", en ROJO FERNÁNDEZ RÍO, Á. (Dir.); y BELTRÁN SÁNCHEZ, E. (Dir.), *Comentario de la Ley de sociedades de Capital*, Tomo I, Aranzadi, Pamplona, 2010, pp. 1584-1589, p. 1586], en contra de la opinión doctrinal que aboga por denegar un resarcimiento al administrador cesado sin justa causa, que puede tener derecho a percibirlo sin necesidad de que conste expresamente en la normativa societaria, pues dicha cuestión procede del derecho civil de daños. Así, cuando el administrador pudiera acreditar un daño efectivo, como, por ejemplo —así lo señala la autora— *"si ha sido afectado su honor al ser destituido constando afirmaciones vejatorias contra él o se han proferido injurias. De ahí que sea aconsejable no expresar en el acta de la junta los motivos del cese"*. En sentido similar: VILLAMIL FERREIRA, V., *La separación de los administradores en las sociedades de capital*, cit., p. 396.

54 BOQUERA MATARREDONA, J., "La intervención de la junta general en asuntos de gestión", cit., p. 130.

55 LARA GONZÁLEZ, R., "La acción social de responsabilidad: ejercicio por la sociedad", en ROJO FERNÁNDEZ-RÍO, Á. (Dir.); y BELTRÁN SÁNCHEZ, E

esta sede reposa sobre el supuesto en que un administrador incumple una instrucción u omite solicitar autorización, realizando el acto de gestión aplicando un protocolo diferente y siendo éste posteriormente ratificado por la junta. ¿Quedarían legitimada ésta para entablar la acción social de responsabilidad?, ¿o por el contrario mantendría plena dicha facultad? En nuestra opinión, nos adherimos a la posición mayoritaria, que aboga por considerar, en estos casos, la pérdida de legitimación de la junta para ejercitar la acción, sin perjuicio de mantener su interposición subsidiaria por la minoría de socios y terceros. El argumento de esta postura radica en aplicar el criterio razonable de los actos propios. Recordemos la prohibición general que impide al administrador exonerarse de responsabilidad por un acto o acuerdo lesivo que haya sido adoptado, autorizado o ratificado por la junta general (art. 236.2 LSC). Ahora bien, esto no quiere decir que aquí la junta conserve su legitimación para invocar la acción —en base a la doctrina de los actos propios—, sino que habrá de ejercitarse por otros sujetos a título individual, socios o acreedores de la persona jurídica[56].

3. *Otros supuestos de intervención en la gestión*

Fuera del ámbito de aplicación del art. 161 LSC, existen otros supuestos de control por parte de la junta en materia de gestión. Algunos de ellos aparecen contemplados o, al menos, posibilitados, en la normativa societaria; otros, en cambio, son susceptibles de producirse en el seno de la propia iniciativa del órgano de administración.

Respecto de las previsiones legales, el art. 160 j) LSC dispone: *"Es competencia de la junta general deliberar y acordar sobre los siguientes asuntos: (...) j) Cualesquiera otros asuntos que determinen la ley o los estatutos"*. Con este inciso, se cierra el elenco de competencias expresas y reservadas a la junta. Su carácter abierto permite afirmar o, al menos, impide negar que los socios puedan injerir por otras vías en la gestión. Respecto de las previsiones estatutarias, el legislador permite

---

(Dir.), *La responsabilidad dé los administradores de las sociedades mercantiles*, Tirant lo Blanch, Valencia, 2013, pp. 89-120, p. 93.

56 GARCÍA VIDAL, Á., *Las instrucciones de la junta general a los administradores de la sociedad de responsabilidad limitada*, cit., pp. 134 y 139.

a la junta incorporar en estatutos o en su reglamento específico un protocolo específico de actuación en ciertos asuntos de gestión, así como el requisito de una autorización previa.

Ya indicamos en un epígrafe anterior que el art. 161 LSC se articular sobre una modalidad de intervención de la gestión que es puramente espontánea y no prevista en estatutos, sin perjuicio de que aquella conste materializada en las respectivas actas de las reuniones que se celebren para detallarlas. Por tanto, el 160 j) LSC se refiere a un sistema que está debidamente premeditado, bien al tiempo de constituir la sociedad (los socios desean incorporar un protocolo o autorización sobre determinadas actuaciones en la gestión social, como así lo documentan en estatutos), o bien durante la vida social (una junta celebrada para modificar los estatutos —art. 160 c) y j) LSC—, incorporando al efecto la oportuna cláusula en materia de gestión que antes no constaba).

No obstante, considero que su utilización resultará escasa, pues una cláusula de ese tipo puede conllevar, por parte del notario o registrador, la negativa a expedir la escritura o inscribirla en el Registro Mercantil por considerarla contraria al espíritu de la normativa societaria (si observa una injerencia excesiva en una competencia reservada al órgano de administración no impuesta por el legislador). Sobre este punto, algún autor sostiene que el 160 j) LSC será empleado sobre aquellas competencias en materia de gestión que en la práctica societaria arrojen dudas razonables de su posible atribución a la junta[57]. A mi parecer, lo aconsejable es no incorporar un pacto en estatutos en materia de gestión (distinto a las competencias relacionadas que ya menciona el art. 160 LSC). Más razonable y seguro es hacer uso directo de la facultad legal del art. 161 LSC y, ante su ejercicio en cada caso, los administradores disponen de medios para manifestar una extralimitación de la junta en materia de gestión. Por ejemplo, la impugnación del acuerdo que apruebe la exigencia de autorización previa para cualquier acto de gestión, pues resultan legitimados para proceder a ella en casos de puntos aprobados y que sean contrarios a la ley (arts. 204.1 y 206.1 LSC). Igualmente, el administrador po-

---

57 HERNÁNDEZ HERNÁNDEZ, J., "La intervención de la Junta General en asuntos de gestión y su repercusión en el deber de diligencia", cit., p. 271.

dría negarse a adoptar una instrucción que razonablemente considere contraria a su deber de diligencia (art. 225 LSC), pues procede recordar que no se exonerará de responsabilidad cuando el acto o acuerdo lesivo haya sido adoptado, autorizado o ratificado por la junta general (art. 236.2 LSC).

Por otro lado, la junta interviene en la gestión mediante otras vías. Por ejemplo, mediante el nombramiento de los administradores (art. 214.1 LSC), donde existirá cierta diligencia in eligendo respecto de la persona designada (idoneidad), pues es un puesto de confianza. Además, deben verificar y examinar su buena labor durante el tiempo de duración del cargo (in vigilando), procediendo a su separación de forma rápida y efectiva sin necesidad de alegar causa ni haciendo constar la destitución en el orden de día de la reunión que la acuerde (art. 223 LSC). En realidad, no se trata de competencias directas sobre injerencia en la gestión (de ejecución), pero sí indirectas de control (por designación en el puesto, vigilancia y, en su caso, revocación)[58].

En último lugar, el propio órgano de administración puede decidir solicitar instrucciones o autorización a la junta ante determinados actos de gestión que consideren relevantes. Esta petición voluntaria vendría a constituir una consulta no vinculante o acuerdo de sumisión voluntaria de los administradores a los socios [salvo lo previsto en el art. 160 f) LSC], y que puede recaer sobre cualquier asunto, incluso sobre competencias inderogables y reservadas en exclusiva al órgano de administración[59]. Operaciones de gestión de cuantías importantes o sustanciales desde un punto de vista cualitativo sobre las que la junta no haya reparado. Todas ellas sujetas, naturalmente, a la eventual responsabilidad del administrador (art. 236 LSC)[60].

---

58 Vid. RIBAS FERRER, V., *El deber de lealtad del administrador de sociedades*, La Ley, Madrid, 2010, p. 113.

59 RECALDE CASTELLS, A. J., "Art. 161. Intervención de la junta en asuntos de gestión", cit., p. 88.

60 HERNÁNDEZ HERNÁNDEZ, J., "La intervención de la Junta General en asuntos de gestión y su repercusión en el deber de diligencia", cit., p. 272.

Capítulo II

LAS OPERACIONES SOBRE ACTIVOS ESENCIALES. ÁMBITO OBJETIVO Y PROCEDIMENTAL

I. ANTECEDENTES Y FUNDAMENTO DEL ART. 160 F) LSC. UNA PRIMERA DISTINCIÓN DEL ART. 161 LSC SOBRE LA COMPETENCIA GENERAL PARA INJERIR EN ASUNTOS DE GESTIÓN

La competencia en materia de activos esenciales es una aportación moderna por parte de nuestro legislador. El derecho societario no la contempló en ninguna de sus distintas vertientes. El CCom carece de una mención específica para las sociedades personalistas, y las leyes especiales que regularon las compañías anónimas y limitadas tampoco recogieron dichos extremos, ni siquiera la LSC en su redacción primigenia. Hasta entonces, la única intervención de la junta en asuntos de gestión quedó establecida a partir de 1995 para la sociedad limitada, como una competencia de la junta únicamente reconocida para este tipo social, tal y como hemos examinado en el capítulo precedente. Es indudable que las operaciones sobre activos esenciales constituyen un acto de gestión que, en circunstancias ordinarias, quedaría bajo el amparo del órgano de administración social.

La particularidad de las operaciones esenciales reside, precisamente, en su incardinación como una competencia reservada en exclusiva a la junta de socios; regulada, hoy día, no dentro del art. 161 LSC, sino en el elenco general del art. 160 LSC. Sin duda, esto arroja un particular interés del legislador en aportar a esta materia un plus de diferencia y distancia respecto de la facultad general de intervenir en asuntos de gestión. Pues bien, dicha competencia ha sido incorporada a nuestra normativa a través de la Ley 31/2014, de 3 de diciembre, por la que se modifica la Ley de Sociedades de Capital para la mejora del gobierno corporativo. La razón de este añadido la explica el redactor de la norma en su exposición de motivos de manera muy breve: *"Comenzando por las modificaciones relativas a la junta general de accionistas, se pretende con carácter general reforzar su papel y abrir cauces para fomentar la participación accionarial. (...) se amplían las competencias de la junta general en las sociedades para reservar a su aprobación aquellas operaciones societarias que por su relevancia tienen efectos similares a las modificaciones estructurales"*. En consecuencia, el legislador pretende evitar que el órgano de administración pueda decidir por sí mismo la ejecución de negocios que comprometan la salida de ciertos activos que, por su relevancia —cualitativa o cuantitativa— generen un impacto estructural en la sociedad.

Uno de los factores desencadenantes de esta reforma trae su origen en el Código Unificado de Buen Gobierno de las Sociedades Cotizadas de 2006 (CBGSC 2006), elaborado por la CNMV. En su recomendación n.º 3 ya dispuso: *"Que, aunque no lo exijan de forma expresa las Leyes mercantiles, se sometan a la Junta General de Accionistas las operaciones que entrañen una modificación estructural de la sociedad, y en particular las siguientes: (...) b. La adquisición o enajenación de activos operativos esenciales, cuando entrañe una modificación efectiva del objeto social; c. Las operaciones cuyo efecto sea equivalente al de la liquidación de la sociedad"*[61]. Posteriormente, la STS de 17 de abril 2008[62] igualmente supuso un precedente práctico. En el caso enjuiciado por nuestro

---

61 En la exposición previa de esta recomendación, la CNMV señaló que: *"La Ley de Sociedades Anónimas reserva expresamente a la Junta General la aprobación de ciertos acuerdos —tales como fusión, escisión, transformación, cambio de objeto social, disolución o cesión global de activo y pasivo— que afectan de forma sustancial a la naturaleza y estructura de la sociedad. Son las denominadas "modificaciones estructurales". Existen, sin embargo, otras operaciones societarias que producen efectos similares y que, sin embargo, en ocasiones son adoptadas por el Consejo de Administración, al no existir una atribución legal específica y formal de competencia a favor de la Junta General. Así ocurre, por ejemplo, cuando una sociedad acuerda "filializar" sus activos y convertirse en mera sociedad holding, lo que en la práctica puede privar a su Junta General de la facultad de decidir sobre la política de capital o la política de reparto de beneficios y transferir dichas competencias al Consejo. Por ello, el Código estima que en estos casos y, en general, en todas las modificaciones estructurales de la sociedad, la decisión ha de corresponder a la Junta General de accionistas. Naturalmente, este principio ha de administrarse con la debida prudencia, sin extender de forma exagerada las competencias de la Junta, ni mermar las facultades naturales del Consejo para definir y poner en práctica la estrategia de la compañía. Así, por ejemplo, resultaría inapropiado someter a la decisión de la Junta la aprobación de operaciones de venta de inmuebles con reserva de arrendamiento (sale and lease-back), e incluso la venta de instalaciones de su propiedad cuando la sociedad opte por subcontratar externamente una actividad que hasta entonces desarrollaba directamente"*.

62 STS de 17 de abril 2008 (RJ 2008\3521).

Alto Tribunal, la Sociedad Transportes "Los Diez Hermanos, S. A.", demandó a sus consejeros delegados y a "Autobuses Palomera, S. A." por una operación de compraventa en la que los primeros transmitieron a esta última todos los activos de la entidad demandante; igualmente resultó demandado el notario autorizante de la escritura. Lo relevante de la sentencia reposa en la indicación que realiza sobre el límite de las facultades del órgano de administración —en este caso articulado mediante consejo— ante una operación de tal calado: *"Estimamos que excede del tráfico normal de la empresa dejarla sin sus activos, sin autorización de la Junta General para este negocio de gestión extraordinario. El que el objeto social fuera más amplio no es argumento que lo justifique. En primer lugar, porque nada se ha demostrado en el pleito fuera de que la sociedad actora se dedicaba a la explotación del negocio de transportes, en otras palabras, de que lo fuesen otros de los enumerados en los estatutos dentro del objeto social. En segundo lugar, porque la cesión impugnada seccionaba una parte del objeto social estatutario, desde el punto de vista literal, lo que debía de ser autorizado por la Junta de Accionistas, lo mismo que estatutariamente tenía que hacerlo si la sociedad se dedicaba a otro objeto social. No tiene sentido que se exija la autorización para la ampliación y no para su mutilación práctica".*

Por otro lado, la DGRN también valoró hace años —previos a la reforma de 2014— la necesidad de intervención de la junta para efectuar operaciones de gestión de gran calado. Concretamente, la RDGRN de 10 de junio de 1994[63] relativa a una sociedad anónima que amplió su capital mediante la emisión de nuevas acciones, concretándose el contravalor en la aportación por otra sociedad del mismo tipo de un conjunto de bienes: una rama de actividad que suponía una unidad económica autónoma. El órgano resolutorio tuvo importantes dudas de la verdadera naturaleza de la operación, que podía exceder de una mera aportación no dineraria, para llegar a ser un verdadero supuesto de escisión parcial de una de las entidades, para lo cuál se precisaba el consentimiento —formalizado por acuerdo— de la junta de socios.

Pero el antecedente más inmediato a la incorporación de la regulación en materia de activos esenciales reside en el Estudio sobre pro-

---

[63] RDGRN de 10 de junio de 1994 (RJ 1994\4915).

puestas de modificaciones normativas elaborado por la Comisión de Expertos en Materia de Gobierno Corporativo de 14 de octubre de 2013[64]. Concretamente, la Comisión propuso regular esta materia, al menos, para las sociedades cotizadas. En el punto 3.2.3 del citado informe (*Competencias adicionales de la junta en las sociedades cotizadas*) la Comisión señala que: *"existen operaciones societarias con efectos similares, que, al no estar específicamente reservadas a la junta por la legislación aplicable, pueden ser válidamente adoptadas por el Consejo de Administración. La naturaleza de estas operaciones y su particular relevancia en las sociedades cotizadas aconseja que su aprobación deba ser, al menos en este tipo de sociedades, adoptada por la junta general"*, procediendo después a elaborar una propuesta de precepto que habría de ser incorporado en la LSC como "Competencias adicionales de la junta general", cuyo tenor era similar a que siguió nuestra normativa vigente[65].

De este modo, la Ley 31/2014 incorporó la competencia de la junta en materia de activos esenciales nuestra normativa, pero lo hizo en dos vertientes. La primera de ellas, para las sociedades de capital no cotizadas, a través del art. 160 f) LSC: *"Es competencia de la junta general deliberar y acordar sobre los siguientes asuntos: (…) f) La adquisición, la enajenación o la aportación a otra sociedad de activos esenciales. Se presume el carácter esencial del activo cuando el importe de la operación supere el veinticinco por ciento del valor de los activos que figuren en el último balance aprobado"*. En segundo lugar, la instauró para las sociedades anónimas cotizadas a través del art. 511 bis LSC: *"1. En las sociedades cotizadas constituyen materias reservadas a la competencia de la junta general, además de las reconocidas en el artículo 160, las siguientes: a) La transferen-*

---

64 Disponible para su consulta en el siguiente enlace web: https://www.cnmv.es/docportal/publicaciones/codigogov/cegc_estmodif_20131014.pdf

65 El precepto que propuso la Comisión de Expertos en las páginas 14 y 15 de su informe fue el siguiente: *"Artículo 511 bis. Competencias adicionales. 1. En las sociedades cotizadas constituyen también materias reservadas a la competencia de la junta general las siguientes: a) La incorporación a entidades dependientes de actividades esenciales desarrolladas hasta ese momento por la propia sociedad, aunque esta mantenga el pleno dominio de aquellas. b) La adquisición o enajenación de activos operativos esenciales. c) Las operaciones cuyo efecto sea equivalente al de la liquidación de la sociedad. d) La política de remuneraciones de los consejeros en los términos establecidos en esta ley. 2. Se presumirá el carácter esencial de las actividades y los activos operativos cuando el volumen de la operación supere el veinticinco por ciento del total de activos del balance"*.

cia a entidades dependientes de actividades esenciales desarrolladas hasta ese momento por la propia sociedad, aunque esta mantenga el pleno dominio de aquellas. b) Las operaciones cuyo efecto sea equivalente al de la liquidación de la sociedad. c) La política de remuneraciones de los consejeros en los términos establecidos en esta ley. 2. Se presumirá el carácter esencial de las actividades y de los activos operativos cuando el volumen de la operación supere el veinticinco por ciento del total de activos del balance". Ambos preceptos continúan vigentes y constituyen el foco de interés de nuestro trabajo. Si bien es cierto que el legislador optó por establecer una dualidad normativa, la considero innecesaria, por dos razones. La primera, porque ambos preceptos [art. 160 f) y 511 bis LSC] regulan aspectos de manera redundante (la presunción de esencialidad cuantitativa); y, la segunda, porque los aspectos diferentes de cada uno de dichos artículos sirven perfectamente de aplicación para sociedades de capital de cualquier tipo —cotizadas y no cotizadas—. Por esta razón, habría bastado, en mi opinión, establecer un único precepto.

Pero la cuestión de relevancia en este punto descansa en distinguir, groso modo, las competencias de gestión establecidas en los arts. 161 y 160 f) LSC. El art. 161 LSC establece la facultad de injerir en asuntos de gestión como una posibilidad de alcance general en favor de la junta; sin embargo, el art. 160 f) LSC determina que toda operación relativa a activos esenciales es competencia exclusiva de dicho órgano. Si ambos preceptos coinciden en su aspecto material (la gestión), ¿por qué distinguir? Evidentemente, esta es una de las cuestiones estrella, y que desarrollaremos con cierta extensión; no obstante, señalaré aquí una primera diferencia, que entiendo es la más oportuna. Considerando la ubicación y redacción de los preceptos aludidos, cabe extraer dos consecuencias de la distinción. En primer lugar, la posibilidad que encuadra el art. 161 LSC se refiere a asuntos de gestión generales, y siempre concretados, bien mediante operaciones singulares, o por una categoría de ellas que no resulten excesivamente amplia como para dejar desprovisto al órgano de administración de su autonomía e independencia en materia de gestión. Y, en segundo lugar, la otra diferencia señalada es de naturaleza obligatoria o vinculante: el art. 161 LSC no queda encuadrado en el elenco de competencias reservadas a la junta, sino que supone una facultad a la que el legislador no otorga una relevancia esencial, pues de lo contrario no sería posible modularla por vía estatutaria. Dicho, en otros términos, los socios pueden, como ya hemos visto, restringir parcial o totalmente la opción de intervenir en asuntos de gestión; en cambio, no parece posible esta flexibilidad respecto de lo indicado en el art. 160 f) LSC. Los socios no pueden renunciar a una competencia —cualquiera que sea— que les otorga el legislador por medio del art. 160 LSC, pues es una norma de carácter tuitivo-imperativo.

La finalidad del art. 160 f) LSC descansa —como bien apunta la doctrina— en incrementar la participación accionarial sobre determinadas operaciones de gestión y, al mismo tiempo —y más importante—, "salvaguardar los derechos de los socios evitando la alteración de los elementos esenciales de la sociedad"[66]; por esa razón, se trata de una regla de mínimos[67], y el legislador así lo ha hecho saber incorporándola al art. 160 LSC. Sin embargo, entiendo que el legislador no ha logrado manifestar adecuadamente su voluntad respecto de esta norma, que arroja una importante imprecisión. En esencia, adolece de carencias relevantees, como, por ejemplo, definir detalladamente qué se entiende por activo esencial —más allá de una mera presunción cuantitativa—, o establecer el alcance de la eficacia externa de dicho precepto —que consecuencias arroja su incumplimiento para terceros—, o el hecho de no prever unos quórums/mayorías necesarios/as, así como el contenido mínimo del acuerdo adoptado en junta. Ausencias que hacen verdaderamente difícil una aplicación correcta y razonable del precepto, arrojando una gran inseguridad jurídica. Así lo expuso al RDGRN de 11 de junio de 2015[68]: *"la referencia del artículo 160 a los activos esenciales de cualquier entidad, supone*

---

[66] ÁLVAREZ ROYO-VILLANOVA, S.; y SÁNCHEZ SANTIAGO, J., "La nueva competencia de la junta general sobre activos esenciales: a vueltas con el artículo 160 f) LSC", *Diario La Ley*, n.º 8546, 2015 (LA LEY 3426/2015). Añade ALCALÁ DÍAZ, M. Á., (*Las competencias de la junta en materia de gestión*, cit., p. 177) que el art. 160 f) LSC, aun haciendo referencia a operaciones que son estrictamente de naturaleza negocial, arrojan efectos notables en la esfera patrimonial y de participación de la sociedad.

[67] Así parece expresarlo LLORENTE GONZALVO, M., "Comentario a la resolución de la DGRN de 10 de julio de 2015. Análisis del artículo 160 de TRDLEG /2010, de la ley de sociedades de capital, tras la reforma por la ley 3 1/2014: autorización de la junta general para la transmisión de activos esenciales", *Cuadernos de Derecho y Comercio*, n.º 64, 2016, pp. 185-218, p. 193.

[68] RDGRN de 11 de junio de 2015 (RJ 2015\3722).

la remisión a un concepto jurídico indeterminado, activos esenciales, cuya determinación y concreción es distinta para cada caso, para cada sociedad, y para cada momento de la vida social", una opinión compartida por gran parte de nuestra doctrina[69]. Otra prueba de esta incertidumbre es la gran cantidad de resoluciones judiciales y administrativas emanadas sobre el precepto, esencialmente de los Juzgados Mercantiles y Audiencias provinciales, como de la Dirección de la seguridad Jurídica y la Fe Pública (DGSJFP, antigua Dirección General de los Registros y del Notariado —DGRN—).

69 Así, GARCÍA-CRUCES GONZALEZ, J. A., ("Comentarios al art. 160 LSC", cit., p. 2255) quien vaticina que la ausencia de elementos interpretativos del art. 160 f) LSC ha llevado a una parte de la doctrina a realizar una aplicación simplista y errónea de la norma, considerando como activo esencial únicamente a aquellas operaciones que tengan por objeto la enajenación o adquisición de algún bien o derecho alcance el umbral cuantitativo allí dispuesto (25%). Por otro lado, CÁBANAS TREJO, R., ["Activos esenciales y competencia de la junta general de las sociedades de capital ¿un riesgo para el tercero que contrata con la sociedad?", *Diario La Ley*, n.º 8521, 2015 (consultado en LA LEY 2717/2015)] indica, entre otros extremos, la dificultad de aplicar el precepto en aras de una defectuosa, pero a la vez, amplia noción de "activo", que puede dar lugar a la necesidad del consentimiento de la junta para lleva a cabo una importante cantidad de actos de gestión, cuando lo dispuesto por la norma ha de tener un carácter excepcional. En otros términos, GONZÁLEZ-MENESES, M., ["Reestructuración de empresas y operaciones sobre activos esenciales (La aplicación práctica de la regla del art. 160 f) LSC a la vista de la doctrina de la DGRN)", *Revista de Derecho Concursal y Paraconcursal*, n.º 24, 2016 (consultado en: LA LEY 99/2016)] destaca que: *"A la vista de esta insatisfacción que provoca la norma, no es extraño que muchos de sus intérpretes y agentes llamados a aplicarla estén defendiendo no sólo una interpretación restrictiva en cuanto a su ámbito de aplicación (el elenco de operaciones negociales a que se aplica y sobre todo lo que debemos entender por «activos esenciales» a estos efectos); sino también en cuanto a su eficacia, es decir, a las consecuencias derivadas de su infracción"*; por último, GUERRERO LEBRÓN, M. J., ["La competencia de la junta general sobre la disposición de activos esenciales (artículo 160.f Ley de Sociedades de Capital)", en GARCÍA CRUCES GONZÁLEZ, J. A. (Dir.), *La gobernanza de las sociedades no cotizadas*, Tirant lo Blanch, Valencia, 2020, pp. 63-99, p. 68] quien menciona la generación de importantes costes operativos fruto de la defectuosa técnica legislativa del art. 160 f) LSC. Vid., también, una descriptiva general de la crítica en: FERNÁNDEZ DEL POZO, L, "Las operaciones sobre «activos esenciales»: artículos 160 f) y 511 bis de la Ley de Sociedades de Capital", en SEBASTÍAN QUETGLAS, R. (Dir.), *Manual de fusiones y adquisiciones de empresas*, La Ley, 2016, pp. 187-272 (consultado en LA LEY 2851/2016).

Por esta razón, y sin perjuicio del esfuerzo que realizaremos a lo largo de esta obra por procurar la interpretación que entendemos más adecuada ya adelantamos que lo dispuesto en el art. 160 f) LSC precisa de una reforma y ampliación de su contenido, en aras de superar la inseguridad jurídica que emana su redacción vigente. En todo caso, el precepto enunciado supone la atribución de una competencia en materia de gestión a la junta, muy específica, que afecta operaciones que inciden en aspectos que van más allá de la marcha regular de la sociedad. Circunstancias relacionadas con la posición de los socios o con la propia estructura de la sociedad; razón, ésta, por la que, pese a ser operaciones que, por su naturaleza, deberían ser competencia del órgano de administración, su importante impacto exige que sean previamente acordadas y aprobadas por la junta de socios.

II. CONCEPTO DE ACTIVO AL AMPARO DEL ART. 160 F) LSC

1. Generalidades

El art. 160 f) LSC menciona las operaciones sobre activos esenciales. En primer lugar, procede dedicar unas palabras a esclarecer el concepto de activo. Activo es todo elemento patrimonial perteneciente a la sociedad: bienes y derechos de todas clases —generalmente, aunque no necesariamente— afectos al desarrollo del objeto social. Puede tratarse de un conjunto patrimonial en bloque que constituya una unidad productiva, bienes concretos y determinados; igualmente puede tratarse de un derecho de opción de compra[70] o, incluso, una posición contractual respecto de relaciones jurídicas que constituyan el principal motor de una determinada actividad (contrato de arrendamiento[71], de distribución —concesión, franqui-

---

70 NIETO CAROL, U., "La temática de los activos esenciales", en EMBID IRUJO, J. M. (Dir.); y NIETO CAROL, U. (Dir.), *Estudios de derecho de sociedades,* Tirant lo Blanch, Valencia, 2019, pp. 167-226, p., 177.

71 No obstante, existe jurisprudencia contradictoria sobre este aspecto. En este sentido, la SAP de Cáceres (Sección 1.ª) de 15 de noviembre de 2019 (ECLI: ES:APCC:2019:931) negó el carácter de activo esencial de un contrato de arren-

cia—); o también, naturalmente, puede tratarse de derechos de propiedad industrial (marcas, patentes) o intelectual (derechos de autor y conexos) e, incluso, de los todavía ciertamente ignorados activos digitales (páginas webs, criptomonedas, avatares, derechos ejercitables en el entorno virtual, etc.). Lo cierto es que la norma no alude a ninguna categoría de activo como límite a su aplicación, de modo que el art. 160 f) LSC comprendería toda operación relacionada con cualquier tipo de activo, siempre que ostente el adjetivo de esencial.

Por otro lado, puede tratarse, en primer término, de un activo circulante o corriente: aquel vinculado al ciclo normal de explotación que la sociedad espera vender, consumir o realizar en el corto plazo; en este sentido, existen discrepancias sobre la consideración del dinero como potencial activo esencial. Una parte de la doctrina lo considera como un medio básico para el funcionamiento de cualquier unidad económica, pero no esencial como activo al amparo del art. 160 h) LSC, pues es bien fungible, medio de pago y circulante; sujeto, por tanto, a la actividad ordinaria o de curso regular[72]. Mismo criterio asumen algunos notarios, como se infiere en las RRDGSJFP de 28 de julio de 2015[73] y de 29 de julio de 2015[74]; en este caso, el notario alegó que: *"no le resulta de aplicación lo dispuesto en el artículo 160, letra f), pues el dinero nunca puede ser, por naturaleza económica, un activo esencial. El dinero de una sociedad opera siempre como un activo instrumental, imprescindible para el desarrollo de cualquier negocio, pero inesencial, pues nunca puede ser la «esencia» de la actividad societaria, el manejo del*

damiento, pues considera que los arrendamientos y sus modificaciones son actos de gestión, no de disposición, aspecto esencial que exige el art. 160 f) LSC: *"aun cuando fuera —que no lo es— un activo esencial de la sociedad (como antes se ha significado), constituye una cuestión carente de relevancia a los efectos de la resolución del contrato arrendamiento; y decimos que no solo no se ha acreditado, sino que no lo es (un activo esencial de la sociedad), porque la finca rústica no ha salido de la esfera patrimonial de la sociedad demandante (sigue siendo de su titularidad dominical), y, por otro lado, el precio del arrendamiento (renta) reducido sucesivamente desde su inicio hasta la actualidad (20.000 euros anuales) no revela que fuera un activo relevante en el ámbito de la actividad societaria; por lo que —sin que el hecho abrigue género de duda alguno— la decisión adoptada por el Juzgado de instancia en la Sentencia recurrida no vulnera el artículo 160 de la Ley de Sociedades de Capital".*

72 NIETO CAROL, U., "La temática de los activos esenciales", cit., p., 187.

73 RDGSJFP de 28 de julio de 2015 (RJ 2015/4442).

74 RDGSJFP de 29 de julio de 2015 (RJ 2015/4445).

propio dinero en efectivo". En mi opinión, no resulta sencillo adoptar un pronunciamiento firme respecto de la cuestión; esencialmente, porque en muchos casos, cualquier movimiento de flujo nunca constituirá una operación sobre un activo esencial; sin embargo, veo difícil justificar jurídicamente que los administradores puedan, por ejemplo, donar a un tercero todo el dinero de la sociedad sin que los socios deban decir algo al respecto. Pues, en este caso, tal disposición podría —especialmente en sociedades que tienen escasos bienes (de naturaleza material o inmaterial) constituir una liquidación "de facto" de la entidad, y es ésta una de las razones que exigen la autorización de la junta por considerarla una disposición sobre un activo esencial (art. 511 bis LSC).

De igual modo, también afecta al activo fijo o no corriente: aquel cuyo vencimiento, enajenación o realización, se espera que se produzca en un plazo superior a un año, contado a partir de la fecha de cierre del ejercicio (art. 35.1 II CCom). Bienes pensados para realizar actividades productivas o destinados a un uso continuo y permanente; por tanto, no pensados para su circulación y transmisión fuera de la empresa. Generalmente, es sobre esta clase de patrimonio respecto de la cual se formalizan las operaciones sobre activos esenciales.

En último lugar, procede descartar, como regla general, las operaciones que afecten al pasivo, pues no recaen sobre activo, término inequívoco al que se refiere el art. 160 f) LSC. No obstante, la jurisprudencia ha matizado este punto, indicando que algunos negocios de pasivo encajan en el ámbito de aplicación del precepto. Así ocurre con determinadas operaciones de financiación, donde se hace preciso el acuerdo de la junta cuando tal operación pusiera en riesgo la viabilidad de la sociedad, modificara sustancialmente el desarrollo de su actividad o alterara profundamente el cálculo de riesgo inicial de los socios o su posición de control; eso sí, quedarían fuera de la competencia de los socios la financiación para la gestión ordinaria de la sociedad, o la destinada a obtener los recursos necesarios para ejercitar la actividad regular propia de aquélla[75].

---

[75] STS de 27 de junio de 2023 (ECLI:ES:TS:2023:2897). El asunto objeto de la controversia versaba sobre una operación de financiación sindicada de La Zaragozana, S.A., propuesta por la entidad financiera Banco Santander S.A., por un importe máximo de 70.000.000 euros, conforme a las condiciones básicas

2. *Activo operativo y activo inoperativo*

Dentro de la categoría de activo, merece destacar la redacción que contenía el informe de la comisión de expertos en materia de gobierno corporativo, pues se refería a "activos operativos esenciales". Este concepto de "operativo" fue introducido con la intención de evitar someter al consentimiento de la junta las operaciones sobre activos que no asumieran un papel funcional para el desempeño de la actividad de la sociedad; pero, finalmente, este adjetivo fue suprimido de la norma que entró en vigor. Entiendo que la razón reposa en la mera patrimonialidad con independencia del destino de dicho activo. En consecuencia, el art. 160 f) LSC se extiende a los activos operativos y no operativos. Un activo operativo es aquél que sirve de una manera directa a la actividad de la sociedad, que tiene un carácter instrumental porque constituye un medio de producción (activo que opera o trabaja); esto, generalmente, excluye al circulante o corriente, con independencia de su valor cuantitativo[76]. Como consecuencia de ello, los activos no afectos a la actividad habrían quedado descartados del 160 f) LSC. Y ello, *a priori*, no parece muy razonable a la vista de que, por ejemplo, una operación consistente en una transmisión en bloque de todo el patrimonio societario (cuando éste está conformado, por ejemplo, por un inmueble que la sociedad tenga en propiedad sin destino comercial alguno) pueda realizarse a simple

---

señaladas en el *term sheet* de la entidad financiadora. Una operación aprobada por el consejo de administración de la Zaragozana. Uno de los consejeros votó en contra y, posteriormente, impugnó el acuerdo por considerar que infringía el art. 160 f) LSC, ya que —según él— dicha operación debía ser considerada como un activo esencial y, por tanto, requería la aprobación de la junta general de accionistas. Sin embargo, el Alto Tribunal, denegó la petición del consejero impugnante porque: *"no puede entenderse que de dicho acto de gestión se deriven consecuencias que alteren de modo sustancial la posición de los socios o la estructura jurídica o económica de la sociedad, pese a su importancia cuantitativa, puesto que se trata de una acción necesaria para la eficacia de acuerdos previamente aprobados y no impugnados, en que el consejo de administración ha elegido una entre las diversas alternativas de financiación presentadas para la continuación de la actividad a la que venía dedicándose la sociedad (la fabricación de cerveza), dentro de su objeto social, conforme al nuevo plan de negocios".*

[76] GONZÁLEZ-MENESES, M., "Reestructuración de empresas y operaciones sobre activos esenciales…", cit. (consultado en: LA LEY 99/2016).

voluntad de los administradores, pues ello es susceptible de arrojar un efecto estructural y funcional directo sobre la propia entidad.

Esta consideración de operativo sólo se ha mantenido para las sociedades cotizadas en el art. 511 bis 2 LSC, mientras que el art. 160 f) LSC ha prescindido de tal adjetivo. Sobre este punto, la doctrina está dividida. Un sector considera que cualquier tipo de activo (operativo o no) debe estar bajo el amparo de la norma, puesto que el término operativo no tiene cabida en el Derecho contable y, además, *"no puede dudarse de que la cesión de activos líquidos, como el dinero o los valores puede comprometer la subsistencia de la sociedad y entrañar una liquidación de hecho"*[77]. Sin embargo, otro sector defiende que la concepción de activo esencial sólo adquiere sentido cuando éste resulta estrechamente conectado a la actividad económica que desempeña la sociedad, *"por más que se pretenda objetivar por vía de la presunción legal"*[78].

Considerando lo anterior, ¿cable presumir que a la luz del art. 511 bis 2 LSC que las operaciones sobre activos esenciales que exigen la aprobación de la junta son sólo aquellas cuyo objeto sean activos operativos? La respuesta a este interrogante es, a nuestro juicio, negativa. El art. 511 bis 2 LSC invoca el término "operativo" únicamente conectado al ámbito cuantitativo de la esencialidad. Este precepto incorpora un doble criterio para determinar el carácter esencial del activo: uno cualitativo, cuando una operación tenga por objeto un activo de cualquier naturaleza (operativo o no) cuya transmisión o adquisición arroje un impacto estructural para la propia sociedad (equivalente a su disolución); y, en segundo lugar, otro cuantitativo,

---

77 GALLEGO SÁNCHEZ, E., "Operaciones sobre activos esenciales", en PEÑAS MOYANO, M. J. (Dir.), *Estudios de Derecho de sociedades y de Derecho concursal: libro en homenaje al profesor Jesús Quijano González*, Ediciones Universidad de Valladolid, Valladolid, 2023, pp. 349-368. En sentido parecido: FERNÁNDEZ DEL POZO, L, "Las operaciones sobre «activos esenciales»: artículos 160 f) y 511 bis de la Ley de Sociedades de Capital", cit. (consultado en LA LEY 2851/2016).

78 GARRIDO DE PALMA, V.; y ARANGUREN URRIZA, F. J., "Protocolos y pautas de actuación de los administradores: perspectiva notarial", en HERNANDO CEBRIÁ, L. (Coord.), *Régimen de deberes y responsabilidad de los administradores en las sociedades de capital: adaptado a la modificación de la Ley de Sociedades de Capital para la mejora del gobierno corporativo*, Bosch, Barcelona, 2015, pp. 427-477, p. 434. También: GONZÁLEZ-MENESES, M., "Reestructuración de empresas y operaciones sobre activos esenciales…", cit. (consultado en: LA LEY 99/2016).

aplicado a activos exclusivamente operativos cuando superen el veinticinco por ciento del total de activos del balance.

No parece, por tanto, que el aspecto operativo resulte determinante para verificar la esencialidad del activo en todo caso[79]. De lo contrario, el administrador podría efectuar el vaciado de una sociedad, aunque ésta estuviera integrada, en su mayoría, por activos no operativos (bienes muebles o inmuebles en propiedad no afectos aun destino concreto). Incurriríamos, en tales casos, en una liquidación de facto, cuya aprobación corresponde a la junta únicamente[80]. Por tanto, el aspecto clave reside, no el tipo de bien o derecho sobre el que recae el acto de disposición, sino la trascendencia que tiene para la sociedad y el impacto (estructural o económico) que desencadenaría su salida para su esfera patrimonial; es decir, la esencialidad no descansa exclusivamente en si el activo es o no operativo, también influyen otros criterios, que desarrollaremos en los apartados siguientes.

---

79 En este sentido: ARIAS VARONA, F. J., (*La disposición de activos esenciales de sociedades en crisis*, Aranzadi, Cizur Menor, 2020, p. 98) manifiesta que un activo esencial también puede ser aquél que no tiene la condición de operativo o que, ni siquiera, está vinculado al estricto desarrollo del objeto social, al menos de modo directo. En contra, la SAP de A Coruña (Sección 4.ª) de 8 de junio de 2023 (ECLI: ES:APC:2023:1417), relativa a una autorización general que solicitó el Consejo de Administración para la venta de activos, realizó un inciso relacionado con la operatividad de aquéllos. El tribunal no observa infracción al art. 160 f) LSC porque los bienes comprendidos en la autorización no eran activos esenciales, sino a bienes no indispensables para el desempeño de la actividad (bienes ociosos).

80 Con gran acierto, expone CÁBANAS TREJO, R., ["Activos esenciales y competencia de la junta general de las sociedades de capital ¿un riesgo para el tercero que contrata con la sociedad?", cit. (consultado en LA LEY 2717/2015)] que el cierre «de hecho» de la empresa constituye una actuación claramente irregular de los administradores, que desembocará en la responsabilidad individual de estos frente a los perjudicados

III. CRITERIOS PARA DETERMINAR LA ESENCIALIDAD

1. Activo "esencial" y "no esencial"

La decisión y ejecución de operaciones de disposición sobre activos son, por su propia naturaleza, competencia del órgano de administración. La cuestión sobre la que pivota la sustracción de esa función en favor de la junta descansa en el aspecto "esencial" o "no esencial". En este último supuesto, queda al amparo de los administradores decidir del destino de esos activos, sin que la junta pueda injerir excesivamente en la decisión de esas operaciones (más allá de lo que permite el art. 161 LSC). Sin embargo, cuando el activo objeto de una determinada operación de, por ejemplo, transmisión, ostenta el carácter de esencial, la junta es la competente para acordar su realización.

Hasta el momento —y sin perjuicio de examinar la eficacia frente a terceros del art. 160 f) LSC— no parece existir problema en la comprensión de la actuación que procede según nos encontremos ante un bien o derecho de uno y otro tipo (esencial o no). La cuestión de interés —y compleja— descansa en detectar y delimitar esa esencialidad. La norma referida sólo nos proporciona un parámetro, que además es poco preciso o, dicho en otros términos, constituye un supuesto de hecho incierto de origen, pues se trata una mera presunción *iuris tantum*, basada en un criterio puramente cuantitativo. No obstante, considero acertado dejar este aspecto para más adelante y comenzar el examen de los elementos de la esencialidad que tienen una naturaleza más sustantiva que numérica, pues es en ellos donde reside la verdadera razón de por qué una operación sobre un activo de cierta importancia requiere de un control y decisión previa por la junta de socios.

2. Criterio cualitativo

2.1 Preliminar

El primer criterio que analizaremos para determinar la esencialidad de un activo es de carácter cualitativo; es decir, los parámetros necesarios para concluir si un determinado bien o derecho juega un papel fundamental para la subsistencia o el buen desarrollo de la sociedad en el tráfico[81]. El diccionario de la RAE viene a definir el término "esencial" como aquello que constituye la naturaleza de las cosas, lo permanente e invariable de ellas; en suma, lo más importante y característico de algo[82]. Resulta sorprendente la parquedad del art. 160 f) LSC, pues no hace referencia alguna a la definición de este aspecto, aunque sin duda es fundamental —y así lo entendemos— para su aplicación práctica. Y ello se deduce de las menciones de la propia Ley 31/2014 cuando hace referencia en su Exposición de motivos que tales operaciones (sobre activos esenciales) son aquéllas que por su relevancia tienen efectos similares a las modificaciones estructurales o personales de la propia sociedad. Aspecto que no queda reflejado expresamente en el art. 160 f) LSC; sin embargo, algunos autores han destacado su consideración implícita al quedar el precepto encuadrado entre las modificaciones de estatutos y las estructurales, lo que parece reflejar la intención del legislador de otorgar a las operaciones sobre activos esenciales una trascendencia similar para la sociedad. Además, entienden que la esencialidad se puede apreciar cuando el activo, una vez transmitido, pone en peligro la continuidad y rentabilidad de la actividad de la sociedad a largo plazo[83].

Sobre este respecto, no podemos olvidar la RDGSJFP de 13 de abril de 2021[84] cuando señalaba que: *"La finalidad de la disposición del artículo 160.f), como se desprende de la ubicación sistemática de la misma (en el mismo artículo 160, entre los supuestos de modificación estatutaria y los de modificaciones estructurales), lleva a incluir en el supuesto normativo*

---

81 En este sentido, LLORENTE GONZALVO, M., ("Comentario a la resolución de la DGRN de 10 de julio de 2015...", cit., p. 203), define el activo esencial como aquel bien o derecho sin el cuál la sociedad no puede subsistir, *"pues pierde su esencia, su alma, su causa"*, porque tiene una importancia decisiva en ese momento. Y lo distingue de un activo estratégico que, aunque desaparezca de patrimonio social, la entidad puede continuar desarrollando su actividad mediante otros activos. Vid., también: la Sentencia del Juzgado de lo Mercantil n.° 2 de Bilbao de 7 de enero de 2020 (ECLI:ES:JMBI:2020:1).

82 Disponible en: https://dle.rae.es/esencia?m=form

83 ÁLVAREZ ROYO-VILLANOVA, S.; y SÁNCHEZ SANTIAGO, J., "La nueva competencia de la junta general sobre activos esenciales: a vueltas con el artículo 160 f) LSC", cit. (LA LEY 3426/2015).

84 RDGSJFP de 13 de abril de 2021 (RJ 2021\1616).

los casos de «filialización» y ejercicio indirecto del objeto social, las operaciones que conduzcan a la disolución y liquidación de la sociedad, y las que de hecho equivalgan a una modificación sustancial del objeto social o sustitución del mismo. Pero debe tenerse en cuenta, que dada la amplitud de los términos literales empleados en el precepto («la adquisición, la enajenación o la aportación a otra sociedad de activos esenciales»), surge la duda razonable sobre si se incluyen o no otros casos que, sin tener las consecuencias de los ya señalados, se someten también a la competencia de la junta general por considerarse que exceden de la administración ordinaria de la sociedad". En estos términos, la jurisprudencia destaca otro punto clave que define al activo esencial —y, por tanto, justifica la exigencia de la intervención de la junta general—, que reside en el hecho de que, ante su eventual transmisión, se impide o dificulta gravemente la actividad de la sociedad, traducido en el ejercicio efectivo y real del objeto social[85]. Este control de la junta respecto de las operaciones realizadas sobre dichos activos se hace necesaria porque, en caso contrario, se corre el riesgo de sufrir una pérdida de competencias y derechos que las reglas generales que el ordenamiento societario atribuyen a los socios[86].

Un aspecto importante que debemos resaltar es el hecho de que la esencialidad del activo no es intrínseca a él; es una condición relacionada con un elemento externo. El bien o derecho es esencial proyectado sobre un fin al que está conectado, en atención a su trascendencia para el logro de aquél[87]. Por tanto, activo esencial es aquel elemento patrimonial, material o inmaterial, cuya transmisión

---

[85] SAP de Salamanca (Sección 1.º) de 6 de septiembre de 2022 (ECLI:ES:APSA:2022:699).

[86] ALFARO ÁGUILA-REAL, J., "El nuevo artículo 160 f) LSC", en Blog "Derecho mercantil", publicado el 13 de febrero de 2016, disponible para su consulta en: https://derechomercantilespana.blogspot.com/2015/02/el-nuevo-articulo-160-f-lsc.html

[87] Opinión bien consolidada en nuestra doctrina más autorizada: GALLEGO SÁNCHEZ, E., "Operaciones sobre activos esenciales", cit., p. 352; RECALDE CASTELLS, A. J., "Art. 160. Competencia de la junta general", en JUSTE MENCÍA, J. (Coord.), *La junta general de las sociedades de capital: comentario a los artículos 159 a 208 LSC*, Aranzadi, Cizur Menor, 2022, pp. 43-79, p. 63; GARCÍA-CRUCES GONZALEZ, J. A., "Comentarios al art. 160 LSC", cit., p. 2260-2261;, GUERRERO LEBRÓN, M. J., "La competencia de la junta general sobre la disposición de activos esenciales (artículo 160.f Ley de Sociedades de Capital)", cit., p. 78;; FERNÁNDEZ DEL POZO, L, "Las operaciones sobre «activos esenciales»: artí-

impide o altera sustancialmente la marcha de la sociedad en el tráfico; bien porque el resultado de realizar tal operación implique una liquidación de la entidad, arroje un impacto similar a una modificación estructural o altere en sustancia el objeto social. Es fundamental atender a las consecuencias que la operación tiene desde el punto de vista de la actividad y estructura jurídica y económica de la sociedad, de su subsistencia o del riesgo inicialmente asumido por los socios. Y este criterio (cualitativo) es primordial y predominante sobre cualquier otro (cuantitativo), tal y como expresa la STS de 27 de junio de 2023[88]: *"Para decidir si un acuerdo tiene por objeto una operación sobre activos esenciales es necesario realizar una interpretación de la norma que priorice el criterio sistemático, porque la operación produzca un resultado funcionalmente equivalente al de aquellas operaciones que típicamente entran en el ámbito de competencias de la junta general, y el teleológico, pues la norma persigue residenciar en junta los acuerdos que inciden de modo sustancial en la posición jurídica y económica de los socios y/o en la estructura o la actividad de la sociedad"*. Considerando estas pautas, desarrollaremos las ideas más señaladas por la doctrina y la jurisprudencia que han abordado este arduo asunto de los activos esenciales.

2.2 Las operaciones sobre activos esenciales: ¿actos de gestión extraordinaria?

La primera cuestión relacionada con la cualidad del activo esencial reside en delimitar el tipo de bien o derecho y la categorización de la operación mediante la cual se enajena. Es común la opinión doctrinal que afirma que una operación sobre un activo esencial constituye un acto de gestión extraordinaria. En particular, GALLEGO SÁNCHEZ menciona el "test del carácter extraordinario", donde indica que tales actos no forman parte del curso ordinario de los negocios de la empresa, y pone como ejemplos las operaciones inmobiliarias, la venta de bienes de gran valor económico o la fundación de filiales[89]. Por otro lado, FERNÁNDEZ DEL POZO añade que las

---

culos 160 f) y 511 bis de la Ley de Sociedades de Capital", cit. (consultado en LA LEY 2851/2016); entre otros.

88 STS de 27 de junio de 2023 (ECLI:ES:TS:2023:2897).

89 GALLEGO SÁNCHEZ, E., "Operaciones sobre activos esenciales", cit., p. 354.

operaciones de activos esenciales no entran dentro del ámbito de las decisiones estratégicas y de negocio regular de la entidad, y aparte de su consideración como actos de administración extraordinaria, quedan fuera de la protección de la discrecionalidad empresarial (art. 226 LSC). Así, el administrador que lleva a cabo negocios de ese tipo, comete una extralimitación en sus funciones e invade competencias que pertenecen en exclusiva a la junta general[90].

En la gran mayoría de las ocasiones, las operaciones sobre activos esenciales constituyen actos de administración extraordinaria, pero puede no ser siempre así. Entiendo que la relación entre la gestión ordinaria y el objeto social no es absoluta, en la línea en que la transmisión de un bien, por ejemplo, un inmueble, no puede considerarse una operación ordinaria —aunque la sociedad tenga por objeto al compraventa de dichos bienes— si su salida del haber social es susceptible de provocar una disolución y liquidación abrupta de la entidad, capaz de afectar negativamente al derecho de los socios a su cuota de liquidación[91]; en definitiva, un efecto estructural o económicamente relevante para su subsistencia[92]. Indica GARCÍA-CRUCES[93] que *"lo verdaderamente relevante no es la vinculación de esos actos en relación con el desarrollo del objeto social plasmado en estatutos sino, antes*

---

90 Señala FERNÁNDEZ DEL POZO, L, ["Las operaciones sobre «activos esenciales»: artículos 160 f) y 511 bis de la Ley de Sociedades de Capital", cit. (consultado en LA LEY 2851/2016)] que en tales casos se presume la culpabilidad del administrador por tratarse de actos contrarios a la ley, devengando la oportuna responsabilidad (arts. 236 y ss. LSC).

91 SAP de Salamanca (Sección 1.°) de 6 de septiembre de 2022 (ECLI:ES:APSA:2022:699).

92 Generalmente, esto ocurrirá cuando en ese momento sea el activo principal de la entidad y no pueda subsistir sin él o, al quedar desprovista del mismo, desaparezca su actividad. También procede valorar lo que representa ese bien, aunque sea de naturaleza análoga a otros bienes que igualmente destina a la venta. Quizá, por esta razón, el legislador establece una presunción cuantitativa del 25% que, si bien, *iuris tantum* —como veremos—, tiene un sentido claro desde mi punto de visa. En los supuestos de salida de un bien cuyo valor es muy elevado en comparación a la totalidad de activos de la empresa, tal circunstancia no puede pasar desapercibida por el hecho de que su transmisión constituya un acto del tráfico regular —incluido en el objeto social—.

93 GARCÍA-CRUCES GONZALEZ, J. A., "Comentarios al art. 160 LSC", cit., pp. 2270-2271.

bien, el significado que esa disposición de los activos esenciales tiene respecto de la estructura organizativa y financiera de la sociedad. Cuando al amparo de su —aparente— significado como acto de gestión se produzca esa alteración de carácter corporativo o financiero, nos encontraremos ante el riesgo de una suplantación de la junta en el ejercicio de su propia —e indiscutida— competencia". En la misma línea, GUERRERO LEBRÓN reconoce que el art. 160 f) LSC no ha dejado fuera de la regla a las operaciones ordinarias de la sociedad, como sí hace por ejemplo el art. 72.3 LSC, relativo al asunto de las adquisiciones onerosas; no obstante, también señala la autora que esta omisión puede plantear problemas importantes, como paralizar la actividad de la sociedad en el tráfico mercantil[94].

Piense —una vez más— en una sociedad dedicada a la venta inmuebles que tiene en su haber, pongamos, cuarenta chalets y un palacio antiguo valorado en el 60% de lo que suman todos los inmuebles juntos. En efecto, para la enajenación de las viviendas es razonable pensar que los administradores pueden formalizar tales operaciones con plena autonomía de decisión; ahora bien, la venta del palacio, si bien constituye un negocio de análoga naturaleza, es susceptible de arrojar un impacto económico muy sustancial; de este modo, aquí procedería su estudio por la junta general, que deberá valorar las condiciones económicas ofrecidas por el adquirente, en aras de autorizar o denegar la operación. Sin embargo, no es esta la postura que asumen otros ordenamientos; por ejemplo, la Ley Modelo de Sociedades Comerciales de EEUU (*Model Business Corporation Act* —MBCA, última revisión de 2024—) rechaza considerar como esencial cualquier bien, con independencia de su valor, siempre que su destino sea el del curso regular de los negocios. El art. 12.01 a) del citado texto legal establece que: *"No será precisa la intervención de los accionistas, salvo que el contrato social indique lo contrario, para: (a) vender,*

---

94 GUERRERO LEBRÓN, M. J., "La competencia de la junta general sobre la disposición de activos esenciales (artículo 160.f Ley de Sociedades de Capital)", cit., pp. 90-91. Por esta razón, la autora entiende razonable la existencia de un temor de terceros contratantes con la sociedad, que siempre asumirán la duda lógica de si el bien que están transmitiendo o adquiriendo de la entidad constituirá una operación válida o, por el contrario, nula.

arrendar, intercambiar o de otro modo disponer de cualquiera o todos los activos de la sociedad en el curso habitual y regular de negocios"[95]

Pero nuestro Derecho, al no incidir expresamente en este aspecto el art. 160 f) LSC, procede concluir que las operaciones sobre activos esenciales no se identifican siempre ni en todo caso, con un acto de gestión extraordinaria. Por dos razones: la primera, por la funcionalidad del bien para el desarrollo de su objeto social —cuando la sociedad lo necesita para operar y que no está destinado a su enajenación—; y, en segundo lugar, también pueden considerarse esenciales otros bienes que —si bien de análoga naturaleza a los destinados al comercio regular de la entidad— tienen un valor muy sobresaliente que los distingue del resto, o, a la vez, constituyen el único activo, y su salida es susceptible de ocasionar un impacto relevante en el objeto social e, incluso, ocasionar la disolución de hecho de la sociedad. Por tanto, se trata de activos de extraordinaria relevancia —lo que justifica el traslado de la competencia a la junta[96]—, con independencia de su destino; distintos de un acto de gestión ordinaria de cuantía estándar las ventas individualmente consideradas de la entidad. Así, las operaciones sobre activos esenciales merecen ostentar un "plus", al margen de su cualidad, como actos de administración extraordinaria; un primer test que constituye el primer paso para identificar un activo esencia. No obstante, posteriormente habremos de verificar la existencia de otros factores concurrentes.

---

95 La traducción es nuestra.

96 En este punto, señala la ya citada SAP de Salamanca (Sección 1.º) de 6 de septiembre de 2022 (ECLI:ES:APSA:2022:699), que *"esa reserva expresa de competencia a favor de la junta implica que las operaciones sobre activos esenciales quedan fuera de las competencias del órgano de administración, por más que se trate de actos de gestión, debiendo limitarse su actuación, en su caso, a proponer la operación a la junta general (en caso de que la iniciativa no surja de la misma junta general impartiendo instrucciones a los administradores para su ejecución una vez aprobada) y llegado el momento a ejecutar la operación concluyendo el correspondiente negocio jurídico en nombre y representación de la sociedad"*. Añade RECALDE CASTELLS, A. J., ("Art. 160. Competencia de la junta general", cit., p. 59) que las operaciones sobre activos esenciales son actos de gestión del patrimonio social que exceden de la actividad para la que se otorgó a los administradores la facultad de administrar los recursos económicos de la sociedad, pues estas operaciones revisten gran trascendencia económica.

2.3 Las operaciones sobre activos esenciales como actos que inciden profundamente en aspectos cuya competencia queda reservada a los socios por afectar indirectamente a sus derechos e intereses

Los actos de disposición sobre activos esenciales afectan de forma directa o constituyen situaciones muy próximas —y, en ocasiones, equivalentes— a ciertas operaciones societarias reservadas en exclusiva a la junta. Un impacto que incide indirectamente en los derechos e intereses de los socios, bien porque la operación equivale a una modificación del objeto social, a una modificación estructural o una liquidación de la entidad. De esta manera, nuestro legislador, mediante la incorporación de los arts. 160 f) y 511 bis LSC, traslada al Derecho societario español una manifestación de la tendencia alemana conocida como "Doctrina de las competencias no escritas o implícitas". Con ello, fortalece el papel de la junta atribuyendo a los socios la función de decidir sobre actos de gestión extraordinaria —que, por su naturaleza, corresponde a los administradores— y que son susceptibles de incidir en los derechos de los socios[97]. En este sentido, lo reflejó muy bien el Informe de la Comisión de Expertos en Materia de Gobierno Corporativo de 2013 en su apartado 3.2.3 cuando indica que: *"se reserva a la junta general de las sociedades cotizadas la aprobación de transacciones de especial significación cualitativa y cuantitativa"*.

Separadamente, expondremos las distintas vertientes que permiten comprender la cualidad de un activo esencial para la sociedad que lo titula y que inciden en la posición jurídica del socio.

2.3.1 Supuestos

A) Modificación o sustitución "de facto" del objeto social

Uno de los parámetros más acusados para determinar la esencialidad de un activo descansa en que su enajenación altera o compromete seriamente su objeto social, al implicar una modificación *de facto* sobre el mismo. Ya el CBGSC 2006 puso mucho énfasis en es-

---

97 GALLEGO SÁNCHEZ, E., "Operaciones sobre activos esenciales", cit., p. 356.

te detalle: *"La adquisición o enajenación de activos operativos esenciales, cuando entrañe una modificación efectiva del objeto social"*. Autores como ALFARO[98] indican que, si se enajena un activo esencial, *"se está produciendo una modificación de facto del objeto social ya que la sociedad, después de la enajenación no dispone ya del activo que le permitiría desarrollar el objeto social que venía desarrollando"*. Dispone el autor que, para valorar la venta o adquisición de un activo esencial, hay que comparar el objeto social realmente desarrollado por la sociedad antes y después del negocio traslativo del mismo. Esta idea es adoptada por la SAP de Asturias (Sección 1.ª) de 26 de febrero de 2020[99]. La modificación de facto del objeto social se produce cuando se altera el status quo de la sociedad sin plasmar tal circunstancia en estatutos; ocurre por vía de los hechos, al hacer desaparecer alguna actividad comprendida en el objeto social, sin ningún tipo de intervención, ratificación por parte de la junta[100]. Este supuesto plantea múltiples problemas, más allá de cuando su comisión ocurre por un acto de transmisión de un activo esencial; básicamente, porque supone un incumplimiento de estatutos y habría de desencadenar el derecho de separación del socio [art. 346.1 a) LSC].

La sociedad existe y funciona porque tiene y consigue un fin lucrativo, que es resultado del desarrollo de una actividad económica (o varias) que contempla sus estatutos. Si el objeto deja de ejecutarse, la compañía pierde su razón de ser y, por tanto, debe disolverse. No procede olvidar que un cambio en el objeto social, bien por modificación, inclusión o renuncia de alguna rama de actividad desarrollada, es únicamente competencia de la junta; si los administradores adoptan esta decisión estarían incurriendo en una infracción del art. 160 c) LSC por llevar a cabo una modificación estatutaria de hecho. Algunas de las operaciones sobre activos esenciales que conllevan tal

---

98 ALFARO ÁGUILA-REAL, J., "El nuevo artículo 160 f) LSC", cit., disponible para su consulta en: https://derechomercantilespana.blogspot.com/2015/02/el-nuevo-articulo-160-f-lsc.html. En apoyo a su postura: ALCALÁ DÍAZ, M. Á., *Las competencias de la junta en materia de gestión*, cit., pp. 186-187.

99 SAP Asturias (Sección 1.ª) de 26 de febrero de 2020 (ECLI:ES:APO:2020:658).

100 GUERRERO LEBRÓN, M. J., "El derecho de separación en los casos de modificación de facto del objeto social", en GARCÍA-CRUCES GONZÁLEZ, J. A., *De Iure Mercatus. Libro homenaje al Prof. Dr. Dr.H.C. Alberto Bercovitz Rodríguez-Cano*, Tirant lo Blanch, Valencia, 2023, pp. 2097-2115, p. 2098.

efecto son, por ejemplo, los aumentos de capital con aportación de empresa que ejecuta un objeto social distinto, o los acuerdos de fusión en los que la entidad resultante o absorbente realice una actividad diferente de la absorbida[101]; igualmente, el abandono de una o varias actividades por simple abdicación tendrían la consideración de cambio de facto en el objeto social[102].

En materia de Derecho comparado, nuestros convecinos italianos reflejan esta circunstancia similar en su normativa. El art. 2479.5 Codice civile reserva a la estricta competencia de los socios: *"(...) 5) la decisión de realizar operaciones que impliquen una modificación sustancial del objeto social determinado en la escritura de constitución o una modificación significativa de los derechos de los socios"*. Sin ofrecer un contenido más detallado, la ley italiana parece referirse a actos que equivalgan a una enajenación o cesión a un tercero de una o varias ramas que la sociedad desarrolla en ese momento. Por su parte, el Reino Unido, en sus normas en materia de cotización (*United Kingdom Listing Rules* —UKLR—), revisadas el 29 de julio de 2024 y publicadas por la FCA (*Financial Conduc Authority*) en el Manual FCA, alude también a la cuestión. Específicamente, señala como operación extraordinaria aquélla *"que llevarían a que la empresa que cotiza en bolsa ya no tenga una participación sustancial en una actividad comercial que constituye una parte significativa de sus actividades principales"* (UKLR 7.1.10 3).

En torno a la casuística jurisprudencial, existen varias resoluciones al respecto.

La primera de ellas es la STS de 20 de junio de 2013[103], que abordó el caso de un socio titular del 50% de las participaciones de una entidad que, a su vez, ostentaba el 50% del capital social de otra sociedad denominada: AHF Gestio Educativa, S.L. (AHF). El demandante ejercitó una acción de responsabilidad individual por importe de 336.045,41 euros contra los administradores de esta última por

---

101 GUERRERO LEBRÓN, M. J., "El derecho de separación en los casos de modificación de facto del objeto social", cit., p. 2099.

102 IRIBARREN, M., "Modificación de hecho del objeto social y coherencia de los socios con sus propios actos", en GARCÍA-CRUCES GONZÁLEZ, J. A., *De Iure Mercatus. Libro homenaje al Prof. Dr. Dr.H.C. Alberto Bercovitz Rodríguez-Cano*, Tirant lo Blanch, Valencia, 2023, pp. 2273-2307, p. 2274.

103 STS de 20 de junio de 2013 (RJ 2013\5187).

haber traspasado el negocio que desarrollaba la sociedad. El Alto Tribunal no dio la razón al actor porque el ejercicio de la acción de responsabilidad individual no procedía (el daño al socio era mero reflejo del daño al patrimonio social y solo cabía la acción social de responsabilidad); sin embargo, reconoció una *"indebida enajenación de activos en beneficio de un tercero que habría dejado sin actividad a la sociedad"*.

Por otro lado, resulta de interés la SAP de Barcelona (Sección 15.ª) de 27 de julio de 2015[104]. En ella, el administrador de Jumarfe, S.A. adquirió en nombre de la entidad y para ésta un importante paquete de participación en distintas sociedades (Stickhouse BCN S.L.: el 97%; Preoceli Turull S.L.: el 25%; y Gico Sistemas de Gestión S.L.: el 23%). Dicha inversión supuso una modificación de hecho y sustancial del objeto social, puesto que la actividad que desarrollaba Juanfre (adquisición y venta de fincas rústicas o urbanas) era muy distinta a la de las compañías de las que ostentaba participación (comercialización de productos de pastelería, confitería, bollería, panadería; asesoramiento y consultaría en materia de seguridad en el trabajo). Entendió la Audiencia que *"(...) habrá modificación sustancial cuando la adición de una actividad resulte cuantitativamente significativa y cuando consista en la toma de participaciones en sociedades que se dediquen a sectores diferentes del que estatutaria y actualmente desarrolla la sociedad"*.

Por último, la STS de 8 de febrero de 2007[105] aborda la impugnación de un acuerdo del Consejo de Administración de la compañía mercantil, Carbónica Murciana, S. A, que fue declarado nulo. El acuerdo cuestionado supuso una alteración de los Estatutos por modificación del objeto social, ya que suprimía una de las dos principales ramas de su actividad: *"la actividad sectorial relativa a productos alimentarios a que se dedica la empresa demandada comprende dos grandes ámbitos, el industrial y el comercial. Con el acuerdo del consejo de administración objeto del litigio se suprime prácticamente el primero, al reducirse la operatividad futura de la sociedad al ámbito comercial"*.

Fuera de estos casos examinados, podríamos pensar en otros también muy ilustrativos. Por ejemplo, reflexione el ilustre lector sobre

104 SAP de Barcelona (Sección 15.ª) de 27 de julio de 2015 (JUR 2015\229488).

105 STS de 8 de febrero de 2007 (RJ 2007\959).

una sociedad franquiciada y la relación jurídica que la vincula con el franquiciador. El contrato de franquicia podría considerarse un activo esencial muy claro relacionado con el objeto social de la compañía, básicamente porque aquél suele constituir la única razón para el mantenimiento de la actividad económica que desarrolla la entidad. Y todo ello porque una sociedad franquiciada se constituye exclusivamente para desempeñar aquélla, siempre bajo un modelo de negocio perfectamente establecido por el franquiciador. Lo mismo ocurriría respecto de una sociedad distribuidora de vehículos (los clásicos "concesionarios de automóviles"), que están ligados a su proveedor por un contrato de distribución selectiva. La cuestión aquí es si el órgano de administración de alguna de estas sociedades ostenta facultades suficientes para desistir libremente del vínculo sin la aprobación previa de la junta general.

Aunque se trata de un asunto de administración, lo cierto es que renunciar a dichas relaciones jurídicas dejaría paralizada, en la gran mayoría de casos, a la sociedad distribuidora. Una operación de tal magnitud precisaría la autorización de la junta por constituir dicho contrato un activo esencial. Podemos poner otro ejemplo en el ámbito de las sociedades anónimas deportivas. Considere que el Real Madrid estuviera constituido bajo esta forma jurídica y que nos halláramos en los tiempos en los que Cristiano Ronaldo estaba en auge dentro del equipo: ¿podría considerarse este jugador como un activo esencial? A mi entender, la respuesta es afirmativa, pues si bien la ausencia de este deportista no resulta necesaria para la subsistencia del club, su traspaso es susceptible de generar un impacto económico importantísimo, pues en aquel momento generaba una gran cantidad de ingresos.

Respecto de sociedades que tienen establecido en sus estatutos un objeto social compuesto por múltiples actividades, plantea ALCALÁ DÍAZ[106] qué sucede en los casos en que no llegan a desarrollar una o varias de ellas. La autora se plantea qué ocurre si la entidad decide adquirir un bien de equipo para iniciar la ejecución de alguna actividad hasta ahora latente, o bien si los administradores consideran

106 ALCALÁ DÍAZ, M. Á., *Las competencias de la junta en materia de gestión*, cit., pp. 188 y ss.

deshacerse de algunos activos para no seguir desarrollando otra que resulte económicamente muy gravosa. A mi modo de ver, con independencia del impacto real que pueda tener para la sociedad, si un activo está relacionado sustancialmente con el desarrollo de alguna rama de la actividad que la sociedad ejerce, o que potencialmente pudiera realizar (por su inclusión en estatutos), la transacción debe ser aprobada por la junta.

Otro caso son las operaciones intermedias o de transición, que suponen la sustitución de un activo esencial por otro, siempre que estén ligados a la misma finalidad. Aquí es preciso distinguir entre activos que sean sustancialmente similares de otros que presenten diferencias relevantes. Un sector de la doctrina considera que, si el cambio de un bien (esencial) se realiza por otro que resulte homogéneo al primero y con una celeridad prudente, no precisa actuación por parte de los socios[107]. Este fue el criterio adoptado por el MBCA en los comentarios oficiales de su art. 12.02[108]: *"si una corporación enajena activos con el fin de reinvertirlos en el mismo negocio aunque de forma mínimamente diferente (por ejemplo, vendiendo la única planta de la entidad con el fin de comprar o construir otra de reemplazo) no se considerará que la transacción deja la sociedad sin una actividad comercial continuada significativa"*[109]. Mi posición es contraria a este planteamiento, pues tal sustitución debe ser aprobada por la junta, en cualquier caso, ya que supone la salida de un activo esencial. Piense, por ejemplo, en una sociedad que se dedica a la repostería industrial, donde se plantea la opción de cambiar una máquina que fabrica los pasteles más demandados por los clientes. Si la sustitución recae sobre otra distinta, esta circunstancia debe ser conocida por los socios, pues el

---

[107] ÁLVAREZ ROYO-VILLANOVA, S.; y SÁNCHEZ SANTIAGO, J., "La nueva competencia de la junta general sobre activos esenciales: a vueltas con el artículo 160 f) LSC", cit. (LA LEY 3426/2015).

[108] El párrafo segundo del apartado primero de los comentarios oficiales al art. 12.02 MBCA disponen en su redacción original: *"If a corporation disposes of assets for the purpose of reinvesting the proceeds of the disposition in substantially the same business in a somewhat different form (for example, by selling the corporation's only plant for the purpose of buying or building a replacement plant), the disposition and reinvestment should be treated together, so that the transaction should not be deemed to leave the corporation without a significant continuing business activity"*.

[109] La traducción es nuestra.

cambio se produce ante la existencia de un problema o una mejora respecto de ese proceso de fabricación, que es esencial para la sociedad (y que podría alterar el producto final, perdiendo su atractivo).

B) Las denominadas operaciones de "filiación" y "subfiliación"

El art. 511 bis. LSC reserva a la junta general de las sociedades cotizadas la competencia para transferir a entidades dependientes las actividades esenciales desarrolladas por la sociedad, aunque esta mantenga el pleno dominio de aquéllas. Son las denominadas operaciones de "filiación". Este supuesto queda incardinado en el seno de los grupos de sociedades, donde, generalmente, la matriz, cede total o parcialmente el desarrollo de alguna actividad que compone su objeto social para que las desarrolle una de sus filiales. Buen reflejo de este ejemplo fue el caso "Hozlmüller", relativo a la sociedad anónima alemana J. F. Müller & Sohn AG, cuyo objeto social era el comercio de madera. La dirección, infringiendo su deber de diligencia, segregó todo el negocio portuario y lo transfirió a una de sus filiales —que fue creada para tal fin—, sin contar con la participación ni aprobación de la junta de accionistas de J. F. Müller. Si bien el tribunal no concedió la nulidad del acuerdo que solicitaba el socio demandante, sí recordó que el órgano de administración debe solicitar permiso a la junta para ejecutar aquellas operaciones susceptibles de alterar sustancialmente la estructura patrimonial de la sociedad y la posición política de los socios (doctrina de las competencias implícitas).

Por otro lado, muy similar a la anterior, aparecen las operaciones de "subfiliación" que, a diferencia de la simple filiación, puede alcanzarse mediante negocios que recaigan sobre las acciones o participaciones de que sea titular la sociedad que controla la filial a la que pertenece el activo esencial[110]. Aquí, resultaron de gran interés los casos *Gelatine.* El caso *Gelatine I* abordó un supuesto de subfiliación en el que participaron la matriz y tres filiales del Grupo *Gelatine.* La matriz —alemana— era la *Deutsche gelatine-Fabriken Sotoess*

---

[110] IRIBARREN BLANCO, M., "Competencia de la junta general sobre la disposición de activos esenciales: tendencias en el derecho comparado y cuestiones en los grupos de sociedades", *Actualidad Jurídica Uría Menéndez*, n.º 65, 2024, pp. 63-81, p. 77.

AG, mientras que las tres filiales eran sociedades que en su mayor parte estaban domiciliadas en distintos países: una sueca (*Swedish Extraco AB*) y otra inglesa (*English DGF Stoess Holdings Ltd*); la otra, alemana, era *Gelita International Gesellschaft Gelatine MbH.* En este asunto, la matriz convierte a las filiales sueca e inglesa en subfiliales, pues las hace filiales de la filial alemana. Todo ello se hizo sin la intervención de la junta de accionistas de la matriz. El caso *Gelatine II* lo protagoniza la misma matriz y el asunto resultó muy parecido, pero aquí la junta de accionistas de la matriz sí intervino; el conflicto se produce porque el acuerdo fue aprobado por el 66,4% del capital presente, y los demandantes defendían que era precisa una mayoría de tres cuartas partes.

En nuestra jurisprudencia, resulta interesante la STS de 10 de marzo de 2011[111] relativa a una transmisión de rama de actividad. El asunto objeto de análisis fue una aportación de inmuebles destinados al arrendamiento, que constituía una rama de actividad; y, por otro lado, quedaron excluidos ciertos bienes que, al tiempo de la transmisión, no se hallaban arrendados. La entidad transmitente, Berutich Retailing Centre, S.L., dominaba indirectamente a la adquirente, Protis, S. L. El aspecto de interés de esta sentencia reside en que el concepto de "ramam de actividad" se define como una conjunción unitaria de elementos patrimoniales afectos a una determinada producción o distribución de bienes y servicios de forma separada a otras actividades realizadas por el propio. Por ello, para considerar la existencia de una operación de aportación de rama de actividad *"es necesario que se aporten todos y cada uno de los elementos necesarios y afectos a la unidad económica que se transmite. De lo que se deriva que no se produce aportación de rama de actividad cuando se excluyan de la transmisión de una actividad los inmuebles o los terrenos en los que se desarrolle dicha actividad o cualquier otro elemento del activo o del pasivo que resulte esencial para la continuación de la explotación o unidad económica".*

En estos casos que acabamos de examinar, no nos hallamos ante una modificación/sustitución «de facto» del objeto social, sino —co-

---

[111] STS de 10 de marzo de 2011 (ECLI: ES:TS:2011:1596).

mo afirma FERNÁNDEZ DEL POZO[112], ante una *"sustitución de la forma de ejercicio del objeto social, pues el ejercicio directo se sustituye por el ejercicio indirecto; la matriz «operativa» funge, al menos parcialmente, como una mera «holding»"*. La actividad en sí no necesariamente cambia, se transfiere en todo o en parte a las filiales o subfiliales. Respecto de esta particular cesión, nuestra derogada normativa del Registro Mercantil, aprobada por Real Decreto 1597/1989, de 29 de diciembre, exigía incorporar en estatutos la posibilidad ejercer indirectamente las actividades del objeto social a través de una o varias sociedades participadas[113]. Sin embargo, afirma la doctrina que tal previsión resultaba excesiva y, además, genérica, por cuanto no conjuraba los riesgos que suscitaba para los socios externos de la dominante una operación de tal calado ni tampoco la concreta operación que pudiera ejecutar la filial si, una vez creada, modificara sus estatutos[114]. Por esta razón, dicha exigencia desapareció del RRM 1996 y se ha terminado incorporando otra más laxa, como es el requisito de la autorización de la junta que ahora exige el art. 511 bis LSC.

Es posición unánime que las operaciones de filiación requieren en todo caso acuerdo de la junta de la matriz, con independencia de que se produzca o no en el seno de una modificación estructural, sea entre entidades cotizadas o no cotizadas [pues el art. 160 f) LSC menciona el término "aportación"][115]. No obstante, una parte de la

---

112 FERNÁNDEZ DEL POZO, L, "Las operaciones sobre «activos esenciales»: artículos 160 f) y 511 bis de la Ley de Sociedades de Capital", cit. (consultado en LA LEY 2851/2016). Vid., también: PÉREZ MILLÁN, D., "La competencia de la junta general respecto de operaciones sobre activos esenciales y el poder de representación de los administradores", en JUSTE MENCÍA, J., y otros (Coord.), *Estudios sobre órganos de las sociedades de capital: liber amicorum, Fernando Rodríguez Artigas, Gaudencio Esteban Velasco*, Vol. I, Aranzadi, Cizur Menor, 2017, pp. 323-360, p. 354.

113 Disponía el art. 117.4 RRM 1989: "Si se pretendiera que las actividades integrantes del objeto social puedan ser desarrolladas por la Sociedad total o parcialmente de modo indirecto, mediante la titularidad de acciones o de participaciones en Sociedades con objeto idéntico o análogo, se indicará así expresamente

114 FERNÁNDEZ DEL POZO, L, "Las operaciones sobre «activos esenciales»: artículos 160 f) y 511 bis de la Ley de Sociedades de Capital", cit. (consultado en LA LEY 2851/2016).

115 IRIBARREN BLANCO, M., "Competencia de la junta general sobre la disposición de activos esenciales: tendencias en el derecho comparado y cuestiones

doctrina señala que los actos de disposición de activos esenciales pertenecientes a las filiales no precisan el acuerdo de la junta (ni de la dominante ni de la matriz) si la adquirente y la transmitente fueran hermanas e íntegramente participadas por la matriz, pues tal operación no conlleva un cambio en el poder de control. Cosa distinta sería si en las filiales existieran socios externos, donde en este caso sí que resultarían afectados sus derechos y sería exigible el acuerdo de la junta[116].

C) Operaciones equivalentes a la liquidación de la sociedad

En ocasiones, la venta de un activo esencial produce un efecto mucho más intenso que un mero cambio en el objeto social. La sustracción de un bien del patrimonio social puede implicar una liquidación de hecho de la sociedad cuando constituye el único bien o derecho, o cuando sin ser el único, sí es el principal; ello arroja, correlativamente, la imposibilidad de realizar actividad alguna, al despojar a la entidad de su principal herramienta de producción. Ya hicimos mención a la STS de 17 de abril 2008[117] (Sociedad Transportes "Los Diez Hermanos, S. A." y "Autobuses Palomera, S. A."), que fue la precedente en esta materia porque constituyó un caso claro de transmisión en bloque del patrimonio de una de las entidades en favor de la otra, quedando una desprovista de sus activos (liquidación "de facto"). Posteriormente, la STS de 19 de junio de 2009[118] (RJ 2009\4449) abordó un caso similar, relativo a un compromiso de compraventa de hipermercado en funcionamiento, opción de compra de fincas y constitución de hipoteca en garantía de determinadas obligaciones, formalizado por los consejeros delegados de Comerciantes de

en los grupos de sociedades", cit., p. 76; FERNÁNDEZ DEL POZO, L, "Las operaciones sobre «activos esenciales»: artículos 160 f) y 511 bis de la Ley de Sociedades de Capital", cit. (consultado en LA LEY 2851/2016); y ÁLVAREZ ROYO-VILLANOVA, S.; y SÁNCHEZ SANTIAGO, J., "La nueva competencia de la junta general sobre activos esenciales: a vueltas con el artículo 160 f) LSC", cit. (LA LEY 3426/2015).

116 RECALDE CASTELLS, A. J., "Art. 160. Competencia de la junta general", cit., p. 68.

117 STS de 17 de abril 2008 (RJ 2008\3521)".

118 STS de 19 de junio de 2009 (RJ 2009\4449).

Poniente, S.A. (COPO) en nombre de ésta frente a Centros Comerciales Pryca, S.A. (hoy Centros Comerciales Carrefour, S.A.). El Alto Tribunal observó una posible extralimitación del órgano de administración al haber concertado una operación de gran calado que, además, excedía del objeto social y abocaba a la sociedad a su disolución. Sin embargo, consideró válida la operación en aras de proteger al vendedor, que era tercero de buena fe.

La liquidación de hecho de una sociedad por transmisión de su activo principal o de la mayoría de ellos (bien se realice mediante una sola operación o por una sucesión de ellas) implica, a su vez, un acto contrario al objeto social. La razón descansa en que, mediante esta operación, se está contrariando la finalidad propia que motivó en su momento la constitución de la entidad[119], que es desarrollar una determinada actividad, y no ocasionar el cese de aquélla en el tráfico. En esta línea, apunta ESTEBAN VELASCO[120] que, en estos casos, la liquidación de facto ocurre porque, *"mediante la contraprestación recibida por la transmisión, no se va a continuar la actividad anterior o no se va a realizar una reinversión que permita considerar que no hay cambio destacado en el desarrollo del objeto social"*.

La ya mencionada SAP de Salamanca (Sección 1.°) de 6 de septiembre de 2022[121] determinó que: *"si un acto de adquisición, enajenación o aportación a otra sociedad de un activo esencial puede ser susceptible de (…) abocar a la sociedad a una situación de disolución y liquidación "de facto", afectando directa o indirectamente a los intereses de los socios, la decisión sobre la disposición de ese activo no corresponde al órgano de administración, sino a la decisión de los socios expresada en un acuerdo de la junta general"*. La sentencia versaba sobre una venta de un inmueble propiedad de JOSÉ CARRETO, S.L., realizada con fecha de 22 de octubre de 2018

---

119 CÁBANAS TREJO, R., "Activos esenciales y competencia de la junta general de las sociedades de capital ¿un riesgo para el tercero que contrata con la sociedad?", cit. (consultado en LA LEY 2717/2015).

120 ESTEBAN VELASCO, G., "Distribución de competencias entre la Junta General y el órgano de Administración, en particular las nuevas facultades de la Junta sobre activos esenciales", en RODRÍGUEZ ARTIGAS, F. y otros (Dir.), *Junta General y Consejo de Administración de la Sociedad cotizada*, Tomo I, Aranzadi, Cizur Menor, 2016, pp. 28-89, p. 59.

121 SAP de Salamanca (Sección 1.°) de 6 de septiembre de 2022 (ECLI:ES:APSA:2022:699).

por su administrador en favor de RIBIALBA, S.L.; una parcela que constituía su activo principal, y cuya enajenación tuvo lugar sin el consentimiento de la junta. Y, como bien dijo la SAP de Burgos (Sección 3ª) de 7 diciembre de 2021[122], una disolución de facto es aquella que *"se lleva a cabo sin respetar las normas legales pertinentes que exigen la valoración adecuada de los activos, para su posterior reparto entre los socios y a fin de garantizar el derecho de todos ellos"*. Concretamente, el derecho perjudicado sería el de la cuota de liquidación que corresponde a cada socio en caso de efectuar posteriormente la disolución "de iure" por la junta, que perdería su valor si el precio exigido en la venta —realizada sin el consentimiento de los socios— de ese activo fuera muy inferior a su valor de mercado[123].

Es evidente que un efecto tan devastador, como es cese de una sociedad por la sustracción de sus herramientas principales de funcionamiento, exige la intervención de la junta. La liquidación "de facto" no está contemplada en la normativa porque la disolución es competencia indiscutible de los socios [art. 160 h) LSC], y constituye un procedimiento jurídico complejo regulado en los arts. 360-400 LSC. Ocurre que los administradores, dentro de sus funciones de gestores y representantes de la entidad, disponen de la facultad de enajenar el patrimonio al objeto de cumplir los fines sociales. Sin embargo, operaciones de este tipo, en aras de su impacto, deben estar vigiladas por los socios mediante el control de los activos más relevantes, situación que contempla el art. 160 f) LSC. Mediante este precepto, dichos activos resultan protegidos frente a una actuación autónoma del órgano de administración.

3. Criterio cuantitativo

3.1 Generalidades

Otra vía para detectar la esencialidad de un activo reside en la cuantificación de su valor comparativo al conjunto patrimonial de la entidad. De esta manera, si un bien o derecho alcanza o supera un

---

122 SAP de Burgos (Sección 3ª) de 7 diciembre de 2021 (ECLI:ES:APBU:2021:1133).

123 SAP de Salamanca (Sección 1.º) de 6 de septiembre de 2022 (ECLI:ES:APSA:2022:699).

determinado porcentaje del valor de los activos totales, nos hallaremos en presencia de un activo esencial. No obstante, esta es la descripción genérica del criterio cuantitativo que, si bien las legislaciones de los distintos países suelen establecerlo expresamente, lo cierto es que la forma de aplicarlo al campo práctico reviste ciertos matices. Este criterio, a diferencia del anterior, aparece más destacado en los arts. 160 f) y 511 bis LSC.

3.2 La presunción de los arts. 160 f) y 511 bis LSC

Nuestra normativa societaria aborda un criterio cuantitativo expreso a la hora de identificar un activo esencial. No obstante, lo regula a modo de presunción *iuris tantum* y no *iuris et de iure*, de modo que todo bien o derecho que supere un determinado umbral de valor no será, en términos absolutos, un activo esencial, simplemente desplegará ciertas obligaciones a cargo de los administradores cuando deseen llevar a término una operación respecto de aquél. Cabe indicar que los dos preceptos que se encargan de afrontar esta materia han optado por establecer el mismo porcentaje. Por un lado, el último inciso del art. 160 f) LSC establece: *"(…) Se presume el carácter esencial del activo cuando el importe de la operación supere el veinticinco por ciento del valor de los activos que figuren en el último balance aprobado"*; y, por su parte, el art. 511 bis 2 adopta el mismo criterio, aunque con matices de redacción distintos: *"(…) 2. Se presumirá el carácter esencial de las actividades y de los activos operativos cuando el volumen de la operación supere el veinticinco por ciento del total de activos del balance"*. En primer lugar, procede efectuar una primera imprecisión del legislador, pues en el art. 160 f) habla del último balance aprobado, mientras que en el 511 bis sólo alude al balance; en cualquier caso, tal diferencia existe por un mero despiste del redactor, ya que la doctrina, en aras de adoptar un criterio racional, entiende que este último precepto también se está refiriendo al balance aprobado[124].

---

124 ESTEBAN VELASCO, G., "Distribución de competencias entre la Junta General y el órgano de Administración, en particular las nuevas facultades de la Junta sobre activos esenciales", cit., p. 52; y GALLEGO SÁNCHEZ, E., "Operaciones sobre activos esenciales", cit., p. 351.

El legislador español ha decidido establecer su franja cuantitativa en el 25% del valor de los activos, un porcentaje considerablemente bajo respecto de todo el conjunto patrimonial de la entidad. Esto se explica, a mi juicio, por dos razones: la primera, que la esencialidad del activo debe abordarse, con carácter previo, en su perspectiva cualitativa —que la operación constituya un acto de gestión extraordinaria y su impacto sea susceptible de afectar negativamente sobre los derechos de los socios—; y, la segunda, que el criterio cuantitativo del 25% constituye una mera presunción susceptible de ser desvirtuada. Esto último implica que los administradores, antes de poner en marcha una enajenación de un activo que sobrepase ese umbral, habrá de comunicarla a la junta de socios para que proceda a estudiar la operación. Aquí, podría ser oportuno solicitar un informe de un experto al objeto de adoptar una decisión reforzadamente motivada. Y, posteriormente, según el estudio realizado, autorizar o denegar la enajenación mediante acuerdo. Sin embargo, también puede suceder que los socios determinen que dicho activo y su valor no presentan —ni cualitativa ni cuantitativamente— una relevancia significativa, de modo que en ese caso no nos hallaríamos ante un bien esencial ni los administradores precisarían autorización para proceder a enajenarlo; la presunción quedaría, entonces, desvirtuada.

No obstante, la presunción del art. 160 f) LSC plantea ciertas lagunas y resulta difícil de asimilar, presenta una técnica jurídica mejorable y ha sido objeto de crítica por gran parte de la doctrina[125].

Considerando alguno de sus extremos, el legislador "peca" de excesiva prudencia respecto de este trámite procedimental al establecer un umbral tan reducido, pues ello permite, si acaso, suponer

---

125 Algunos autores como FERNÁNDEZ DEL POZO, L, ["Las operaciones sobre «activos esenciales»: artículos 160 f) y 511 bis de la Ley de Sociedades de Capital", cit. (consultado en LA LEY 2851/2016)] o MARTÍNEZ DE MARIGORTA MENÉNDEZ, C., ["Conflictos de competencia entre los órganos de las sociedades de capital. La disposición de activos esenciales: problemática societaria y concursal", *La Ley Insolvencia*, n.° 9, 2022 (consultado en LA LEY 2285/2022)] consideran que el diseño legal del art. 160 f) LSC es técnicamente deficiente, ya que la presunción legal que integra representa un mero «test contable muy rústico», insuficiente por sí mismo que debe acompañarse de una ponderación cualitativa, y siempre admitirá prueba en contrario.

un mero indicio —débil, a mi juicio— de esencialidad[126]. La experiencia en este ámbito desde la perspectiva del Derecho comparado permite observar diferencias notables respecto de algunos países y semejanzas en cuanto a otros. Un ejemplo claro de divergencia lo encontramos en Alemania y EEUU, donde la Ley de Sociedades Anónimas, de 6 de septiembre de 1965 (*Aktiengesetz vom 6. September 1965* —BGBl. I S. 1089—) no establece umbral alguno; sin embargo, la famosa sentencia del Tribunal Supremo Alemán de 25 de febrero de 1982 —caso "Hozlmüller" (sociedad anónima dedicada al comercio de madera)— mencionó como umbral mínimo para considerar un activo esencial a toda operación que sobrepasara el 80% del patrimonio social. Esto dio lugar a múltiples pronunciamientos doctrinales que sentaban porcentajes distintos, llegando a establecer umbrales diversos (10%, 15%, 25%, 50%). Por su parte, EEUU adopta porcentajes similares, pues el art. 12.02 a) MBCA considera concluyente una operación sobre un bien que represente más de un 75% de su activo; aunque, en realidad, no lo indica en estos términos. Simple-

---

126 GARCÍA-CRUCES GONZALEZ, J. A., "Comentarios al art. 160 LSC", cit., p. 2264. Por otro lado, autores como ÁLVAREZ ROYO-VILLANOVA, S.; y SÁNCHEZ SANTIAGO, J., ["La nueva competencia de la junta general sobre activos esenciales: a vueltas con el artículo 160 f) LSC", cit. (LA LEY 3426/2015)] argumentan, por la misma razón, que la presunción *"no es útil como un criterio para determinar el carácter esencial y una operación no debe incluirse en el ámbito de aplicación de la norma solo porque supere —incluso claramente— el umbral de la presunción. Será necesario, además, como sucede en casi todos los demás ordenamientos, acudir a criterios cualitativos, a pesar de la incertidumbre que eso genera"*. Por su parte, RECALDE CASTELLS, A. J., ("Art. 160. Competencia de la junta general", cit., p. 59) afirma que el criterio cuantitativo del 25% únicamente debería ser considerado como indico activo esencial respecto de sociedades cotizadas por razones de su importante envergadura; sin embargo, en entidades de dimensiones reducidas (la mayoría de sociedades no cotizadas) la aplicación de ese porcentaje puede dificultar seriamente si funcionamiento y conducir a resultados inaceptables, pecando de ser, en ocasiones, una medida excesivamente rigurosa y en otras puede no ser adecuada por defecto: *"Bastaría pensar en una sociedad que se constituyó para una promoción inmobiliaria: la enajenación de los pisos de la promoción en una operación o en varias causalmente conectadas entra de lleno en el ámbito del objeto social. No tiene sentido privar a los administradores de la facultad de decidir sobre ellas, ni hay razón para exigir el pronunciamiento de los socios en un acuerdo de la junta. Los administradores deben estar facultados para enajenar los activos por su cuenta, sin que puedan considerarse que esos activos son "esenciales", aunque el valor de la venta supere en un momento el veinticinco por ciento de los activos de la sociedad"*.

mente dispone que una sociedad subsiste —por mantener su actividad comercial— cuando, tras la operación, retiene el 25% de los activos totales al final del año fiscal finalizado más reciente, así como el 25% de cualquiera de los ingresos provenientes de operaciones ordinarias.

Ejemplo similar, aunque más claro y reciente, es el caso de Bélgica. La reciente reforma operada en el Código de las sociedades y asociaciones (*Code des sociétés et des associations* —CSA—), que entró en vigor el 8 de abril de 2024, incorporó el art. 7:151 CSA, relativo al asunto de los activos esenciales para las sociedades cotizadas. Concretamente, dicho precepto otorga a la junta la competencia para aprobar una transferencia de activos equivalente o superior a las tres cuartas partes del patrimonio social (75%); asimismo, el precepto también dispone que las filiales no cotizadas cuya matriz sí lo sea, requerirán el acuerdo de la junta de esta última para que aquéllas puedan efectuar una operación de impacto similar (75%). La relevancia patrimonial habrá de valorarse conforme a las últimas cuentas aprobadas y el órgano de administración habrá de elaborar un informe justificativo de la transmisión.

Caso algo distinto es el del Reino Unido, que emplea un porcentaje similar al nuestro, pero con muchos matices. La Regla 7 del Manual FCA establece los criterios para clasificar las transacciones de las sociedades cotizadas según su impacto. El criterio empleado consiste en evaluar el tamaño de la operación y compararlo con el de la entidad que desea realizarla. De este modo, la UKLR 7.2.1 establece unos cálculos de prueba de clase en el Anexo 1 de la UKLR 7. En primer término, una transacción se clasifica como significativa (*significant transaction*) cuando su porcentaje es del 25% o más (UKLR 7.1.3). Posteriormente, el citado Anexo dispone tres tipos de pruebas para determinar el porcentaje, de manera que basta que cualquiera de ellos iguale o supere dicho porcentaje para considerar la transacción como significativa. La primera es la prueba de activos brutos (*the gross assets test*), que se calcula dividiendo los activos brutos objeto de la transacción por los activos brutos de la empresa que cotiza en bolsa; el segundo es la prueba de la contraprestación (*the consideration test*), que se calcula tomando la contraprestación de la transacción como un porcentaje del valor de mercado agregado de todas las acciones ordinarias (excluidas las acciones en tesorería) de la sociedad; y, en último lugar, la prueba del capital bruto, que se calcula dividiendo el capital bruto de la empresa o negocio que se adquiere por el capital bruto de la entidad. La diferencia entre la normativa del Reino Unido y la española reposa en que la primera constituye una serie de reglas de aplicación directa, mientras que la nuestra es una mera presunción.

En España, la presunción cuantitativa de activo esencial del 25% se calcula tomando como base el "Test del balance". Se determima mediante dos cifras: la primera es el importe de la operación, y la segunda es el valor de los activos del último balance aprobado; es, por tanto, un cálculo que contrasta valores reales con valores contables, lo que implicará, en la práctica, que la presunción opere en un número elevado de transacciones. Respecto a la cuantía de la transacción, ésta es la que libremente determinen las partes o, en términos generales, el precio de mercado; sobre este punto, pueden ocurrir varios supuestos. El primero consiste en que los administradores fragmenten la operación realizando dos transacciones, al objeto de evitar alcanzar el porcentaje y, en consecuencia, omitir la comunicación a la junta de socios. Un sector de la doctrina expone que, si ambas operaciones pueden considerarse como una sola, nos hallaríamos ante un fraude de ley[127] con consecuencias lesivas para los socios; en este caso, procedería el ejercicio de las correspondientes acciones de responsabilidad y cese de los administradores implicados (arts. 223, 236 y ss. LSC). Por otro lado, igualmente es posible que el importe de la operación resulte de cuantía ilimitada o indeterminada cuando los administradores se atribuyen la capacidad para disponer de activos sin límite de cuantía; en estos casos, la doctrina considera que se aplica implícita y automáticamente la presunción del art. 160 f) LSC como una medida de protección de los socios[128]. En último lugar, si

---

127 ÁLVAREZ ROYO-VILLANOVA, S.; y SÁNCHEZ SANTIAGO, J., "La nueva competencia de la junta general sobre activos esenciales: a vueltas con el artículo 160 f) LSC", cit. (LA LEY 3426/2015).

128 Expone GALLEGO SÁNCHEZ, E., ("Operaciones sobre activos esenciales", cit., pp. 351-352) que lo contrario constituiría un fraude de ley en detrimento de los socios; de este modo, correctamente formulado, *"el test del balance obliga a afirmar que la presunción abarca todas las operaciones que excedan del porcentaje legal o puedan excederlo sin sujeción al control de la junta"*.

el pecio de la transacción se aplaza, será necesario actualizar el valor del flujo financiero[129].

En todo caso, realizado el cálculo y sobrepasado el umbral del 25% se activa la presunción a modo de indicio, cuyo valor ha de ser contrastado en base a otros criterios de naturaleza cualitativa para corroborar o descartar la esencialidad del bien. Del mismo modo, afirma FERNANDEL DEL POZO[130]: *"cuando el volumen de la operación se significativo y se encuentra próximo al umbral legal, el administrador puede incurrir en responsabilidad, aunque no se extralimite del umbral legal, cuando el activo es manifiestamente esencial por aplicación de sensatos criterios alternativos habituales entre los prácticos y cuyo alcance y resultado contradictorio a la aplicación del «criterio legal» sería grave negligencia desconocer"*. Es decir, que la modalidad *iuris tantum* de la presunción le resta valor en sí misma, pues en todo caso habrá que combinar este criterio cuantitativo con aspectos cualitativos para asegurar el tipo de bien ante el que nos hallamos, lo cual reduce eficiencia a su aplicación. En efecto, considerando un porcentaje tan bajo como es el 25%, y que rebasarlo no es garantía de calificar un activo como esencial, pero sí determina el deber del administrador de consultar a la junta, no serán pocos los casos en que la gestión sea entorpecida por falsas alarmas derivadas de activos que superan dicho umbral, pero que finalmente no serán considerados como esenciales.

IV. OPERACIONES DELIMITADAS POR EL ART. 160 F) LSC

El art. 160 f) LSC dispone un amplio elenco de operaciones sobre activos esenciales: la adquisición, la enajenación o la aportación a otra sociedad de dichos activos. Nuestro legislador parece querer acotar los supuestos más habituales o, al menos, más sustanciales.

---

129 FERNÁNDEZ DEL POZO, L, "Las operaciones sobre «activos esenciales»: artículos 160 f) y 511 bis de la Ley de Sociedades de Capital", cit. (consultado en LA LEY 2851/2016).

130 FERNÁNDEZ DEL POZO, L, "Las operaciones sobre «activos esenciales»: artículos 160 f) y 511 bis de la Ley de Sociedades de Capital", cit. (consultado en LA LEY 2851/2016).

Otros ordenamientos, como el italiano, han optado por no formular una lista de negocios que afectan a los activos esenciales; el art. 2479.5 CCivile menciona simplemente el término "operación", que queda incardinada en dicha norma cuando su efecto consista en una modificación sustancial en el objeto social de la entidad o en los derechos de los socios (art. 2479.5 CCivile).

En torno al número bienes o derechos afectos por la operación, nuestra normativa parece flexible, de modo que, con carácter general, basta que el negocio recaiga sobre un solo activo esencial para desatar los efectos del art. 160 f) LSC; ahora bien, la casuística no termina aquí. También abarca aquellas operaciones que recaigan sobre dos o más activos que, individualmente valorados, no son esenciales, pero transmitidos o adquiridos en bloque, si adquieren tal consideración. Igualmente, y a efectos de evitar una situación fraudulenta, el art. 160 f) LSC despliega su eficacia ante una pluralidad de operaciones si todas ellas responden a un mismo fin, como puede ser la transmisión aislada de varios bienes y derechos que los administradores realizan con intención de vaciar la sociedad de patrimonio sin despertar sospechas. En este sentido, apunta CÁBANAS TREJO[131] que *"la competencia de la JG no se elude por haber descompuesto una operación unitaria en varios negocios que se presenten formalmente como aislados, cuando deba prevalecer una visión conjunta de la operación"*.

No obstante, todas estas circunstancias habrán de valorarse caso por caso. Por otro lado, resulta indiferente la naturaleza del negocio que materializa la adquisición o transmisión del activo esencial, así como su carácter oneroso o gratuito, pues lo relevante reside en que el bien o derecho se incorpore o abandone de manera definitiva la esfera patrimonial de la sociedad[132]. En este sentido, cabe aceptar toda clase de operaciones que conlleven una transmisión de la propiedad del bien, como una compraventa (en sus diversas modalidades, pago único o aplazado, sometida o no a condición suspensiva o resolutoria) o una donación.

---

[131] CÁBANAS TREJO, R., "Activos esenciales y competencia de la junta general de las sociedades de capital ¿un riesgo para el tercero que contrata con la sociedad?", cit. (consultado en LA LEY 2717/2015).

[132] ALCALÁ DÍAZ, M. Á., *Las competencias de la junta en materia de gestión*, cit., pp. 188 y ss.

Procede ahora dedicar unas líneas a las concretas operaciones que enuncia la ley.

1. Adquisición

Nuestra legislación se refiere a operaciones que conllevan el traslado de dominio en ambas direcciones. De este modo, hace mención expresa a la adquisición de activos esenciales. Este aspecto no es común en todos los ordenamientos. Por ejemplo, el Derecho norteamericano descarta esta operación concreta, pues menciona únicamente las operaciones de transmisión (y no de adquisición). El art. 12.02 MBCA se refiere exclusivamente a la venta, el arrendamiento o el intercambio de activos; sabemos con exactitud que la norma americana incide únicamente en la enajenación porque, como ya vimos, menciona el patrimonio que retiene la sociedad tras la operación como parámetro para determinar si aquélla resulta o no esencial. En nuestra legislación, las operaciones de adquisición tienen su cabida en el art. 160 f) LSC en virtud de un precedente jurisprudencial contenido en la ya citada STS de 17 de abril de 2008[133]. Esta resolución vino a confirmar que la modificación del objeto social puede producirse, tanto por su mutilación, mediante un negocio de transmisión de uno o varios activos esenciales, como por razón de su ampliación, a través de la adquisición de aquéllos[134].

Dentro de la categoría de operaciones de adquisición, suele ser protagonista el supuesto de ampliación de capital de la sociedad mediante aportación no dineraria consistente en una rama de actividad. De este modo, la entidad incorpora una nueva línea de actividad a cambio de otorgar al —generalmente— nuevo socio, acciones o participaciones emitidas o creadas. Especialmente ilustrativa es la RDGSJFP de 22 de julio de 2016[135], que abordó un caso de este tipo, y aprovechó la ocasión para definir y diferenciar la aportación de rama de actividad o unidad funcional de empresa respecto de una operación

---

133 STS de 17 de abril de 2008 (RJ 2008/3521).

134 Vid., también: ÁLVAREZ ROYO-VILLANOVA, S.; y SÁNCHEZ SANTIAGO, J., "La nueva competencia de la junta general sobre activos esenciales: a vueltas con el artículo 160 f) LSC", cit. (LA LEY 3426/2015).

135 RDGSJFP de 22 de julio de 2016 (LA LEY 114915/2016).

de escisión: *"el aumento de capital mediante la aportación de «rama de actividad» presenta una caracterización diversa de la que legalmente recibía la escisión: en ella, la sociedad destinataria de la aportación, aunque amplía el capital social, no incorpora a su esquema orgánico a los socios de la sociedad aportante, quienes siguen perteneciendo a la misma sociedad, sino que las nuevas acciones o participaciones son entregadas a la sociedad aportante que así pasa a ser, a su vez, socio de la sociedad que aumenta el capital. Estructuralmente, la operación realizada se sintetiza, para una sociedad, en una ampliación de capital con las consecuentes alteraciones en sus acciones o participaciones y en su patrimonio, y, para la otra sociedad, en una modificación de la composición cualitativa de su patrimonio, que pasa a quedar constituido parcialmente por acciones o participaciones de la primera sociedad, sin que su organigrama resulte, por lo demás, alterado".*

2. *Enajenación. Especial consideración a la cesión limitada del uso o constitución de un gravamen sobre un activo esencial*

Evidentemente, la transmisión del dominio de activos esenciales a un tercero por vía de venta o donación constituye el supuesto de hecho base y habitual del art. 160 f) LSC. Se trata de la salida definitiva de un bien o derecho sustancial para el desarrollo del objeto social o subsistencia inmediata de la entidad. Por tanto, la venta de un activo esencial no es objeto de discusión en esta sede.

Más dudoso es el supuesto de la cesión limitada del uso o disfrute de ese activo concreto, como, por ejemplo, un arrendamiento o usufructo que impliquen la salida temporal del bien e impidan su utilización para el desarrollo del objeto social. El legislador no se pronuncia al respecto, de modo que la problemática del asunto se centra en debatir si el listado de operaciones del art. 160 f) LSC constituye un *númerus clausus* cuya aplicación debe ejecutarse de manera muy rigurosa; o bien, si la interpretación debe materializarse en un *numerus apertus*, que abra la puerta a otra clase de negocios. Las posturas doctrinales resultan de los más variadas.

En primer lugar, existen autores que exigen la autorización de la junta aún cuando el acto de disposición del bien no tenga por objeto la transmisión del dominio pleno, bastando una cesión a título limitado o con fines de garantía (prenda o hipoteca de cualquier clase)[136]. De esta postura resulta defensor —entre otros— GARCÍA-CRUCES, quien considera que la aplicación del art. 160 f) LSC debe efectuarse con independencia de que la operación tenga un efecto pleno o limitado respecto de la titularidad del bien; el aspecto, a juicio del autor, que pivota en torno a ella es si conduce o no a un resultado de especial relevancia[137].

Otros autores, en cambio, optan por una interpretación restrictiva del precepto y defienden la posibilidad de llevar a cabo operaciones que no entrañan una transmisión plena del dominio de un activo esencial sin necesidad de obtener el consentimiento de los socios, pues la ley no hace mención a ellas[138]. También es la posición que asume el art. 12.01 MBCA, que excluye expresamente la prenda, hipoteca o cualquier clase de gravamen sobre activos esenciales, con independencia de que tales operaciones se encuentren en el curso ordinario o extraordinario de la actividad empresarial. De esta co-

---

136 GALLEGO SÁNCHEZ, E., "Operaciones sobre activos esenciales", cit., p. 350; GIMENO RIBES, M., "Hipoteca de bien inmueble y competencia de la Junta General. Comentario a la Resolución de la Dirección General de los Registros y del Notariado de 27 de julio de 2015", *Revista Jurídica del Notariado*, n.º 97-98, 2016, pp. 365-386; FERNÁNDEZ DEL POZO, L, "Las operaciones sobre «activos esenciales»: artículos 160 f) y 511 bis de la Ley de Sociedades de Capital", cit. (consultado en LA LEY 2851/2016); MANZANARES SECADES, A., "El nuevo artículo 160 F) de la Ley de Sociedades de Capital en cuanto a la necesaria aprobación por la Junta General de ciertas operaciones sobre "activos esenciales": ¿es también aplicable a la constitución de garantías reales sobre dichos "activos esenciales"?", *Documentos de trabajo del Departamento de Derecho Mercantil (Universidad Complutense)*, n.º 100, 2016, pp. 1-17, p. 17; ORBIS, B., "Aplicación práctica del artículo 160 f) de la Ley de Sociedades de Capital: criterio de la DGRN sobre la acreditación de la no esencialidad de los activos", *Actualidad Civil*, n.º 5, 2016 (consultado en la LA LEY 3168/2016); o DÍEZ-BARTUREN LLOMBART, A., "Nuevo art. 160 f) de la Ley de Sociedades de Capital, ¿a qué nos enfrentamos realmente?", *La Ley: Revista Jurídica Española de Doctrina, Jurisprudencia y Bibliografía*, n.º 8521, 2015 (consultado en la LA LEY 2717/2015).

137 GARCÍA-CRUCES GONZALEZ, J. A., "Comentarios al art. 160 LSC", cit., p. 2260.

138 ALFARO ÁGUILA-REAL, J., "El nuevo artículo 160 f) LSC", cit., disponible para su consulta en: https://derechomercantilespana.blogspot.com/2015/02/el-nuevo-articulo-160-f-lsc.html; y ALCALÁ DÍAZ, M. Á., *Las competencias de la junta en materia de gestión*, cit., pp. 181.

rriente, destaca GONZAGA KNÖRR[139], que ha abordado la cuestión detenidamente. El autor ofrece una serie de razones para defender que el ámbito del 160 f) LSC se limita estrictamente a operaciones de transmisión del pleno dominio de los activos esenciales. Algunas de ellas son: en primer lugar, los afianzamientos sobre tales activos no deben requerir la autorización de la junta porque son negocios neutros o polivalentes al objeto social, congruentes a él, y quedan bajo el poder de representación de los administradores; correlativamente a este argumento, indica que no se deben minar las facultades dispositivas de los gestores, porque ello supone dificultar el tráfico jurídico; y, en último lugar, dispone que los socios no quedan desprovistos de sus facultades de control, pues podrán adoptar decisiones si consideraran que el gravamen constituido resulta peligroso, cesando al administrador y ejercitando contra él las oportunas acciones de responsabilidad (arts. 236 y ss. LSC). Opinión similar mantiene NIETO CAROL, para quien la constitución de derechos reales debe quedar fuera de la norma [art. 160 f LSC] porque esta operación no busca la transmisión del dominio, que únicamente tiene lugar ante el incumplimiento de la obligación garantizada[140].

El primer punto del problema reside en el escaso desarrollo del legislador al respecto. Con la redacción actual del art. 160 f) y 511 bis LSC, no es posible afirmar categóricamente que, dentro del conjunto de operaciones que señala[141], estén incluidas aquéllas que no comportan la cesión limitada o el gravamen de los activos esenciales. La literalidad de la norma se ciñe a negocios que conllevan la transmisión del pleno dominio, bien por adquisición (compra) o por transmisión (venta o aportación a otra sociedad). Ahora bien, que la situación real sea ésta no quiere decir que resulte la más acertada. Ciertas operaciones de cesión limitada o garantistas arrojan

---

139 GONZAGA KNÖRR GOMEZA, L., "Las operaciones de constitución de gravámenes sobre activos
esenciales a la luz del artículo 160.f) de la ley de sociedades de capital", Diario La Ley, n.º 8903, 2017 (consultado en LA LEY 99/2017).

140 NIETO CAROL, U., "La temática de los activos esenciales", cit., p., 177.

141 MANZANARES SECADES, A., "El nuevo artículo 160 F) de la Ley de Sociedades de Capital en cuanto a la necesaria aprobación por la Junta General de ciertas operaciones sobre "activos esenciales"..., cit., p. 16

algunos peligros. En el caso del arrendamiento o usufructo, el problema que plantea la operación es la inoperatividad temporal del bien, lo que implica la imposibilidad de utilizarlo durante un período de tiempo concreto; si ese bien es importante para el desarrollo del objeto social, la entidad pierde operatividad en el mercado, y tal circunstancia sí resulta relevante. Además, procede mencionar el consiguiente riesgo de que el arrendatario o usufructuario ocasione daños al bien o su plena destrucción, de modo que la pérdida sería definitiva.

Respecto de la constitución de garantías, en el caso de la prenda ordinaria nos exponemos al mismo problema por razón del traspaso posesorio, aunque el tenedor (acreedor garantizado o tercero) se limite a una función de mera custodia sin posibilidad de dar uso al objeto entregado. Respecto de garantías no posesorias, si bien la entidad deudora continúa utilizando el bien, también es cierto que si, finalmente, el acreedor hipotecario logra la ejecución definitiva[142], la sociedad perderá la propiedad (transmisión forzosa), y en este caso —garantía— con mayor motivo procederá la intervención de la junta.

Precisamente, RECALDE CASTELLS[143] —quien en su día consideró que el art. 160 f) LSC abría la puerta de forma indubitada a cualquier acto de disposición (fuera éste a título pleno o limitado)— ha reconsiderado recientemente su postura hacia una perspectiva más casuística —ecléctica—, donde el aspecto sustancial no reside tanto en la pérdida definitiva o temporal del bien, sino en cómo ello afecta a la marcha de la entidad: *"En su día sostuvimos que la referencia a la adquisición o enajenación no debería entenderse limitada a actos de disposición que se realicen a título pleno, y que comprendería negocios a título limitado (usufructo) o con fines de garantía (hipoteca o titularidad del dominio en garantía de un crédito como se da en el caso de un leasing), porque también en estos casos la sociedad puede perder la disponibilidad del activo en el momento de la ejecución (RECALDE 2015, 40). Ahora debemos rectificar*

---

142 GUERRERO LEBRÓN, M. J., "La competencia de la junta general sobre la disposición de activos esenciales (artículo 160.f Ley de Sociedades de Capital)", cit., pp. 74-75.

143 RECALDE CASTELLS, A. J., "Art. 160. Competencia de la junta general", cit., p. 60.

esa tesis. Para atribuir la competencia a la junta lo relevante es si el negocio de disposición afecta a la actividad (objeto) de la sociedad, a su subsistencia o a su estructura patrimonial. Por ello, a los efectos de la norma la disposición de activos no es relevante si no afecta a la actividad de la sociedad. Esta actividad no se ve afectada como consecuencia de la constitución de garantías en un negocio de financiación"[144].

Considero que este aspecto debía ser abordado por el legislador, haciendo mención expresa de las operaciones de cesión limitada o con fines garantistas, adoptando una postura clara al respecto, a fin de facilitar una aplicación más segura de la norma. En este sentido, el MBCA asume de manera expresa una posición inequívoca, estableciendo que los negocios sobre activos esenciales que comportan una disposición a título limitado no requieren autorización de la junta. La complejidad que reviste la cuestión sea motivo, quizá, de que el legislador italiano optara por no detallar los supuestos en precisión en el art. 2479.5 CCivile, ordenando simplemente que la junta debe intervenir ante cualquier operación que sea susceptible de ocasionar una alteración en el objeto social o una restricción indirecta en los derechos de los socios. Entiendo que el problema no reside en la fa-

---

144 Resulta de especial interés la RDGSJFP de 22 de noviembre de 2017 (RJ 201/5864) relativa a la constitución de un gravamen sobre un activo esencial. La entidad Milurga, S. L. otorgó el 19 de mayo de 2017 escritura de préstamo con garantía hipotecaria en favor del prestamista, Banco Santander, S. A. El objeto del préstamo era el de financiar la adquisición de una finca (la hipotecada), comprada ese mismo día ante el mismo notario unas horas antes. En esa escritura de venta, los administradores aportaron la correspondiente autorización de la junta (universal) otorgada por unanimidad de los socios, pues el bien constituía un activo esencial para la entidad adquirente. Sin embargo, en la escritura de hipoteca no constaba autorización alguna de este órgano para proceder a la constitución del gravamen sobre este inmueble (esencial). El registrador de la propiedad denegó, por esta razón, la inscripción de la hipoteca y el notario autorizante interpuso recurso a la DGSJFP. El órgano directivo estimó el recurso porque ambas escrituras (de compraventa e hipoteca) fueron otorgadas el mismo día y, "*el carácter accesorio de la hipoteca respecto de la compraventa hace que, si se han acreditado los presupuestos y requisitos de legitimación respecto de la compra, dichos requisitos deben estimarse también cumplidos respecto de la hipoteca*"; así pues, concluye el centro directivo que "*la constitución de hipoteca sobre un inmueble en el acto de la compra para financiar la adquisición misma no comporta la disposición de un activo patrimonial sino su adquisición con detracción de la deuda hipotecaria*".

cultad del administrador para concertar arrendamientos o gravámenes sobre el patrimonio social en general, sino si puede hacerlo sobre determinados bienes (sustanciales) y, además, si dicha operación puede comportar efectos de riesgo o peligrosos para la subsistencia de la sociedad.

La cuestión no es sencilla de resolver y depende mucho del caso concreto. En algunos supuestos, la sociedad cede o grava un activo esencial por necesidad (escasa solvencia), y aquí quizá el riesgo de pérdida definitiva sea relativamente elevado, si no podría haber empleado otros activos de menor trascendencia. En otros supuestos, constituir una hipoteca sobre un bien esencial puede suponer una mera formalidad exigida por un acreedor respecto de ese bien en concreto, pero si la sociedad tiene buena solvencia lo más probable es que pueda cumplir los compromisos asumidos y cancelar la garantía. En todo caso, resulta innegable que estas operaciones —aunque limitadas— constituyen un riesgo sobre el activo y su conservación en la esfera patrimonial de la sociedad, de modo que considero en este punto que el legislador debería haber extendido la autorización de la junta también a estos supuestos[145].

---

[145] En este sentido, expone MANZANARES SECADES, A., ["El nuevo artículo 160 F) de la Ley de Sociedades de Capital en cuanto a la necesaria aprobación por la Junta General de ciertas operaciones sobre "activos esenciales"..., cit., p. 17] que la única manera de tener una seguridad respecto de estas operaciones es contando con la autorización de la junta, pues la incertidumbre de la norma pone en importante riesgo el éxito de la constitución de la garantía. Indica literalmente el autor: *"Lo que sí sé con seguridad es que en la práctica la pregunta es quién va a correr con el riesgo —mayor o menor, pero convengámoslo, sin certeza— de que una determinada operación de garantía real —prenda o hipoteca— sobre activos relevantes de una compañía se pueda entender que requería autorización de la Junta General. En ese contexto, el banco financiador beneficiario de la garantía no dudará, y o bien se le acredita el acuerdo de Junta General o bien su asesor jurídico en la operación —el despacho de abogados de turno— le deberá emitir una opinión legal "limpia", sin reservas, en la que afirme que las garantías constituidas son válidas y exigibles sin que falte ningún requisito para su validez. Es decir, está pasando el riesgo al despacho de abogados que emite la opinión legal. Obviamente ese despacho sólo debería emitir dicha opinión si tuviera la certeza de que no se requiere el acuerdo de Junta General, y si tuviera alguna duda, como las que arriba se han manifestado, debería ponerlas de manifiesto en la opinión legal mediante la oportuna "reserva" o "qualification". Actuando así, el despacho de abogados estaría obrando prudentemente, el problema es que la opinión legal con esa "reserva" no le valdrá al banco financiador, porque entonces el despacho de abogados lo que está haciendo es vol-*

3. Aportación a otra sociedad

La última operación que menciona la norma es la aportación a otra sociedad de un activo esencial. En realidad, este supuesto no es más que una modalidad de enajenación, pues como regla general, toda aportación destinada a constituir o aumentar el capital de una entidad se entiende realizada a título de propiedad (art. 60 LSC). Entonces, ¿por qué el legislador es reiterativo en el art. 160 f) LSC mencionando separadamente los conceptos de "enajenación" y "aportación"? ALFARO[146] responde a este interrogante indicando que el motivo se encuentra en una intención clarificadora del legislador, en el sentido de que *"la aportación a otra sociedad se singulariza para eliminar dudas acerca de si la aportación constituye o no un acto de enajenación, lo que debe responderse afirmativamente"*. De este modo, el redactor del precepto viene a ofrecer seguridad para los casos relativos a las operaciones de filiación en los grupos de sociedades, que también quedan circunscritos en la ratio de la norma; todo ello, considerando la especialidad que presentan estos negocios dentro de la categoría de las enajenaciones. La doctrina administrativa advierte expresamente que en la sociedad aportante *"la posición de los socios podría quedar comprometida, en caso de que la unidad económica aportada tenga el carácter de activo esencial en cuyo caso será necesario el acuerdo de la junta conforme al artículo 160 f) LSC"*[147]. Ante la abundante casuística experimentada en materia de aportación de activos esenciales, resulta muy oportuno el inciso expreso y específico del legislador de incorporar dicha operación en el art. 160 f) LSC.

---

viendo a traspasar el riesgo al banco. Con lo que volvemos al punto de partida, y es que al final la única forma de estar seguro con la norma que comentamos es tener la autorización de la Junta General".

146 ALFARO ÁGUILA-REAL, J., "El nuevo artículo 160 f) LSC", cit., disponible para su consulta en: https://derechomercantilespana.blogspot.com/2015/02/el-nuevo-articulo-160-f-lsc.html

147 RDGSJFP de 22 de julio de 2016 (LA LEY 114915/2016).

V. REQUISITOS PROCEDIMENTALES PREVIOS A LA EJECUCIÓN DE OPERACIONES DE ACTIVOS ESENCIALES

1. Deber del órgano de administración de convocar la junta y obtener la pertinente autorización

1.1 El cumplimiento del deber como actuación diligente del administrador

Los arts. 160 f) y 511 bis LSC son preceptos cuyo contenido es atribuir una competencia a la junta general; su objeto no es otro que el de proteger el papel de los socios en la entidad respecto a la toma de decisiones en materia de un asunto concreto: autorizar o denegar la ejecución de una operación sobre algún activo esencial. Considerando esta premisa, es sencillo concluir que los preceptos señalados tienen un carácter imperativo en su contenido: activar el devengo de una serie de obligaciones a cargo de los administradores sociales. En efecto, cuando el órgano de administración desea realizar un negocio con un tercero y cuyo objeto sea el de enajenar o adquirir un bien o derecho que sea esencial para la entidad, al no ser competente para adoptar ni ejecutar una operación de este tipo, debe reunir a la junta general.

Previo al cumplimiento de dicho deber, el administrador debe identificar el activo como esencial. Aspecto éste no siempre fácil de verificar, aunque, como ya hemos visto, existen situaciones que facilitan confirmarlo o, por lo menos, intuirlo. Lo primero que el administrador debe considerar es si el objeto de la transacción alcanza o supera el 25% del valor de los activos que consten en el último balance aprobado, se acciona el indicio legal que presume la esencialidad; es un parámetro objetivo. Después, la esencialidad cualitativa habrá de ser valorada con el criterio de la buena razón. Y, a partir de aquí, si existen indicios para considerar que el activo afectado es esencial, aparece la obligación de transferir la decisión a la junta de socios[148].

---

[148] Deberán hacerlo sí, además, disponen de indicios o consideran que la salida o entrada de ese activo, con independencia de su valor, es susceptible de provocar un impacto sustancial en la marcha de la sociedad, bien por alterar en buena

Producido el supuesto de hecho de la norma (identificación de un posible activo esencial sobre que desean ejecutar una operación de enajenación/adquisición), el cumplimiento de lo establecido en ella se hace exigible. No existe un plazo de tiempo concreto para reunir a la junta, pero desprende la ley que ha de ser a la mayor brevedad posible o en un tiempo prudencial, según la urgencia y magnitud de la operación a consultar. En todo caso, el cumplimiento de este mandato legal debe realizarse, no sólo por su imperatividad, sino también porque la asunción de la ley o los estatutos en los plazos indicados es reflejo del deber de diligencia consagrado en los arts. 225 y 226 LSC. En efecto, los administradores habrán de desempeñar su cargo y cumplir con los deberes impuestos en las leyes y los estatutos con la diligencia de un ordenado empresario, según proscribe el art. 225 LSC. Procede resaltar, entonces, que toda contravención legal o estatutaria de contenido imperativo desemboca irremediablemente en un incumplimiento del deber de diligencia[149]. Sin perjuicio de un desarrollo posterior del asunto en el siguiente capítulo cuando abordemos la infracción del art. 160 f) LSC con la eventual vulneración del deber de lealtad, resulta procedente vislumbrar la conexión entre el deber exigido al administrador en el art. 160 f) LSC y la regla de la diligencia y la protección de la discrecionalidad empresarial que consagra el art. 226 LSC (*Business Judgment Rule*).

Como principio básico, el cumplimiento de la ley imperativa por la sociedad en el ejercicio de su actividad es manifestación básica del deber de diligencia (art. 225 LSC). El administrador ha de obrar co-

---

medida su objeto social, o bien por dejarla desprovista de uno de sus principales bienes operativos.

149 Señala ALFARO ÁGILA-REAL, J., ["Sociedades de capital: el deber de diligencia de los administradores", en *Estudios y comentarios legislativos (Civitas)*, Aranzadi, Cizur Menor, 2015 (BIB 2015/4466)] que el deber de diligencia se basa, entre otros extremos, en garantizar el cumplimiento por la organización social de los deberes que derivan de todo el ordenamiento jurídico; ello incluye, naturalmente, cumplir lo dispuesto en la ley de sociedades de capital y de los estatutos de la sociedad, pues es necesario para la ejecución del contrato social. Vid., también: RECALDE CASTELLS, A., "La Propuesta de Directiva sobre diligencia debida (*Due Diligence*) de las empresas en materia de sostenibilidad y el deber de diligencia de los administradores", en COHEN BENCHETRIT, A. (Dir.); y MUÑOZ PAREDES, A. (Dir.), *Deberes de los administradores de las sociedades de capital*, Aranzadi, Cizur Menor, 2023, pp. 157-182, p. 176.

mo un ordenado empresario, y este hecho es incompatible con la infracción de tales normas, sean conocedores o no de las mismas, pues la ignorancia de la ley no excluye de su cumplimiento (art. 6.1 CC) y, además, en el ámbito societario, la falta de conocimiento de aquélla exige al gestor investigar o formarse en todo aquello que constituye su estatuto básico (las normas jurídicas que le afectan). Por tanto, la competencia exclusiva de la junta en materia de activos esenciales es un límite a la actuación del administrador que debe conocer y, en todo caso, esforzarse por conocer. Ahora bien, existe discordancia en la doctrina respecto de si la inobservancia de lo dispuesto en el art. 160 f) LSC excluye o no, en todo caso, la aplicación de la discrecionalidad empresarial. Es decir, si un administrador incumple tal deber, ello conlleva automáticamente la exclusión de tal protección o cabe reconocerla según las circunstancias del caso.

Algunos autores entienden que el incumplimiento del deber de convocar a la junta no acarrea, en todo caso, privarle de la protección de la discrecionalidad empresarial; dependerá del supuesto. Concretamente, este sector señala que un administrador puede incumplir su obligación de convocar la junta y vender directamente un activo que sobrepase el porcentaje legalmente establecido (25%), si después queda acreditado que dicho bien objeto de la transacción no era esencial, por su nulo o escaso impacto estructural en la sociedad o indirectamente en los derechos de los socios[150]. Es decir, que el control operaría *ex post* para este caso. El dilema de esta cuestión radica en la imprecisión del art. 160 f) LSC, que no hace mención expresa a este extremo; no indica el momento exacto de solicitar la autorización. El asunto es el siguiente: una operación sobre activos esenciales es, al fin y al cabo, una operación de gestión, de modo que en su condición de tal va a quedar amparada por el art. 226 LSC.

El kit de la cuestión, y principal problema, es el hecho de que no existe ningún parámetro seguro para determinar en todos los supuestos y con certeza si un activo es esencial. Por un lado, desde un punto de vista cualitativo, el administrador puede considerar que un bien es o no sustancial para la entidad en su creencia de que la enajenación

---

150 ALCALÁ DÍAZ, M. Á., *Las competencias de la junta en materia de gestión*, cit., pp. 196.

comporta efectos estructurales, y puede acertar o equivocarse. A mi juicio, la decisión de no someter tal negocio a la autorización de la junta sólo quedaría amparada cuando sea posible acreditar, antes de la celebración del negocio, que ese activo no es esencial; no obstante, depende del criterio desde el cuál se examine la esencialidad.

En sede cualitativa, si el administrador intuyó que el bien pudiera ser esencial sin alcanzar el umbral cuantitativo y omitió la autorización de la junta y el activo no era, finalmente, esencial, se aplicará la regla del art. 226 LSC por cuanto esa decisión era de naturaleza gestora y no se habría invadido una competencia de la junta (no era, por tanto, de carácter organizativa). En caso contrario, si el bien era esencial, el administrador no estaría protegido por la regla de la discrecionalidad empresarial al haber incumplido una norma imperativa (convocar a la junta).

Desde un enfoque cuantitativo, la presunción del art. 160 f) LSC es *iuris tantum*; en consecuencia, desvirtuable, aunque la norma no dice cuándo, si antes o después de ejecutar la operación. A mi parecer, alcanzando o sobrepasando el umbral del 25%, si resulta objetivamente acreditable, antes de proceder a la venta, que la salida de ese bien no arrojará efectos negativos sensibles en la estructura de la sociedad ni en los derechos de los socios, el administrador quedará protegido y puede proceder a enajenarlo. En otros casos distintos y dudosos (más del 25% e imposibilidad de garantizar la inesencialidad cualitativa de ese activo), considero prudente acudir a la junta en todo caso; de no hacerlo, habrá infracción del deber de diligencia por la siguiente razón. La venta de un activo que supere tal umbral sin conocer su impacto cualitativo excluiría la aplicación de la discrecionalidad empresarial al infringir, a mi juicio, un parámetro de diligencia gestora[151]; el administrador no habría seguido un procedimiento de decisión adecuado, que es exigencia indubitada del art. 226 LSC[152], por no solicitar permiso a la junta ante la posibilidad de que tal bien (que ya supera un valor del 25%) fuera esencial.

---

151 SOVERAL MARTINS, A., *Administração de Sociedades Anónimas e Responsabilidade dos Administradores*, Almedina, Coimbra, 2020, p. 241.

152 GUERRERO TRAVIIJANO, C., *El deber de diligencia de los administradores en el gobierno de las sociedades de capital. La incorporación de los principios de la business judgment rule al ordenamiento español*, Civitas, Madrid, 2015, pp. 237 y ss. Por su

A modo de recomendación práctica, y para evitar problemas y responsabilidades inesperadas (arts. 236 y ss. LSC), considero que el administrador debe reunir a la junta si la operación supera el 25%, y, en todo caso, cuando tenga el menor indicio o sospecha razonable de esencialidad cualitativa del activo que pretende enajenar, con independencia de su valor. De esta forma, si a *posteriori* se demuestra que, efectivamente, era esencial, el administrador habrá obrado conforme exige la ley; y, en caso contrario (no esencial), habrá sido diligente por haber adoptado una decisión prudente. En caso de activos poco relevantes, tampoco se aplicaría la regla de la discrecionalidad empresarial si, por ejemplo, la operación tuviera su causa en la mala fe o en un interés personal del administrador[153].

En último lugar, tomada la decisión de enajenar un bien esencial, el administrador deberá convocar a la junta por los cauces legales. En este sentido, la ley no indica la modalidad de convocatoria a realizar, y en verdad es irrelevante, pues lo trascendente es que los socios puedan decidir válidamente sobre la autorización a conceder. Si nos hallamos ante una sociedad anónima grande —cotizada o no— o una limitada de tamaño similar (supuesto poco frecuente), procederá efectuar la convocatoria formal, conforme a lo dispuesto en los arts. 166-177 LSC; en cambio, si la operación se va a producir en el seno de una sociedad limitada de tamaño medio o reducido (lo habitual), los administradores también pueden optar por una convocatoria in-

---

parte, HERNANDO CEBRIÁ, L., (*El deber de diligente administración en el marco de los deberes de los administradores sociales*, Marcial Pons, Madrid, 2009, pp. 135-136) añade al respecto que las disposiciones de carácter imperativo en materia societario atienden a razones organizativas y no a cuestiones decisorio-empresariales, de las que el administrador suele gozar de una amplia libertad de decisión; y al carecer las primeras de una naturaleza gestora, se comprende la exclusión de la *Business Judment Rule*. Por otro lado, si bien es cierto que el incumplimiento de los requisitos para el amparo de la *Business Judgment Rule* no determina automáticamente la responsabilidad de los administradores, que sólo se activa ante la existencia de un daño, pero sí la pérdida del beneficio de la inmunidad-impunidad de la decisión gestora, como así lo manifiesta SERRANO CAÑAS, J. M., "La incorporación de la Business Judgment Rule al Derecho español: el proyectado art. 226 de la Ley de Sociedades de Capital", *La Ley Mercantil*, n.º 6, 2014 (LA LEY 5748/2014).

153 ALCALÁ DÍAZ, M. Á., *Las competencias de la junta en materia de gestión*, cit., pp. 197.

formal (por ejemplo, mediante WhatsApp) y reunir a todos los socios en junta universal y en un tiempo más breve (art. 178 LSC).

1.2 Verificación externa del cumplimiento del deber de los administradores

Uno de los puntos relevantes de la competencia en materia de activos esenciales es la verificación del cumplimiento del deber de recabar la autorización pertinente de la junta. La posibilidad de invocar un control externo resultaría de gran ayuda para evitar incumplimientos de lo dispuesto en el art. 160 j) LSC. Lo cierto es que esta vía sólo cabría para bienes o derechos cuya transmisión requiera la intervención de un fedatario público, registrador u otro funcionario con competencias para denegar una operación de esta naturaleza. Para el supuesto de bienes inmuebles, el asunto ofrece mayores posibilidades, pues la transmisión o adquisición del bien requieren la formalización de contrato mediante escritura pública y su posterior inscripción en el Registro de la Propiedad. Distinto es el caso de los bienes y derechos no inscribibles en registro público sujetos a la transmisión bajo el principio de libertad de forma; aquí, la posibilidad de practicar una verificación externa se complica.

El estado de la cuestión tiene poco recorrido en el panorama actual. En primer lugar, porque la normativa societaria no dispone una regla específica en materia de activos esenciales. Debemos acudir las disposiciones generales de ámbito notarial y registral.

Respecto de la legislación notarial, el art. 24 II de la Ley del Notariado de 28 de mayo de 1862 (LN) dispone: *"Los notarios en su consideración de funcionarios públicos deberán velar por la regularidad no solo formal sino material de los actos o negocios jurídicos que autorice o intervenga, por lo que están sujetos a un deber especial de colaboración con las autoridades judiciales y administrativas"*. Por su parte, el art. 145 del Reglamento Notarial (Decreto de 2 de junio de 1944 —RN—) establecía la facultad del notario —en el ejercicio de su función de control de la legalidad— para denegar el otorgamiento de escrituras a su juicio se hubiera producido la infracción de una norma o no se hubiere acreditado el cumplimiento de los requisitos legalmente exigidos como previos; merece indicar que gran parte de lo señalado en este precepto fue declarado nulo por la STS de 20 de mayo de 2008[154]. Mediante esta sentencia, el TS no se opuso a la existencia del control de legalidad por el notario, pues el origen de la resolución y correlativa nulidad parcial del reglamento notarial se basan en que la materia señalada no debía de regularse mediante disposición reglamentaria, pues estaba sometida al principio de reserva de ley.

En torno a la normativa registral, dispone el art. 18 de la Ley Hipotecaria (Decreto de 8 de febrero de 1946 —LH—): *"Los Registradores calificarán, bajo su responsabilidad, la legalidad de las formas extrínsecas de los documentos de toda clase, en cuya virtud se solicite la inscripción, así como la capacidad de los otorgantes y la validez de los actos dispositivos contenidos en las escrituras públicas, por lo que resulte de ellas y de los asientos del Registro"*; contenido, éste, que también reproduce el art. 6 del Reglamento del Registro Mercantil (Real Decreto 1784/1996, de 19 de julio —RMM—). A todo ello hay que añadir lo dispuesto en el art. 98 del Reglamento Hipotecario, que menciona, como faltas de legalidad en las formas extrínsecas, aquellas que afecten a la validez de los

---

154 STS de 20 de mayo de 2008 (RJ 2008/3491). El TS señala que el control de legalidad queda reservado a la ley y con el alcance que ésta determine; así, la sentencia expresa que: *"falta una concreta habilitación legal que permita establecer reglamentariamente la denegación de la autorización o intervención notarial como consecuencia del juicio de legalidad desfavorable. Como se desprende de lo ya expuesto antes, no puede hallarse la misma en los citados arts. 17.bis y 24 de la Ley del Notariado, a pesar de su reciente modificación por las leyes 24/2001 y 36/2006, que ni siquiera sirven de amparo para justificar un control de legalidad en los términos que resultan del precepto reglamentario, según se ha razonado antes y que ninguna previsión contienen sobre la posibilidad de denegación por los notarios de su ministerio y la revisión de una eventual decisión en tal sentido"*. El contenido de la resolución fue criticado por un sector de la doctrina; fue el caso, por ejemplo, de REMESEIRO REGUERO, R., ("La función notarial de control de legalidad. Estado de la cuestión en el ámbito de las condiciones generales de la contratación y las cláusulas abusivas", *Anuario da Facultade de Dereito da Universidade da Coruña*, n.° 22, 2018, pp. 274-297, p. 178) consideró desproporcionado exigir una disposición normativa para cada control de legalidad a efectuar, pues en defecto de norma específica —que permita el control de legalidad y la denegación de intervención, el notario no tendría que abstenerse efectuar dicho control procediendo a dar fe forzada y otorgar carácter público a documentos que recogen situaciones ilegales. Vid., también: CASTRO-GIRONA MARTÍNEZ, J. I., "La seguridad jurídica en el tráfico de bienes y derechos, con especial énfasis en el tema del control de la legalidad y el uso de nuevas tecnologías en el ámbito notarial", *Revista Jurídica del Notariado*, n.° extraordinario, 2010, pp. 9-107, p. 65

documentos, siempre que resulten del texto de dichos documentos o puedan conocerse por la simple inspección de ellos. Tampoco procede olvidar la Ley 11/2023, de 8 de mayo, de trasposición de Directivas de la Unión Europea en materia de digitalización de actuaciones notariales y registrales, que refuerza el control de legalidad de los Registradores Mercantiles.

Considerando este desarrollo legislativo sobre legalidad notarial y registral, la DGSJFP perfila algunas consideraciones más específicas respecto de los arts. 160 f) y 511 bis LSC.

En un primer momento la RDGSJFP de 11 de junio de 2015[155] dispuso que los notarios carecen de los suficientes elementos objetivos de juicio para apreciar por sí mismos la cualidad esencial de un activo social, de modo que para un adecuado cumplimiento de su deber de velar por la legalidad de los actos y negocios que autoriza (cfr. artículo 17 bis de la Ley del Notariado), debe desplegar la mayor diligencia posible. El notario cumplirá con dicho deber, en primer lugar, informando a las partes sobre tales extremos y reflejando en el documento autorizado los elementos y circunstancias necesarios para apreciar la regularidad del negocio y fundar la buena fe del tercero que contrata con la sociedad. Así, *"cobra sentido, por ejemplo, la exigencia de una certificación del órgano social o manifestación del representante de la sociedad sobre el hecho de que el importe de la operación no haga entrar en juego la presunción legal establecida por la norma (por no superar el veinticinco por ciento del valor de los activos que figuren en el último balance aprobado) o, de superarlo, sobre el carácter no esencial de tales activos".*

Posteriormente, la RDGSJFP de 26 junio de 2015[156], entre otras muchas que vinieron después[157], dispuso que: *"No existe ninguna obligación de aportar un certificado o de hacer una manifestación expresa por parte del administrador de que el activo objeto del negocio documentado no es esencial, si bien con la manifestación contenida en la escritura sobre el carácter no esencial de tal activo se mejora la posición de la contraparte en cuanto*

---

155 RDGSJFP de 11 de junio de 2015 (*Tol 5419371*).

156 RDGSJFP de 26 junio de 2015 (LA LEY 110949/2015).

157 RRDGSJFP de 8 de julio de 2015 (LA LEY 120673/2015); de 10 de julio de 2015 (LA LEY 123759/2015); de 27 de julio de 2015 (LA LEY 132679/2015); de 29 de julio de 2015 (LA LEY 136135/2015); de 18 junio de 2020 (LA LEY 160083/2020); o de 13 de octubre de 2023 (LA LEY 267385/2023).

a su deber de diligencia y valoración de la culpa grave. No obstante, la omisión de esta manifestación expresa no es por sí defecto que impida la inscripción". Además, añade el centro directivo que el fedatario debe exigir el acuerdo de autorización de la junta (y denegar el otorgamiento de la escritura si no le fuera exhibido) que permite la venta del bien cuando resulte muy evidente e indubitado su carácter esencial, lo que implica que pueda ser apreciable a simple vista[158].

En conclusión, actualmente no procede exigir al órgano de administración una acreditación por entrega de certificado o manifestación verbal de que el bien no es esencial al tiempo de formalizar su enajenación o adquisición. Varias son las razones expuestas por la DGSJPF. En primer lugar, porque los administradores son los competentes para realizar operaciones de gestión, y representan a la sociedad en el tráfico en todos los actos que llevan a cabo frente a terceros; injerir excesivamente sobre esta función por parte de la junta, dejaría carente de sentido la existencia y diferenciación de estos dos órganos sociales. Por tanto, a juicio del centro directivo, el notario cumple con su deber de diligencia en el control sobre la adecuación del negocio a legalidad que tiene encomendado sin necesidad de exigir tal manifestación, ya que ésta no pueda considerarse requisito imprescindible para practicar la inscripción. Todo ello en atención a que el tercer adquirente de buena fe y sin culpa grave debe quedar protegido en estos casos (art. 234.2 LSC). En segundo lugar, aunque tal control fuera exigible, no podría materializarse de forma efectiva para todos los casos, pues sólo sería viable para activos inscribibles en registros públicos o sometidos a formalidad especial[159]; para activos no sometidos a tales exigencias, no existe manera fehaciente de constatar que el administrador ha cumplido informando a la otra parte sobre la no esencialidad del bien. Es más, en muchos casos se realizaría tal manifestación sin argumento sólido que respaldara tal afirmación, con la conformidad de la otra parte. A parte, por supuesto,

---

158 RDGSJFP 19 JULIO 2021 (LA LEY 108433/2021): *"Como el notario ha de cumplir con su deber de diligencia en el control sobre la adecuación del negocio a legalidad, tiene que denegar la autorización de la escritura cuando —como sucede en este caso— el carácter esencial del activo enajenado es manifiesto. Y, al ser indubitado ese carácter esencial, está debidamente fundada la negativa del registrador a la inscripción de dicha escritura".*

159 ALCALÁ DÍAZ, M. Á., *Las competencias de la junta en materia de gestión*, cit., p. 199.

que el adquirente no pondría mucho énfasis en este requisito, pues su interés reside en adquirirlo, y no sería oportuno retrasar la operación en ausencia de certificado o declaración del administrador en tal sentido, pues en tal caso la transmisión no debería realizarse.

En mi opinión, habría sido muy recomendable establecer las pautas de actuación del administrador en esta sede. La norma peca, por defecto, de incorporar este y otros extremos; no parece justificable el hecho de que el legislador se haya limitado en los arts. 160 f) y 511 bis LSC a señalar una mera competencia en materia de activos esenciales como exclusiva de la junta, que injiere en las funciones de gestión de los administradores, sin ofrecer parámetros más precisos. Comprendo, en parte, las alegaciones de la DGSJFP, pero carece de fundamento, a mi parecer, que el administrador no ostente un deber de acreditar que ha cumplido su deber de pedir autorización a la junta para llevar a cabo operaciones con terceros sobre activos esenciales. Y todo ello porque, como explicaré en el capítulo siguiente, la aceptación de los socios en este acto es crucial para que la sociedad emita correctamente la voluntad negocial y pueda, en consecuencia, desplegar efectos frente a terceros. ¿Y cómo materializar esta obligación? Pues la respuesta no es sencilla, porque en algunos casos la esencialidad de un activo no se percibe a simple vista si el interesado no tiene acceso a los documentos contables de la sociedad para contrastar valores y funcionalidades. Creo que sería oportuno establecer la obligación de notarios de incorporar a la escritura la declaración hecha ante él por el administrador sobre el tipo de bien que se enajena. Si es un activo ordinario, bastará con emitir una declaración responsable del administrador; y, en caso de que sea esencial, manifestarlo y exhibir el acuerdo de la junta que autoriza su venta. En todo caso, gran parte de este argumentario será desarrollado más adelante.

2. *El acuerdo de la junta general que autoriza una operación sobre activos esenciales*

2.1 Aspecto objetivo

El art. 160 f) y 511 bis LSC determinan inequívocamente que la competencia para autorizar o denegar operaciones sobre activos esenciales recae en exclusiva sobre la junta de socios. La tramitación de estos asuntos se dirime, como prácticamente cualquier otra cuestión de este órgano, mediante acuerdo, que habrá de adoptarse conforme a los procedimientos de quórums y mayorías establecidos en la legislación societaria para cada materia que es objeto de tratamiento y decisión. Respecto de los activos esenciales, la ley guarda silencio sobre los aspectos procedimentales. Evidentemente, nada obsta para que los socios doten a los estatutos de unas reglas específicas (art. 1255 CC); sin embargo, la gran mayoría de sociedades (sobre todo en las limitadas), no disponen de tales previsiones, aplicando en consecuencia la norma jurídica que poco resuelve en este caso.

No existe un proceder unitario para el ejercicio de todas las competencias establecidas en el art. 160 LSC. Algunas de ellas se rigen por las reglas ordinaras en materia de quórums y mayorías, como la aprobación de las cuentas anuales, la censura de la gestión, la constatación de la existencia de causa de disolución o la aprobación del balance final de liquidación; asuntos que, por lo general, deben realizarse de forma periódica o, siendo esporádicos, de manera urgente (poner en marcha la disolución o una medida para eludirla). En estos casos, bastará, para la sociedad anónima, un quórum ordinario del 25% del capital suscrito con derecho de voto en primera convocatoria, y de cualquier capital concurrente a la reunión en segunda convocatoria (art. 193 LSC); respecto de los votos emitidos en sentido favorable a la operación, será suficiente una mayoría simple de los votos de los accionistas presentes o representados en la junta, entendiéndose adoptado un acuerdo cuando obtenga más votos a favor que en contra del capital presente o representado (art. 201.1 LSC). Para la sociedad limitada, no se exige directamente un quórum, pero sí indirectamente, pues el art. 198 LSC establece su mayoría ordinaria como aquella en la que voten a favor del acuerdo, al menos un tercio de los votos válidamente emitidos correspondientes a las participaciones sociales en que se divida el capital social, sin que existan más votos en contra que a favor y sin computar los votos en blanco (art. 198 LSC).

En cambio, otros asuntos precisan quórums y mayorías reforzadas. En caso de la sociedad anónima, requiere un quórum reforzado la modificación de estatutos sociales, la emisión de obligaciones, la supresión o la limitación del derecho de adquisición preferente de nuevas acciones, así como la transformación, la fusión, la escisión o la cesión global de activo y pasivo, que exigen la concurrencia de accionistas presentes o representados que posean, al menos, el cincuenta por ciento del capital suscrito con derecho de voto para la primera convocatoria (art. 194.1 LSC); y el veinticinco por ciento para la segunda (art. 194.2 LSC). Respecto de las mayorías exigidas, si el capital presente o representado supera el cincuenta por ciento bastará una mayoría absoluta; en cambio, el acuerdo requerirá el voto favorable de los dos tercios del capital presente o representado cuando en segunda convocatoria concurran accionistas que representen el veinticinco por ciento o más del capital suscrito con derecho de voto sin alcanzar el cincuenta por ciento (art. 201.2 LSC). En la sociedad limitada se precisan, según el asunto, mayorías de, bien más más de la mitad de los votos correspondientes a las participaciones en que se divida el capital social o de al menos dos tercios (art. 199 LSC).

Respecto al acuerdo que autoriza la conclusión de una operación sobre un activo esencial, no existe disposición específica al respecto, ni por indicación del art. 160 f) ni del 511 bis LSC; no obstante, la doctrina asume posiciones dispares en torno al asunto. Por un lado, existe un sector de autores que abogan por una aplicación estricta de la normativa, considerando suficiente una mayoría ordinaria en defecto de previsión legal[160]. En cambio, otro sector defiende que

---

160 De esta opinión: ESTEBAN VELASCO, G., ("Distribución de competencias entre la Junta General y el órgano de Administración, en particular las nuevas facultades de la Junta sobre activos esenciales", cit., p. 60) defiende lo dispuesto para asuntos que no gozan de mayoría específica. Indica el autor que hubiera sido procedente establecer un régimen de mayorías concretos para regular la cuestión; no obstante, el legislador finalmente no señaló previsión al respecto porque consideró suficiente garantía para tutelar los derechos de los socios en materia de activos esenciales exigiendo —al igual que otros tantos asuntos— una mayoría ordinaria. Igualmente defienden esta postura, entre otros: CÁBANAS TREJO, R., ["Activos esenciales y competencia de la junta general de las sociedades de capital ¿un riesgo para el tercero que contrata con la sociedad?", cit. (consultado en LA LEY 2717/2015)], para quien la mera similitud entre la venta de activos esenciales con las modificaciones estatutarias/estructurales no ha de comportar la extensión analógica del quórum o la mayoría reforzada de estas últimas, sin perjuicio de un posible refuerzo estatutario; ALFARO ÁGUILA-REAL, J., "El nuevo artículo 160 f) LSC", cit., disponible para su consulta en: https://derechomercantilespana.blogspot.com/2015/02/el-nuevo-articulo-160-f-lsc.html; o ÁLVAREZ ROYO-VILLANOVA, S.; y SÁNCHEZ SANTIAGO,

el acuerdo debe obtener mayorías cualificadas por razones de la naturaleza e impacto económico que ocasiona la salida de esos activos en la sociedad; en este punto, señala ALCALÁ DÍAZ[161] que la transmisión de ciertos bienes cuyo efecto suponga una modificación de facto del objeto social, debe acordarse por las mismas mayorías que la ley exige para modificar los estatutos. Por otro lado, existen posiciones intermedias o combinadas; así, FERNÁNDEZ DEL POZO[162] señala que: 1) si la venta recae sobre uno o varios activos esenciales concretos, inocuos para la continuidad de la sociedad, bastará (como así parece reflejar) un quórum y mayoría ordinaria para adoptar válidamente el acuerdo que la autorice; 2) en cambio, si la enajenación recae sobre todos o casi la totalidad de los «activos operativos esenciales», el acuerdo requerirá un quórum y mayoría reforzados, ya que tales operaciones ponen en riesgo de la subsistencia de la entidad.

En mi opinión, la cuestión precisa de una reforma urgente. Por un lado, porque la ausencia de mención nos redirige al ámbito de los quórums y mayorías ordinarias cuando se trata de aprobar operaciones sobre activos esenciales, que parece ser la regla legal. Ahora bien, no resulta aceptable mantener el régimen en tales términos, consi-

---

J., "La nueva competencia de la junta general sobre activos esenciales: a vueltas con el artículo 160 f) LSC", cit. (LA LEY 3426/2015), si bien estos autores consideran que, en aquellos casos en que la venta del activo esencial comporta, además, una modificación sustancial del objeto social se activará el derecho de separación de los socios que no hubieran votado a favor en aplicación analógica del art. 346.1 a) LSC.

161 ALCALÁ DÍAZ, M. Á., *Las competencias de la junta en materia de gestión*, cit., p. 234. De la misma opinión: GALLEGO SÁNCHEZ, E., "Operaciones sobre activos esenciales", cit., pp. 360-361; GARCÍA-CRUCES GONZALEZ, J. A., "Comentarios al art. 160 LSC", cit., p. 2276; y GUERRERO LEBRÓN, M. J., "La competencia de la junta general sobre la disposición de activos esenciales (artículo 160.f Ley de Sociedades de Capital)", cit., p. 86. Por otro lado, RECALDE CASTELLS, A. J., ("Art. 160. Competencia de la junta general", cit., p. 70) considera aplicar las mayorías reforzadas si la disposición de activos esenciales se realiza *"con el objetivo de evitar la aplicación de las normas que regulan la sustitución del objeto o la disolución y liquidación, ya que ello sería en fraude del régimen que regula el correspondiente acuerdo. Demostrado el fraude, debería aplicarse la normativa que se ha tratado de eludir (el régimen propio de estos acuerdos)"*.

162 FERNÁNDEZ DEL POZO, L., "Aproximación a la categoría de «operaciones sobre activos esenciales», cuya decisión es competencia exclusiva de la Junta [arts. 160 f) y 511 bis LSC]", cit. (Base de datos La Ley 1585/2015).

derando que la salida de un activo esencial ocasiona, en todo caso, efectos sustanciales en el objeto social y, en situaciones más extremas, una disolución de hecho de la sociedad. Por esta razón, se torna necesario que el legislador reforme los arts. 194, y 199 a), 201.2 LSC para incorporar el supuesto de los activos esenciales y exigir, para autorizar operaciones sobre ellos, unos quórums y mayorías que, a mi juicio, han de ser reforzadas. Por otro lado, cabe precisar que habrá de recaer un acuerdo independiente por cada activo esencial que los administradores propongan enajenar; no resulta lícita una autorización general o colectiva para disponer de una pluralidad de esos activos[163]. Así mismo, considero que —como sugiere la doctrina—, en aquellas ocasiones en que la disposición de los activos esenciales sea equivalente a una modificación estatutaria, deberán respetarse los requisitos exigidos de presentación de una propuesta informativa y, cuando proceda, de un informe justificativo de la adquisición o enajenación sugerida por los administradores, al amparo de lo señalado en los arts. 286-287 LSC[164].

2.2 Aspecto temporal

La segunda cuestión relativa a acuerdo de la junta que autoriza la operación sobre el activo esencial reposa en el tiempo en que debe producirse respecto de aquélla. La ley no menciona nada, de modo que caben dos posibilidades: la primera, el acuerdo puede tramitarse con carácter previo a la perfección del negocio, que debería ser lo habitual salvo situaciones en que aparece una oportunidad que ha de ser aprovechada inmediatamente; y, la segunda, el acuerdo puede recaer en un momento posterior como un acto de ratificación. Sobre esta última vía, no la considero una opción, pues es evidente que el legislador, al incrementar el elenco de competencia de la junta en materia de gestión, lo que pretende es evitar una actuación frente a terceros que perjudique a la sociedad; se trata de un control previo y nunca posterior.

---

163 CRUCES GONZALEZ, J. A., "Comentarios al art. 160 LSC", cit., p. 2276.

164 GALLEGO SÁNCHEZ, E., "Operaciones sobre activos esenciales", cit., p. 361; y CRUCES GONZALEZ, J. A., "Comentarios al art. 160 LSC", cit., p. 2277.

En consecuencia, el acuerdo de la junta de socios debe producirse con carácter previo a la conclusión del negocio por el que se adquiere o transmite un activo esencial. Lo considero necesario al objeto de cumplir con el deber general de diligencia que pesa sobre los administradores (art. 225 LSC). No obstante, GUERRERO LEBRÓN[165] propone una medida intermedia. Cabe la opción de incorporar al título de transmisión del activo una cláusula, sometiendo toda su eficacia a condición suspensiva en un determinado plazo de tiempo[166]. Expone la autora que el sometimiento de estos acuerdos a condición suspensiva implica la existencia de vínculo entre las partes, *"retrotrayéndose ex artículo 1120 CC los efectos del cumplimiento de la condición al momento de su constitución"*[167]. Por tanto, una operación formalizada con un tercero antes de someterla a la junta sólo puede tener cabida si el negocio se realiza bajo condición en tales términos.

---

165 GUERRERO LEBRÓN, M. J., "La competencia de la junta general sobre la disposición de activos esenciales (artículo 160.f Ley de Sociedades de Capital)", cit., p. 87. La autora señala otra posible vía: autorizar previamente determinadas operaciones que pudieran afectar a ciertos activos esenciales; siempre y cuando, claro está, esa cláusula no fuera susceptible de interpretarse (de forma indirecta) como una limitación estatutaria más absoluta del órgano de administración para realizar operaciones que excedan de dichos activos y se extiendan a ámbitos de la gestión ordinaria. En caso contrario, ello supondría una injerencia excesiva de la junta en las funciones del órgano de administración, susceptible de quebrantar la regla básica de la distribución de competencias entre órganos sociales.

166 Para GALLEGO SÁNCHEZ, E., ("Operaciones sobre activos esenciales", cit., p. 360), esta sería la única opción posible favorable para el tercero en caso de formalizar el negocio antes de obtener la preceptiva autorización de la junta, pues sólo ésta puede acordar concluir una operación sobre activos esenciales. En consecuencia, sin la intervención de los socios, no existe voluntad social, lo supone que *"el consentimiento definitivo de la sociedad quedará pospuesto hasta que la junta general se pronuncie favorablemente al respecto, perfeccionándose en ese momento el acuerdo"*. De igual postura: GARCÍA-CRUCES GONZALEZ, J. A., "Comentarios al art. 160 LSC", cit., p. 2265.

167 GALLEGO SÁNCHEZ, E., "Operaciones sobre activos esenciales", cit., p. 360.

Capítulo III

LAS CONSECUENCIAS DE NO SOMETER AL ACUERDO DE LA JUNTA GENERAL LOS ACTOS DE DISPOSICIÓN SOBRE ACTIVOS ESENCIALES

I. IMPORTANCIA

El asunto que mayor interés científico han despertado los arts. 160 f) y 511 bis LSC coincide, a su vez, con el aspecto práctico de mayor relevancia: delimitar las consecuencias de no someter al acuerdo de la junta general la operación de compraventa de un activo esencial. Un tema muy analizado por la doctrina científica y la DGSJFP; menos, quizá, por la jurisprudencia, donde las resoluciones son algo escasas, aunque algunas de ellas presentan una riqueza sustancial y serán reiteradamente referenciadas a lo largo del capítulo. La razón de buscar respuestas reside en que la ley no parece aportarlas con claridad. Por tal razón, este capítulo presenta una importancia esencial en el objeto de análisis de la presente monografía.

Procede considerar que la incorporación —en el año 2014— de la materia de activos esenciales se limitó —como así formula el legislador en el art. 160 LSC— a enunciar y establecer tal competencia en favor y en exclusiva de la junta. No ofrece mucha información, pues en realidad dicho precepto conforma un simple listado; posteriormente se produce el desarrollo normativo de cada una de las materias allí contempladas, bien a lo largo de la LSC o de otras leyes especiales —como ocurre con la modificación de estatutos o las reformas estructurales—. Como ya indicamos, hubiera sido procedente que el legislador proporcionara, de igual manera, respuestas sustanciales y procedimentales respecto de los activos esenciales, a efectos de clarificar el alcance de esa competencia (ofreciendo, por ejemplo, una definición más precisa de los activos esenciales, del procedimiento y requisitos específicos exigidos para adoptar el acuerdo, o de las consecuencias de ámbito externo que arroja el incumplimiento de lo prescrito en la norma). Lo único claro es que la norma ofrece un tratamiento especial a los activos esenciales, pero desconocemos en precisión hasta qué punto, de modo que, para dar respuesta a la cuestión, partimos de las reglas generales para la interpretación de la ley ex art. 3.1 CC: el sentido propio de las palabras, su contexto, su precedente histórico, la realidad social en que ha de ser aplicada y, todo ello, considerando el espíritu y finalidad de aquélla.

A lo largo del siguiente capítulo examinaremos las consecuencias derivadas del incumplimiento desde el ámbito externo, es decir, qué eficacia tiene frente a terceros una operación de activos esenciales realizada sin la autorización de la junta. ¿Qué sucede con el negocio realizado, es válido o nulo? ¿Y, en ambos casos, cómo procede tutelar el interés de los sujetos damnificados que tengan que soportar las consecuencias del incumplimiento? Delimitar estos extremos es crucial para resolver la casuística que se produce actualmente y también en el futuro, pues las operaciones en materia de activos esenciales son punto habitual en la práctica societaria. Por otro lado, abordaremos igualmente algunas consideraciones de orden interno, medidas que pueden adoptar los socios frente a los administradores en tales casos.

II. EFICACIA EXTERNA

1. Problemática: las distintas posturas

La ejecución de operaciones de activos esenciales sin el consentimiento de la junta ha dividido a nuestra doctrina y a la jurisprudencia en dos posiciones bien diferenciadas; si bien, dentro de cada categoría existen algunas diferencias de matices que examinaremos. Como ya indicamos en el capítulo anterior, los administradores tienen el deber de convocar a la junta cuando deseen efectuar una disposición sobre un activo esencial, todo ello a los efectos de obtener la pertinente autorización y poder ejecutar la operación. La vulneración de tal deber acarrea consecuencias para el infractor, naturalmente, pero de cara a los terceros, ¿cuál es el efecto que debe emanar? Doctrina científica y jurisprudencia coinciden entre sí en algunos aspectos. En primer lugar, la compraventa de estos activos es una competencia única de la junta, indelegable considerando que se encuentra en el elenco de decisiones que corresponden a este órgano en virtud del art. 160 LSC. Por otro lado, la ejecución de toda operación frente a terceros constituye un acto de gestión, de modo que es el órgano de administración sería —en ausencia de tal precepto— el competente decidir tal extremo y, además, para llevarlo a término, en virtud de ser el único que posee el poder de representación (orgánica) de la entidad para formalizar actos y contratos con terceros (art. 209 LSC). El régimen vigente dispone que la junta decide sobre esta materia y los administradores ejecutan la transacción una vez autorizada; existe, por tanto, una necesaria cooperación en las operaciones que entrañan la compraventa de tales activos.

2. *Postura en defensa de la validez de la operación: la protección de terceros de buena fe*

La primera posición objeto de defensa por un sector mayoritario es la que aboga por mantener la validez del negocio sobre un activo esencial cuando se ha llevado a cabo frente a un tercero sin el consentimiento previo de la junta; bien porque no ha sido consultada, porque aún no se ha pronunciado, o porque directamente lo ha denegado. Dicho, en otros términos, la infracción del art. 160 f) LSC arrojaría consecuencias exclusivamente en la esfera interna de la sociedad, pero no en la externa, de modo que un activo esencial adquirido de o por terceros mantendría su eficacia pese al incumplimiento del administrador.

2.1 Exposición y fundamento doctrinal

Preservar la eficacia de la operación sobre activos esenciales —aun habiendo incumplido el administrador su deber de convocar a la junta— tiene su base en el art. 234 LSC, con idea inspiradora tomada directamente del art. 161 LSC. El resultado de esta interpretación se traduce en que todo acto de gestión es competencia del órgano de administración y la injerencia de la junta en este campo es limitada en virtud de los principios que rigen la distribución de competencias entre órganos de la sociedad de capital. Ello supone equiparar el poder de los socios de impartir instrucciones generales o someter a su autorización la ejecución de ciertos actos de gestión con la competencia exclusiva de la junta para decidir sobre toda operación que afecte a un activo esencial. La razón última de esta postura es la de favorecer a los terceros de buena fe que formalizaron un contrato con la sociedad cuyo objeto era una disposición patrimonial respecto de tales activos.

Por tanto, esta idea se funda en la aplicación analógica del art. 234.2 LSC. Un precepto que sólo parece conectado expresamente al art. 161 LSC y no al 160 f) LSC; esa analogía procedería ante supuestos semejantes (pues ambos preceptos abarcan dos operaciones de gestión), cuya identidad de razón (art. 4 CC) descansaría en el requisito clave para su ejecución: el poder de representación, conferido en exclusiva a los administradores e indelegable en favor de la junta. Además, se apoyan en la dicción de la Directiva 2009/101/CE del Parlamento Europeo y del Consejo de 16 de septiembre de 2009 tendente a coordinar, para hacerlas equivalentes, las garantías exigidas en los Estados miembros a las sociedades definidas en el artículo 48, párrafo segundo, del Tratado, para proteger los intereses de socios y terceros. El art. 10.1 de la norma europea establece que una sociedad queda vinculada frente a terceros por los actos realizados a instancia de sus órganos, aunque no correspondan al objeto social, salvo que excedan los poderes que la ley atribuya o permita atribuir a dichos órganos. En esta sede, la posición que exponemos a continuación defiende la vigencia del negocio sobre activos esenciales frente al tercero en virtud de que el poder de representación (necesario para que los actos sociales arrojen trascendencia externa) es exclusivo e indelegable del órgano de administración.

Es amplia la doctrina seguidora de esta postura. La gran mayoría de autores la respaldan con argumentos similares, aunque cada uno de ellos proporcionan razones adicionales específicas; razón por la que abordamos algunas de sus opiniones de forma individualizada.

FERNANDEZ POZO es uno de los fervientes defensores de la protección del tercero de buena fe en toda operación de disposición sobre activos esenciales ejercitada —al menos desde una perspectiva interna— por el órgano de administración. El citado autor manifiesta que la regla del art. 234 es de aplicación general para cualquier acto de gestión realizada frente a un tercero de buena fe, con o sin injerencia de la junta; no sólo queda ligada a las actuaciones incluidas en el art. 161 LSC —por mención legal expresa—, sino también a las operaciones sobre activos esenciales del art. 160 f) LSC, o a cualquier otra competencia relacionada con algún acto de administración que la junta se haya atribuido en virtud del art. 160 j) LSC, aunque éstos dos últimos carezcan de referencia expresa al 234 LSC. La razón básica para la defensa de esta idea reposa en que este precepto es de aplicación a *todos los actos comprendidos en el objeto social delimitado en los estatutos*, y cualquier limitación al poder de representación será ineficaz frente a terceros de buena fe[168].

El tercero no asume el deber de verificar la existencia previa de la autorización de los socios respecto del negocio que van a realizar (disponer de un activo esencial): *"el tercero que de buena fe y sin culpa grave ignora que el administrador con quien contrata carece de competencia para decidir por cuanto se trata de activos esenciales, está protegido en su adquisición conforme a lo previsto en el art. 234 LSC aplicado directamente o por analogía, que tanto da. El vicio de incompetencia orgánica no le será oponible .... aunque hubiera podido consultar las cuentas en el Registro. Por lo demás, a falta de una previsión normativa habilitante, el notario falta a su ministerio si se niega a otorgar escritura o instrumento público sin que se le manifieste el carácter no esencial del activo (o, en caso contrario, a que se le acredite la autorización de junta) y el Registrador, sea mercantil o de la Propiedad, no pueden suspender la inscripción so pretexto de que no se acredita la autorización de junta o su innecesariedad. En este aspecto, la posición del Registrador es similar a aquella en la que se encuentra cuando califica la extensión de las facultades representativas: en situaciones normales, escapa a la determinación de si estamos ante operaciones sobre activos esenciales de la misma manera que escapa de su control de legalidad la indagación de si existe una relación instrumental entre acto inscribible y objeto social"*. FERNÁNDEZ POZO añade que el art. 160 f) es una limitación del poder de representación establecido sobre un acto, bien de desarrollo o ejecu-

---

168 Sin perjuicio de su extenso y rico hilo argumentativo, expone FERNÁNDEZ DEL POZO, L, ["Las operaciones sobre «activos esenciales»: artículos 160 f) y 511 bis de la Ley de Sociedades de Capital", cit. (consultado en LA LEY 2851/2016)] que: *"Nadie discute que la extralimitación convencional de las facultades por parte de los administradores desencadena la tutela de terceros de buena fe que se regula en el art. 234.1 & 2 y en el 234.2 LSC (...) Lo que no estoy de acuerdo es que la extralimitación por infracción del «límite legal» del art. 160 f) LSC (y del que se establece en el art. 511 bis LSC) no haya de estar cubierta por dicha protección del tercero de buena fe"*.

ción directo o auxiliar del objeto social o, incluso, neutro o polivalente donde igualmente impera esa protección al tercero de buena fe[169].

ALCALÁ DÍAZ también aboga proteger y mantener los efectos de un negocio realizado sobre activos esenciales realizado en contravención de lo dispuesto en el art. 160 f) LSC. Las razones de la autora —a parte de la tutela de terceros de buena fe y la seguridad en el tráfico— se apoyan en dos puntos. En primer lugar, la aplicación del art. 234.2 LSC a estos supuestos de incumplimiento por los administradores es la medida más funcional y razonable de conformidad a los principios generales que rigen el poder de representación en las sociedades de capital. Y, en segundo lugar, desde un plano práctico considera que es la mejor solución, por ser equilibrada y coherente al conflicto entre la protección de terceros y socios; optando, por salvaguardar con preferencia los intereses de los primeros[170]. En este sentido, coincide y destaca el Prof. ESTEBAN VELASCO la importancia de reformar el sistema de transmisión de activos esenciales que permita determinar las consecuencias de la infracción del art. 160 f) LSC, con el siguiente tenor literal: *"la falta de autorización de la junta general será inoponible a los terceros, salvo que la sociedad pruebe que el tercero conocía o, dadas las circunstancias, no podía ignorar la falta de autorización"*. Afirma el autor, sin embargo, que no sería correcto efectuar una remisión al art. 234 LSC, como sí lo hace el 161 del

---

169 Añade FERNÁNDEZ DEL POZO, L, ["Las operaciones sobre «activos esenciales»: artículos 160 f) y 511 bis de la Ley de Sociedades de Capital", cit. (consultado en LA LEY 2851/2016)] que la protección del tercero de buena fe únicamente quedaría sin efecto ante actos contrarios o denegatorios del objeto social, y este no es el caso del art. 160 f) LSC: *"no es posible discriminar con algún sentido o lógica racional entre una extralimitación, digamos, «ordinaria» del objeto social, de una extralimitación «extraordinaria» por infracción de la regla de atribución competencial del art. 160 f) LSC. A efectos de la tutela del tercero el problema tiene la misma faz: la existencia o inexistencia de una relación de conexión instrumental entre el acto o negocio y la actividad que queda descrita en el objeto social. Estamos en este segundo supuesto ante una «limitación» más de las facultades representativas cuya aplicación/inaplicabilidad al caso concreto del negocio ejecutado sin la debida autorización no puede ser conocida a priori por el tercero que contrata o pretende contratar con la sociedad"*.

170 ALCALÁ DÍAZ, M. A., "Ámbito de aplicación y consecuencias del incumplimiento del artículo 160.1 f) de la LSC", en RODRÍGUEZ ARTIGAS, F. y otros (Coord.), *Estudios sobre Derecho de Sociedades. Liber amicorum Prof. Luis Fernández de la Gándara*, Aranzadi, Cizur Menor, Navarra, 2016, pp. 275-300, p. 299.

mismo cuerpo legal. La razón señalada reposa en que el apartado segundo de su punto primero declara la inoponibilidad de los límites voluntarios intraobjeto social, y en el art. 160 f) LSC se trataría de establecer la inoponibilidad de un límite legal[171]. Señala también que no sería adecuado hacer referencia al art. 234.2 LSC por cuanto se refiere a la inoponibilidad de los actos ajenos al objeto social; de cara a los activos esenciales, consistiría en establecer expresamente la inoponibilidad del no respetar una regla legal de atribución de competencia a la junta.

ÁLVAREZ ARROYO y SÁNCHEZ SANTIAGO constituyen otro ejemplo del mismo sector doctrinal. Defienden la validez del negocio celebrado en detrimento del interés de la junta cuando no ha sido consultada o ignorada —en caso de omitir la negativa a autorizar el acto—. En el caso de estos autores, el argumento de peso es la aplicación analógica del art. 234 LSC[172]. En este sentido, exponen: *"Para la aplicación analógica del art. 234 LSC, además de la laguna legal, es necesario que exista una clara identidad de razón entre el supuesto de dicho artículo y el art. 160 f) LSC. Consideramos que existe tal identidad de razón pues en ambos casos se trata de proteger el tráfico y los derechos adquiridos por terceros de buena fe. Es cierto que en un caso se trata de un exceso de los administradores respecto del objeto social (46) —que consta en los estatutos y figura en el Registro Mercantil— y en el otro de un exceso respecto de las competencias establecidas en la ley y, por lo tanto, podría pensarse que está justificado no exigir a los socios que consulten el contenido del registro cada vez que contratan, pero que en cambio les es exigible el conocimiento de la ley. Pero la realidad es que —como se ha visto— una cosa es conocer la ley y otra muy distinta, y mucho más difícil, es determinar cuando un activo es esencial. Se trata de un concepto jurídico indeterminado, sin que sea sencillo para el tercero saber si opera la presunción, y sin que la no aplicación de esta le proteja. Por tanto, la dificultad para el tercero de determinar si un activo es esencial es al menos tan grande como la de determinar si un acto está comprendido en el objeto social".*

---

171 ESTEBAN VELASCO, G., "Distribución de competencias entre la Junta General y el órgano de Administración, en particular las nuevas facultades de la Junta sobre activos esenciales", cit., p. 70.

172 ÁLVAREZ ROYO-VILLANOVA, S.; y SÁNCHEZ SANTIAGO, J., "La nueva competencia de la junta general sobre activos esenciales: a vueltas con el artículo 160 f) LSC", cit. (LA LEY 3426/2015).

PÉREZ MILLÁN, por su parte, indica que los actos de disposición de activos del art. 160 f) LSC son operaciones jurídico-negociales, de gestión; por tanto, competencia de los administradores. Y, por consiguiente, están formalmente comprendidos dentro del rango de aplicación del art. 234.2 LSC[173]. El autor justifica esta afirmación realizando un análisis exhaustivo sobre la relación entre las operaciones sobre activos esenciales y el objeto social de la entidad, afirmando que son ajenos, contrarios, sustitutivos o modificativos de aquél; de ello se desprende que no son acordes a la actividad regular y propia de la sociedad. En este sentido, explica el autor que las operaciones contrarias al objeto social quedan fuera del poder de representación y, por tanto, encajan en el art. 234.2 LSC; y, respecto de aquellos meramente modificativos, aunque formalmente respeten objeto estatutario, materialmente están fuera del poder de representación y se les aplica el citado precepto: *"El legislador ha hecho expresas competencias de la junta que en parte ya eran implícitas, introduciendo una disciplina sobre las modificaciones fácticas del objeto social, en el sentido de alteraciones de la actividad de la sociedad en sentido material, incluso sin transgresión del objeto estatutario en sentido formal. Desde esa óptica, las operaciones sobre activos esenciales son actos que exceden del objeto social y del poder de representación de los administradores. Pero esa también es la razón por la que a la infracción del artículo 160 f) LSC es de aplicación el régimen previsto en el artículo 234.2 LSC"*[174].

CÁBANAS TREJO basa la protección del tercero de buena fe en un doble pretexto: el primero, que, si bien los administradores infringen una competencia de la junta, lo cierto es que la misma no procede de la ejecución de un acuerdo previamente aprobado por ella, lo que sí sucede con el resto de competencias reservadas a ese órgano. Y, en segundo lugar, porque el tercero de buena fe no tiene por qué conocer que el activo es o no esencial, ni asumir, correla-

---

173 PÉREZ MILLÁN, D., "La competencia de la junta general respecto de operaciones sobre activos esenciales y el poder de representación de los administradores", cit., p. 341.

174 PÉREZ MILLÁN, D., "La competencia de la junta general respecto de operaciones sobre activos esenciales y el poder de representación de los administradores", cit., pp. 350, 354 y 359.

tivamente, la prudencia de contratar o no contratar la venta[175]. En sus propias palabras: *"creo que la interpretación del art. 160 f) LSC debe estar en línea con la regla general del art. 234 LSC, sin perjuicio de prestar atención en cada caso a las circunstancias personales del tercero, cuya buena fe —o desconocimiento— muchas veces quedará en entredicho. Ciertamente la cuestión de fondo atiende a la competencia orgánica, y lo que no tienen los administradores es capacidad para emprender por su cuenta esa operación, pero en la proyección externa el problema es de representación en sentido estricto, pues el negocio que encarna esa competencia, ni siquiera se presenta externamente como la ejecución de un acuerdo social previo, y menos como una elevación a público del acuerdo de la JG, sino que tiene su propia sustantividad y autonomía. Son circunstancias internas de la sociedad las que convierten ese negocio en una operación propiamente societaria cuya competencia corresponde a la JG. Desde esta perspectiva, carecería de sentido que un tercero al que la ley protege de las limitaciones inscritas, o de la posible extravagancia respecto del objeto social, quede expuesto a este riesgo por razón de unas circunstancias que aún le resulta más difícil conocer y valorar".*

Estos son algunos de los autores que han apostado por la protección del tercero y la seguridad jurídica en los negocios sobre activos esenciales realizados por el órgano de administración en contravención de lo dispuesto en el art. 160 f) LSC. Sin embargo, no son los únicos, pues esta postura doctrinal ha sido mantenida por otros juristas[176].

En último lugar, procede mencionar que esta ha sido, también, la posición adoptada en la reciente regulación belga en el CSA, cuyo art. 7:151.3 CSA dispone que: *"La falta de aprobación por parte de la junta general de una transferencia mencionada en el apartado 1 (activos esenciales) no afecta al poder de representación del órgano de administración".* Las operaciones realizadas con terceros de buena fe quedan protegidas

---

175 CÁBANAS TREJO, R., "Activos esenciales y competencia de la junta general de las sociedades de capital ¿un riesgo para el tercero que contrata con la sociedad?", cit. (consultado en LA LEY 2717/2015).

176 IRIBARREN, M., "Modificación de hecho del objeto social y coherencia de los socios con sus propios actos", cit., pp. 2276-2277; DÍEZ BARTUREN, A., "Nuevo artículo 160.f) de la Ley de Sociedades de Capital, ¿a qué nos enfrentamos realmente?, en *Diario La Ley*, n.° 8579, 2015, pp. 1-8; o LLORENTE GONZALVO, M., "Comentario a la resolución de la DGRN de 10 de julio de 2015. Análisis del artículo 160…", cit., pp. 205 y ss.

al amparo del precepto. Sin embargo, la doctrina entiende que resultará difícil acreditar esta buena fe, considerando que las operaciones sobre activos esenciales en el derecho belga se aplican a sociedades cotizadas y siempre que el valor de las mismas alcance o rebase el 75% del valor de los activos de la sociedad. En este sentido, la elevada trascendencia del negocio hace muy dudoso que las partes de mismo no sean conscientes de su importancia y puedan obviar un requisito tan básico como el preceptivo consentimiento de los socios[177].

2.2 La jurisprudencia

2.2.1 General

Si bien el asunto de los activos esenciales y la eficacia de no someter la decisión de ejecutar una operación relacionada con ellos a la junta general es una cuestión clave y de mucho interés práctico, lo cierto es que son pocos los pronunciamientos judiciales emanados al respecto. Además, las Audiencias Provinciales se han mostrado divididas respecto de la doctrina acogida. En torno a las que abogan por la defensa de los intereses de terceros de buena fe, disponemos de las que a continuación se relatan.

La SAP de Ourense (Sección 1.ª) de 16 de octubre de 2018[178] examinó un caso relativo a una cesión de derechos. Un socio de la entidad Pichel Obras y Proyectos, S. L., ejercita la nulidad de una escritura pública, otorgada el 3 de marzo de 2016, donde ésta cede los derechos mineros de la Concesión de Explotación Minera Salgueiro (cuyo valor era de 962.500 euros, según la fórmula del Valor Actual Neto —VAN— durante un periodo de 10 años), en favor de la cesionaria, Pizarras Teixeira S. L. U., ambas demandadas en este procedimiento. El demandante sostiene que el contrato es nulo al haberse otorgado por el administrador único de la entidad cedente incumpliendo lo dispuesto en el artículo 160 LSC, extralimitándose

---

[177] IRIBARREN BLANCO, M., "Competencia de la junta general sobre la disposición de activos esenciales: tendencias en el derecho comparado y cuestiones en los grupos de sociedades", cit., p. 70.

[178] SAP de Ourense (Sección 1.ª) de 16 de octubre de 2018 (ECLI: ES:APOU:2018:557).

por ello en sus facultades, lo que provoca la ausencia de consentimiento como requisito esencial del contrato (art. 1261 CC). La postura de la audiencia se basa en que *"la infracción del artículo 160 f) LSC conlleva la posible aplicación analógica del artículo 234.2 LSC con base en la identidad de razón que puede existir entre el supuesto del artículo 160 f y el de los actos realizados por administradores con extralimitación respecto del objeto social inscrito frente a los que quedan protegidos los terceros de buena fe y sin culpa grave"*. Sin embargo, en este caso la audiencia estima el recurso del socio y declara la nulidad del negocio celebrado porque el tercer adquirente del activo esencial era de mala fe. Todos los socios de la entidad cedente lo eran, además, de la cesionaria; el socio demandante fue el único ajeno a la cesión (y no hubo acuerdo de la junta general para llevarla a cabo). Señala la Audiencia que la cesión realizada por una codemandada a la otra no estaba dentro de sus facultades representativas y debe declararse inexistente por falta de consentimiento, elemento esencial del contrato. *"La adquirente no era tercera, totalmente ajena a la sociedad, pues era una entidad unipersonal cuyo único socio y administrador era a su vez partícipe de la cedente, conocedor por tanto de la limitación legal del administrador para transferir activos esenciales de la sociedad sin intervención de la Junta General, por lo que no puede mantenerse la validez del negocio en relación a la misma"*.

La SAP de Murcia (Sección 4.ª) de 12 de mayo de 2022[179] aborda tangencialmente la cuestión, pues no se ejercitó una acción de nulidad, sino una rescisión concursal a instancia del administrador concursal porque la entidad transmitente se hallaba incursa en un procedimiento judicial de insolvencia. En el concurso necesario de Artap Tapicerias S. L., se rescinde una escritura de compraventa de finca propiedad de ésta, considerada activo esencial, y transmitida a Mayor Tapizados S. L. La Audiencia reconoce que, en su momento, la venta fue válida por dos razones: la primera porque la junta otorgó su consentimiento (si bien lo hicieron los herederos del socio único de la concursada, que había fallecido al tiempo de la operación); y, la segunda, porque confirma la vinculación de la sociedad frente a terceros de buena fe, *"determinante para apreciar la validez del acto (artículo*

---

179 SAP de Murcia (Sección 4.ª) de 12 de mayo de 2022 (ECLI: ES:APMU:2022:1364).

234 LSC), más allá de los efectos internos o intrasocietarios que pudiera tener la ausencia de cumplimiento del artículo 160 f) LSC".

La SAP de Santa Cruz de Tenerife (Sección 1.ª) de 20 de abril de 2023[180] relata un supuesto de despatrimonialización de una sociedad, Cristimar S.A., que vende unas fincas a Alicur S.L., inmuebles que constituían la única fuente de ingresos de la transmitente. Sin embargo, la Audiencia declara la validez del negocio, pese a haberlo realizado la administradora sin el oportuno acuerdo de la junta general: *"las conclusiones expuestas en el precedente fundamento no llevan a que este tribunal declare la nulidad pretendida por la apelante, y ello porque compartimos la argumentación de la parte recurrida de ser de aplicación lo dispuesto en el art. 234 de la LSC (...) La cuestión se centra en si el adquirente debe ser considerado tercero que actúa de buena fe y sin culpa grave, a lo que debe darse una respuesta positiva".*

2.2.2 La SAP de Madrid (Sección n.º 28) de 27 de mayo de 2022

A) Antecedentes del caso y decisión de la audiencia: defensa de la validez del negocio adoptado en infracción del art. 160 f) LSC como principio general

Una resolución judicial que defendió la posición en defensa del tercero de buena fe, y que reviste un especial interés, fue la SAP de Madrid (Sección 28) de 27 de mayo de 2022[181], siendo el ponente D. Francisco de Borja Villena Cortés. El asunto objeto de controversia constituye un procedimiento ordinario por el que Arte en Mármoles y Granitos, S. L. (parte actora) demandó a Somauto S. L. (parte demandada), ejercitando una acción declarativa de nulidad de contrato de compraventa, con los efectos restitutivos oportunos. El *iter* de los hechos fue el siguiente: primero la actora celebró con la demandada un contrato de opción de compra el 26 de junio de 2019, sobre una finca hipotecada; se abonó un precio de 250.000€ por el ejercicio de la opción, y fijaron otro precio por la finca de 512.252€; posteriormente, se celebró la venta el 31 de julio de 2020. Uno de los motivos

---

180 SAP de Santa Cruz de Tenerife (Sección 1.ª) de 20 de abril de 2023 (ECLI: ES:APTF:2023:315).

181 SAP de Madrid (Sección 28) de 27 de mayo de 2022 (ECLI: ES:APM:2022:8039).

para instar la nulidad de este contrato se basaba en que su objeto constituía un activo esencial —para la sociedad transmitente—, y fue celebrado sin la aprobación de la junta de socios. Cabe indicar que los antecedentes del contrato parten de la existencia de una deuda de la actora, contraída en virtud de un préstamo con un tercero y con garantía real sobre una finca propiedad de esa prestataria. Deuda a la que no podía hacer frente, lo que generó la necesidad de refinanciar dicha deuda o encontrar una solución alternativa; ello desembocó en un contrato de opción de compra.

Respecto de la decisión del tribunal, se apoya en la protección de la seguridad del tráfico para decretar la validez del negocio, pues afirma que la Ley 31/2014 no derogó el art. 234 LSC, lo que constituye —a juicio del juzgador— un indicio clave del legislador y su interés en otorgar una tutela para los terceros adquirentes de buena fe. Así, apunta la audiencia: *"En cuanto a esa seguridad del tráfico jurídico, si la infracción de la norma, art. 160.f) TRLSC, sobre competencia de la Junta de socios para decidir enajenar una activo esencial, cuidado, no para celebrar el contrato de enajenación, generase la nulidad del negocio transmisivo del activo esencial, aquella seguridad quedaría al albur constante de la controversia, no ya de si se sometió o no a la Junta la decisión de enajenar, o incluso sobre la validez del acuerdo social en ese sentido, sino sobre la realidad misma de si el activo era o no esencial y debió o no someterse al acuerdo de la Junta, controversia a la que de todo punto es ajena el tercero adquirente, ya que se trata de un elemento normativo, de contenido indeterminado, cuya integración responde realizar con datos fácticos que le son del todo desconocidos, como sujeto extraño a la sociedad. De ahí su buena fe, en los términos del art. 234.2 TRLSC. La norma no impone un deber de diligencia al tercero contratante de investigar proactivamente el carácter esencial o no del activo que adquiere, sino simplemente no incurrir en culpa grave, algo muy diferente".* Asimismo, la sentencia cita doctrina para reforzar su postura (Fernández Del Pozo, Marín de la Bárcena, Alcalá Díaz, en determinado sentido; o Esteban Velasco, Recalde Castell o Alfaro Águila-Real, en sentido contrario). En consecuencia, los efectos de la infracción del 160 f) LSC serán meramente internos, salvo las excepciones de los epígrafes siguientes[182].

---

[182] Esta misma postura ha sido ratificadas recientemente en las SSAP de Madrid (Sección 28) de 13 de febrero de 2025 (ECLI:ES:APM:2025:2185) y de 4 de abril

B) Consideraciones en torno a la anulación del negocio en casos de actuación desleal del administrador (art. 232 LSC)

La sentencia analizada señala la posibilidad de instar la acción de anulación del negocio realizado por el administrador que, en el proceso de la enajenación o adquisición de un activo esencial, infringe, no sólo la competencia de la juta en esta sede, sino que incurre, además, en un incumplimiento de su deber de lealtad. La anulabilidad reposa aquí en una infracción adicional de lo dispuesto en el art. 227.1 LSC: la obligación de *"(…) desempeñar el cargo con la lealtad de un fiel representante, obrando de buena fe y en el mejor interés de la sociedad"*. El deber de lealtad constituye un pilar básico y esencial del derecho de sociedades de capital, que el legislador desarrolla adicionalmente en los arts. 228-230 LSC. En términos generales —y sin entrar aún en las conductas concretas de este deber— la lealtad del administrador se ve comprometida cuando, en el ejercicio de sus funciones, se aparta o las desempeña fuera de lo que la ley menciona como "interés social", concepto éste no definido por la norma societaria española.

Resulta especialmente destacable el Código de buen gobierno de las sociedades cotizadas —revisado en junio 2020— (CBSC 2020). En su recomendación 12 ofrece una definición del interés social, *"(…) entendido como la consecución de un negocio rentable y sostenible a largo plazo, que promueva su continuidad y la maximización del valor económico de la empresa"*. Considerando lo expuesto, para que la infracción del art. 160 f) LSC reflejara, al mismo tiempo, una contravención de la conducta leal, el administrador debe efectuar la operación del activo esencial en detrimento del mejor interés de la sociedad.

La Audiencia Provincial de Madrid destaca este asunto porque si el administrador contraviene en un mismo acto la infracción de lo establecido en el art. 160 f) LSC y su deber de lealtad (arts. 227 y ss. LSC), procede aplicar las sanciones previstas en la ley para el incumplimiento de esta última obligación aludida. En este sentido —y a los efectos que nos interesa—, el art. 232 LSC señala que, al margen de la responsabilidad prevista en los arts. 236 y ss. LSC, cabe la posibilidad de ejercitar otras acciones, entre ellas, la *"(…) anulación de los actos y contratos celebrados por los administradores con violación de su deber*

---

de 2025 (ECLI: ES:APM:2025:5137).

de lealtad"; la operación sobre activos esenciales si, efectivamente, se constata la infracción de la conducta leal exigible al administrador.

Dos son las cuestiones que procede abordar aquí. La primera, en qué casos la omisión o inobservancia de la autorización exigida de la junta para la disposición de un activo esencial supone una infracción del deber de lealtad. Y, la segunda, en los supuestos donde dicha infracción vulnere ambas obligaciones, ¿qué sanción procederá aplicar, la que proceda en virtud del art. 160 f) o la del 232 LSC?

En torno al primer interrogante, parto de la base de que no toda infracción del 160 f) contraviene, a la vez, la lealtad del administrador (art. 227 LSC); este último caso ocurrirá cuando en el primer incumplimiento —art. 160 f)— resulte acompañado de elementos adicionales o agravantes que conduzcan a la deslealtad. Considero que la mera inobservancia de la autorización de la junta para enajenar activos esenciales supone —eso sí y en todo caso— un incumplimiento del deber de diligencia (arts. 225-226). La razón descansa en que éste último constituye el deber más general que debe cumplir un administrador, y su infracción se presume, *iuris et de iure*, ante el incumplimiento de cualquier deber legal o razonable que recaiga sobre el gestor de una sociedad de capital[183]. Además, la mera omisión de solicitar permiso o acatar lo dictado por la junta en materia de activos esenciales implica, además, que el administrador no ha obrado en comunión con la búsqueda de información adecuada y necesaria que le sirva para el cumplimiento de sus obligaciones (art. 225.3 LSC)[184], pues si no conoce las obligaciones legales a su cargo ni ha hecho lo posible por conocerlas, es evidente que no ha cumplido con el estándar de diligencia debido[185].

---

183 Así lo consta: TORRECILLAS LÓPEZ, S., "El reformado Art. 225.1 LSC y su significado en el ámbito de las sociedades anónimas deportivas", en MUÑOZ PAREDES, A. (Dir.); y COHEN BENCHETRIT, A. (Dir.), *Deberes de los administradores de las sociedades de capital*, Aranzadi, Cizur Menor, 2023, pp. 105-125, p. 108. Por su parte, MORILLAS JARILLO, M. J., (*Las normas de conducta de los administradores de las sociedades de capital*, La Ley, Madrid, 2002, p. 351) señala que el complimiento del deber de diligencia se observa por la correspondencia entre las facultades de los administradores y el cumplimiento de sus deberes.

184 Vid. Capítulo II.

185 Igualmente, la inobservancia de lo dispuesto en el art. 160 f) vulnera la diligencia desde otra perspectiva, pues no será posible afirmar que el administrador ha

Por tanto, la inobservancia de solicitar autorización o desobedecer la denegada ex art. 160 f) LSC, constituye una infracción al deber de diligencia; no obstante, procede afrontar ahora, cuándo, además, esta conducta vulnera el deber de lealtad. Cuando la infracción del art. 160 f) LSC va acompañada de una conducta que, por su naturaleza dolosa o en perjuicio al interés social, contraviene el estándar básico de un fiel representante, la lealtad del administrador quedaría comprometida[186]; por tanto, una infracción del deber de lealtad queda supeditada a una falta de orientación del administrador de anteponer la promoción del interés social al suyo propio o al de un

---

obrado siguiendo un procedimiento de decisión adecuado y con información suficiente (art. 226 LSC). Cumplir con este item requiere que el administrador acate las normas imperativas que rigen su cargo; y, además, tratándose de activos esenciales, resultaría adecuado —a mi juicio— formular una consulta a algún experto externo a la entidad que puedan asesorar al administrador sobre todos los extremos de la operación. CÁBANAS TREJO, R., ["Los deberes de los administradores", en PRENDES CARRIL, P.; y otros (Dir.), *Tratado de sociedades de capital*, Tomo I, Aranzadi, Cizur Menor, 2017, pp. 1343-1453, pp. 1358-1359] manifiesta la prudencia del administrador al tiempo de adoptar una decisión, que habrá de ser premeditada previa obtención de información suficiente y ejecutando un procedimiento adecuado de decisión, lo que en ocasiones requiere, según la complejidad y las circunstancias concurrentes en la operación, de informes especializados por expertos ajenos a la propia sociedad. Sólo de esta manera será posible arrojar objetividad y fiabilidad a la decisión finalmente tomada.

186 Esencialmente, porque uno de los rasgos angulares del deber de lealtad reposa, más allá de la actuación de un gestor que desempeña el cargo de buena fe y conforme a los parámetros de un ordenado empresario, en procurar el mejor interés de la sociedad en todo momento. Anteponer dicho interés frente a cualquier otro (acreedores, socios), incluso el de los propios administradores que representan a la entidad; alguien que ejerce sus funciones con la honestidad que cabe esperar de quien administra recursos ajenos y adopta decisiones en nombre de tercero. Vid.: COHEN BENCHETRIT, A., "La acción individual de responsabilidad de los administradores sociales", en PULIDO BEGINES, J. L. (Dir.), *Responsabilidad de los administradores de las sociedades de capital*, Marcial Pons, Madrid, 2019, pp. 33-78, p. 44; JUSTE MENCÍA, J., "Artículo 227. Deber de lealtad", en JUSTE MENCÍA, J. (Dir.), *Comentario de la reforma del Régimen de las Sociedades de Capital en materia de Gobierno Corporativo (Ley 31/2014) sociedades no cotizadas*, Aranzadi, Cizur Menor, 2015, pp. 361-375, p. 363; o PORTELLANO DÍEZ, P., *Deber de fidelidad de los administradores de sociedades mercantiles y oportunidades de negocio*, Civitas, Madrid, 1996, p. 22.

tercero en todo momento; y, especialmente, cuando se produce un conflicto entre dichos intereses[187].

La Audiencia Provincial de Madrid menciona que la deslealtad en la invasión de la competencia de los socios ex art. 160 f) LSC opera cuando, al conocer el carácter esencial del bien, el administrador decide, con conocimiento y voluntad, *"hurtar a la Junta aquella posibilidad de decisión"*; por tanto, una mala fe que implica, como afirma PAZ ARES, una apropiación indebida que se manifiesta por *"la desviación de valor de la esfera social a la esfera individual, siempre motivada por la anteposición de los intereses propios a los intereses ajenos por los que uno debe velar"*[188]. Por tanto, la infracción del deber de lealtad, a diferencia del mero deber de diligencia, se manifiesta por alguna de las conductas recogidas en los arts. 228-229 LSC y, en general, en virtud de una actuación del administrador que contraviene el estándar de un fiel representante, en beneficio de su propio beneficio y en detrimento del interés social[189]. Otro supuesto claro de infracción del deber de leal-

---

187 CURTO POLO, M., *La protección del socio minoritario*, Tirant lo Blanch, Valencia, 2019, pp. 220-221. En sentido similar, apunta HERNANDO CEBRIÁ, L., ["Presupuestos del deber de lealtad: artículo 227.1", en HERNANDO CEBRIÁ, L. (Coord.), *Régimen de deberes y responsabilidad de los administradores en las sociedades de capital*, Bosch, Barcelona, 2015, pp. 137-186, p. 167] que el interés social se convierte en el valor jurídico superior de la organización, al que el administrador ha de dirigir su actividad.

188 PAZ ARES RODRÍGUEZ, C., "Anatomía del deber de lealtad", *Actualidad Jurídica Uría Menéndez*, n.º 40, 2015, pp. 43-65, p. 44.

189 No desconocemos el último inciso del vigente art. 225 LSC, incorporado por la Ley 5/2021, de 12 de abril, que hace referencia a la diligencia de un administrador, que implica *"subordinar, en todo caso, su interés particular al interés de la empresa"*. Este añadido no supone una modificación del deber de diligencia, ni su equiparación con la idea de un fiel representante del deber de lealtad. Como ya expuso PIEDRA ARJONA, J., ["Deberes fiduciarios de diligencia y lealtad: interés de la empresa e interés social", en MUÑOZ PAREDES, A. (Dir.); y COHEN BENCHETRIT, A. (Dir.), *Deberes de los administradores de las sociedades de capital*, Aranzadi, Cizur Menor, 2023, pp. 495-516, p. 506], el interés de la empresa —que menciona el art. 225 LSC— no aporta nada, *"lo que hace es integrar un elemento jurídico, de potente carga social"*, referido a los *Stakeholders*. Ese concepto consagra una idea mucho más amplia que la del interés social, y no es más que un recordatorio de que las empresas implican un concepto pluralista de múltiples intereses que convergen: de socios, trabajadores, acreedores, proveedores, clientes, entidades públicas e, incluso, otros intereses generales más impersona-

tad descansaría en la adquisición, por el propio administrador y para sí, de un activo esencial de la sociedad, ya que nos encontraríamos ante una situación de conflicto de interés al amparo del art. 228 e) y 229.1 a) LSC[190]. Sólo ante la constatación de ese plus (deslealtad), la venta de un activo esencial permitiría instaurar los mecanismos de resarcimiento y sanción específicos de esta obligación (art. 232 LSC). Sin embargo, no basta cualquier infracción del deber de lealtad del administrador para el ejercicio de la acción de anulación, es presupuesto necesario que dicha vulneración repercuta o tenga incidencia directa sobre la validez del acto o contrato celebrado[191].

Llegados a este punto, procede realizar algunas consideraciones.

En primer lugar, en este caso existiría conflicto de normas: por un lado, la infracción de deber de lealtad, que justifica la anulabilidad del negocio; y, en segundo término, la vulneración de la competencia de los socios sobre activos esenciales del art. 160 f) LSC por omisión de la autorización. Entiendo que aquí procedería aplicar esta última, puesto que supone la conducta más grave y absorbe a la primera (infracción de un deber inherente al cargo frente a la invasión de una competencia ajena). Como expondré más adelante, la venta de un activo esencial por administrador sin autorización de la junta es una operación realizada sin consentimiento negocial válido —o con consentimiento meramente viciado—, luego tal inobservancia sólo podría conducir a una actuación que es nula de pleno derecho, al estar ausente uno de los requisitos esenciales de todo contrato (art. 1261 CC). Por tanto, el acto no sería anulable y, por tanto, no convalidable.

---

les como, por ejemplo, la preservación del medio ambiente o de los derechos sociales. Es un término referente a la responsabilidad social empresarial.

190 Art. 229.1 a) LSC: *"(…) el deber de evitar situaciones de conflicto de interés a que se refiere la letra e) del artículo 228 anterior obliga al administrador a abstenerse de: a) Realizar transacciones con la sociedad, excepto que se trate de operaciones ordinarias, hechas en condiciones estándar para los clientes y de escasa relevancia, entendiendo por tales aquéllas cuya información no sea necesaria para expresar la imagen fiel del patrimonio, de la situación financiera y de los resultados de la entidad (…)".*

191 MARTÍN ARESTI, P., *Prestación de servicios o de obra del administrador y deber de lealtad (art. 220 LSC)*, Tiran lo Blanch, Valencia, 2019, pp. 141-142.

La segunda consideración reposa en el propio art. 229.1 a) LSC respecto del supuesto concreto del administrador que adquiere para sí un bien social: el precepto señala expresamente operaciones vinculadas entre administrador y sociedad, que tienen la naturaleza de ordinarias y de escasa relevancia, luego no podemos hablar en este sentido de activos esenciales, sino de bienes o derechos de poco calado económico o funcional para la entidad. Además, considero que la anulación en este caso tampoco habría lugar, pues la gravedad de la infracción impide convalidar el acto, máxime cuando esa transacción únicamente sería dispensable en las condiciones del citado precepto, que en este caso no concurren: bienes o derechos de escaso valor adquirido en condiciones similares a los clientes. Respecto del requisito de la escasa relevancia, algún autor interpreta que, para cumplir este presupuesto, el bien o derecho objeto de la transacción no podrá ser de valor superior al uno por ciento de los ingresos anuales de la sociedad o de los activos sociales[192], lo que resulta incompatible con su consideración de activo esencial.

En consecuencia, en casos de invasión por los administradores de la competencia de la junta para autorizar la enajenación de activos esenciales no sería, desde mi punto de vista, convalidable; procedería, en caso de obtener posteriormente el visto bueno de los socios, realizar una nueva operación.

---

192 MEIJOMIL GONZÁLEZ, A., *Deber de lealtad y responsabilidad de los administradores*, Aranzadi, Cizur Menor, 2023, p. 143. Otros autores, como GARCÍA GARCÍA, E., ["Comentarios a los arts. 227-230 LSC", en GARCÍA-CRUCES GONZALEZ, J. A. (Dir.), *Comentario de la Ley de Sociedades de Capital*, Tomo III, Tirant lo Blanch, Valencia, 2021, pp. 3117-3194, p. 3153] prescinde del criterio cualitativo exponiendo que la falta de relevancia se cumple cuando la información sobre la operación no fuera necesaria para expresar la imagen fiel del patrimonio, de la situación financiera y de los resultados de la entidad; es por tanto, un criterio contable, que, una vez cumplido, la incidencia económica de la transacción no resulta apreciable. Ello significa —a juicio del autor— que en la práctica serán transacciones de muy escasa cuantía.

2.3 La posición de la Dirección General de la Seguridad Jurídica y la Fe Pública

Desde la reforma de 2014, la DGSJFP ha emitido, salvo algún año concreto, multitud de resoluciones en materia de activos esenciales donde abordan aspectos variados relacionados con el asunto. Respecto de la eficacia del art. 160 f) LSC, lo cierto es que mantiene una postura generalmente unitaria, una línea clara donde manifiesta una preferencia por garantizar la seguridad en el tráfico y la protección de terceros de buena fe respecto de actos de disposición sobre activos esenciales realizados en contravención de lo dispuesto en la norma.

2.3.1 Casuística

Considerando que pretendemos ofrecer una visión muy práctica en este apartado, dedicaremos un espacio a, prácticamente todas las resoluciones que ha emitido la DGSJFP en materia de activos esenciales; no obstante, intentaré no ser excesivamente reiterativo con las ideas más señaladas. Tras la Ley 31/2014, el centro directivo ha comenzado a emitir pronunciamientos, que van desde el año 2015 (considere que la reforma se promulgó a finales de 2014) hasta el momento presente.

La primera de ellas fue la —ya citada— RDGSJFP de 11 de junio de 2015[193], relativa a una adquisición de activos esenciales celebrada en Murcia. Concretamente, versa sobre una dación en pago que efectúan el 31 de diciembre de 2015 —una semana después de entrar en vigor el actual art. 160 f) LSC— los titulares del pleno dominio de tres fincas (vivienda, plaza de garaje y trastero), por su valor de 131.505,70 euros, en favor del Banco Santander, S.A.; todo ello al efecto de dejar extinguida una deuda que los cedentes mantenían frente a esta entidad (un préstamo hipotecario). El dilema sobreviene cuando, presentada la escritura para su inscripción en el Registro de la Propiedad de Alcantarilla, la Registradora dicta calificación negativa y suspende la inscripción. Entre otras razones, alega que los representantes de la sociedad adquirente no declararon en la escritura

---

193 RDGSJFP de 11 de junio de 2015 (RJ 2015\3722).

si los bienes adquiridos constituían o no activos esenciales; en este sentido, advierte la registradora que, en caso de serlos, será preciso aportar el correspondiente acuerdo de la Junta de socios. Entiende necesario el consentimiento de los socios para que el acto, en su caso, arroje eficacia frente a terceros. Por su parte, el Notario autorizante de la escritura interpone recurso ante la DGSJFP por considerar la calificación contraria al art. 234 LSC.

El centro directivo considera aplicable la oponibilidad frente a terceros de las limitaciones voluntarias al poder de representación de los administradores, *"toda vez que se trata de un supuesto de atribución legal de competencia a la junta general con la correlativa falta de poder de representación de aquéllos"*. Sin embargo, continúa diciendo la DGSJFP que *"cuestión distinta es la relativa a la posible analogía que puede existir entre el supuesto normativo del artículo 160.f) y el de los actos realizados por los administradores con extralimitación respecto del objeto social inscrito frente a los que quedan protegidos los terceros de buena fe y sin culpa grave ex artículo 234.2 LSC"*. Añade, además, que, ante la dificultad de apreciar la existencia del carácter esencial de un activo, tal apreciación no es competencia de los notarios o registradores, salvo casos notorios. Sólo el órgano de administración puede —que no debe, al no existir disposición legal que así lo exprese— acreditar el carácter esencial del activo mediante declaración expresa, y únicamente en este caso, el notario tendría el deber de exigir el acuerdo de la junta confirmando la operación para poder proceder a autorizar la escritura.

En ausencia de esa declaración, o indicando que el activo dispuesto no es esencial para la sociedad transmitente o adquirente, *"cumplirá el notario con su deber de diligencia en el control sobre la adecuación del negocio a legalidad que tiene encomendado"*. Por tanto, declara valida la venta de las fincas: *"es evidente que la dación de las fincas referidas en pago de la deuda derivada del préstamo concedido por la entidad de crédito cesionaria se incardina en el desarrollo del objeto social y no constituye un acto sobre activos esenciales de esta sociedad, por lo que ninguna competencia se atribuye legalmente a la junta general de la misma para su aprobación y debe concluirse en la procedencia tanto de la autorización de la escritura calificada como de la inscripción solicitada sin necesidad de la manifestación exigida por la registradora en la calificación impugnada"*. Misma línea siguió la

RDGSJFP de 26 de junio de 2015[194], relativa a una transmisión, por la sociedad Talleres Moncal, S.L., de una finca íntegra y de la participación indivisa de otras dos.

Otra fue la RDGSJFP de 8 de julio de 2015[195], relativa a una operación de transmisión de activos esenciales. Empresa Constructora Rodríguez y Camacho, S.A. es una entidad cuyo objeto social declarado en estatutos consiste en la actividad de construcción en general. El 23 de marzo de 2015, la sociedad, representada por una apoderada (facultada para actos de disposición de inmuebles con la limitación de un millón de euros), vendió dos fincas —vivienda y plaza de garaje con trastero— a dos personas físicas por el precio conjunto de 168.850 euros. En este caso, hubo declaración expresa de que los bienes transmitidos no constituían activos esenciales para la entidad vendedora, ni tampoco superaban el 25% del valor de los activos que figuraban en el último balance aprobado. El registrador denegó la inscripción porque los administradores no acreditaron *"que la Junta General de la sociedad transmitente «ha autorizado expresamente la enajenación de las fincas a que se refiere la escritura calificada por medio de la presente, (mediante certificación del acuerdo)"*. Interpuesto recurso ante la DGSJFP, el centro directivo da la razón a este último alegando que el art. 160 f) LSC no afecta al poder de representación de los administradores o apoderados conforme lo dispuesto en el art. 234 LSC, pues este precepto no ha sido derogado. Cabe añadir que la DGSJFP considera que el acto queda incardinado en el objeto social puesto que la edificación de viviendas también suele integrar las actividades de promoción de las mismas.

Esta resolución —como así también lo harán las posteriores— señala la prevalencia del interés del tercero de buena fe sobre el interés de los socios, afirmando que el acto resultaría válido si el administrador hubiera contravenido su deber de pedir autorización a la junta[196]: *"el artículo 160 del texto refundido de la Ley de Sociedades de Capital no ha derogado el artículo 234.2 del mismo texto legal, por lo que la sociedad*

---

194 RDGSJFP de 26 de junio de 2015 (RJ 2015\4431).

195 RDGSJFP de 8 de julio de 2015 (RJ 2015\4033).

196 Mismo pronunciamiento asumen las RRDGSJFP de 10 de julio de 2015 (RJ 2015/3759); de 27 de julio de 2015 (RJ 2015/4612); de 22 de noviembre de 2017 (RJ 201/5864).

queda obligada frente a los terceros que hayan obrado de buena fe y sin culpa grave".

Las RRDGSJFP de 28 de julio de 2015[197] y de 29 de julio de 2015[198] sostienen idénticos argumentos, solo que en este caso se trataba de dos constituciones de sociedades limitadas unipersonales (EV Holiday Rental Balearic Islands, S.L., y EV Holiday Property Development, S.L[199].) realizadas por la misma entidad, EV Balear Real Estate Holding, S.L., quien asumió la posición de socia única frente a aquéllas. La constituyente efectuó una aportación dineraria para cada sociedad creada por importe de 3.050 euros, constituyendo uno de los primeros casos en que el activo objeto de litigio no tenía una naturaleza "in natura". Lo interesante de este asunto reside en la alegación que formula el notario impugnante de las dos calificaciones negativas, pues sostuvo que el dinero carecía de la consideración de activo esencial, con independencia de su cuantía. El centro directivo, por su parte, no contrarresta específicamente esta afirmación; simplemente señala que *"el carácter esencial de tales activos escapa de la apreciación del notario o del registrador, salvo casos notorios —y aparte el juego de la presunción legal (...)— (...); y no puede hacerse recaer en el tercero la carga de investigar la conexión entre el acto que va a realizar y el carácter de los activos a los que se refiere".*

Por otro lado, la RDGSJFP de 23 de octubre de 2015[200] mantiene los mismos principios que las anteriores, pero con un leve matiz. El asunto versa sobre una venta de finca valorada en cuarenta mil euros, perteneciente a la entidad Cocinas Luis Costas, S.L., celebrada en Cádiz por su administrador único en fecha de 11 de junio de 2015. Considerando que los administradores no advirtieron sobre la naturaleza del bien transmitido, o no exhibieron el acuerdo de la junta autorizando la transmisión, el centro directivo la consideró ajustada a derecho; presumió que el activo no era cualitativamente esencial por ese motivo. Ahora bien, el factor decisivo fue constatar

---

197 RDGSJFP de 28 de julio de 2015 (RJ 2015/4442).

198 RDGSJFP de 29 de julio de 2015 (RJ 2015/4445).

199 Por cada una de estas sociedades, cuya inscripción fue denegada, se interpuso un recurso individual; razón por la cuál el centro directivo emitió dos resoluciones de contenido similar.

200 RDGSJFP de 23 de octubre de 2015 RJ 2015/6346).

que el valor conjunto de la operación tampoco superaba —como así se acreditó— el 25% del valor del activo que constaba en el último balance aprobado (el precio no constituía un estándar significativo para lo que suele considerarse el valor medio del activo global de una sociedad mediana); de este modo, desde una perspectiva cuantitativa, verificaron que el activo no era esencial y, en esta sede, la competencia para decidir su enajenación correspondía en exclusiva a los administradores.

Especialmente interesante fue el caso abordado por la RDGSJFP de 14 de diciembre de 2015[201]. En esta ocasión, la sociedad Prinibe, S.L. —representada por uno de sus administradores solidarios—, vendió el pleno dominio de una finca a la mercantil Residencial Praga, S.L. —representada por su administrador único—. Ambos administradores hicieron constar en la escritura de venta que *"el bien objeto de la presente escritura no tiene la condición de activo esencial de la sociedad; y que, en cualquier caso, el importe de la presente no excede del veinticinco por ciento del valor de los activos que figuran en el último balance aprobado por la entidad"*[202]. Sin embargo, veinte días después de protocolizar la escritura, compareció otro de los administradores solidarios de la sociedad transmitente (Prinibe) ante el mismo notario para otorgar dos actas autorizadas. En la primera, declaró que la operación efectuada no se ejecutó conforme a la legalidad vigente, pues no se aportó certificado de autorización de la junta para proceder a la transmisión. En la segunda, manifestó que el bien transmitido no constituía el único inmueble de la vendedora y era un activo esencial, excediendo su importe del 25%

---

201 RDGSJFP de 14 de diciembre de 2015 (RJ 2015/6555).

202 LA RDGSJFP de 31 de mayo de 2018 (RJ 2018/2686) examinó un supuesto muy similar, sólo que, en este caso, la declaración de no esencialidad que formularon ante el notario autorizante los administradores de las sociedades vendedora y compradora, no fue cuestionada más que por el propio registrador, quien denegó la inscripción de la escritura. El centro directivo se limitó a exponer su línea regular: la ley no exige que tal declaración sea efectuada por la junta, sino que ésta sólo debe intervenir cuando el bien sea esencial, y en ausencia de autorización, en notario ya es diligente (pues dispone de una declaración de los administradores) y no debe recabar más información. Por tanto, la compraventa es lícita y se aplica la regla de protección de terceros de buena fe al amparo del art. 234 LSC.

del valor de los activos; en consecuencia, requirió al notario autorizante para notificar dicho extremo al administrador único de la compradora. En este momento, la escritura de venta ya había sido presentada por vía telemática al Registro de la Propiedad el mismo día de su autorización (9 de julio de 2015), causando entrada al día siguiente; en cambio, las dos actas autorizadas se presentaron un día después de otorgadas (31 de julio de 2015). Considerando esto, el Registrador de la Propiedad de Madrid suspende, por defecto subsanable, la inscripción de la operación, a la espera de aportar el certificado autorizante de la junta de la vendedora.

El notario autorizante recurre la decisión alegando que el contenido de la escritura de venta ha de respetarse por presumir la validez de su contenido, y que las dos actas autorizadas de manifestaciones unilaterales a instancia del otro administrador solidario, *"no da fe, son manifestaciones sin más valor que eso"*. La DGSJFP resuelve estimando el recurso presentado por el fedatario, pero no estrictamente en base a su alegación, sino señalando que las citadas actas: *"no constituyen en modo alguno títulos inscribibles, circunstancia que por sí sola lo excluye de presentación en el Libro Diario, sin que por tanto puedan ser tenidos en cuenta por la registradora en el ejercicio de su función calificadora, (...)"*, quien *"debe atender únicamente a la escritura pública de venta primeramente presentada"*. De ello se extrae que el proceder adecuado hubiera sido que el administrador discrepante hubiera comparecido al otorgamiento de la escritura para manifestar el carácter esencial del activo y, en ese caso, el notario habría paralizado el acto a la espera de aportar la correspondiente autorización de la junta.

En los años 2020, 2021 y 2024, el centro directivo vuelve a incidir, simplemente y dado el escaso contenido del art. 160 f) LSC, que, para la transmisión de un activo esencial, no es requisito esencial la declaración del órgano gestor de la sociedad transmitente ni adquirente —que en la práctica suele producirse— sobre la no esencialidad del bien o derecho enajenado o adquirido. Respecto de la cuestión, el centro se pronuncia en los términos más absolutos: no sólo se refiere a la innecesariedad de aportar una declaración documental que haya de incorporarse a la escritura como anexo, tampoco es necesario acreditar la escasa relevancia del objeto mediante mera declaración dirigida hacia el notario. Así se hace constar en las RRDGSJFP de 12 de junio de 2020[203] (asunto Avantespacia Inmobiliaria, S.L. y Gestión y Servicios Garco, S.L.), de 18 de junio de 2020[204] (asunto Cimenta2 Gestión e Inversiones S.A y Centro Integra de Vehículos DK Diamond, S.L.), otra de —misma fecha— 18 de junio de 2020[205] (asunto Saneamientos Puya, S.L. e Inversiones Alpu, S.L.), de 13 de abril de 2021[206] (asunto Gaudí Consultores, S.L.L.), de 19 de julio de 2021[207] (asunto Cap Mirco S.L.), y de 29 de julio de 2024[208].

Ahora bien, la DGSJFP expone que esta regla general (el notario no tiene el deber ni la potestad de valorar el carácter esencial de un activo), lo cierto es que el fedatario podrá exigir la autorización de la junta cuando observe —por las circunstancias del caso— que el bien o derecho transmitido es manifiestamente esencial para la sociedad.

La RDGSJFP de 22 de noviembre de 2022[209] analizó un caso de este tipo. Baquero Indecor, S.L., representada por doña E. B. P., como apoderada, vendió un inmueble manifestando que tenía la consideración de activo esencial; a la escritura se incorpora una certificación del administrador que además contiene la autorización por la junta que autoriza la compraventa instrumentalizada. El registrador suspende la inscripción porque considera que la firma del administrador que expide la referida certificación de acuerdos debe estar legitimada. En este caso, el centro directivo da la razón al registrador; según su argumentación, *"el notario ha de cumplir con su deber de diligencia en el control sobre la adecuación del negocio a legalidad, tiene que denegar la autorización de la escritura cuando —como sucede en este caso— el carácter esencial del activo enajenado es manifiesto y no se acredita suficientemente la autorización de la junta general"*.

---

203 RDGSJFP de 12 de junio de 2020 (RJ 2020/3025).

204 RDGSJFP de 18 de junio de 2020 (RJ 2020/5465).

205 RDGSJFP de 18 de junio de 2020 (RJ 2020/4313).

206 RDGSJFP de 13 de abril de 2021 (RJ 2021/1616).

207 RDGSJFP de 19 de julio de 2021 (RJ 2021/3927).

208 RDGSJFP de 29 de julio de 2024 (JUR 2024/397088).

209 RDGSJFP de 22 de noviembre de 2022 (RJ 2023/5421).

En el asunto de la RDGSJFP de 23 de octubre de 2023[210], la manifestación de la esencialidad del activo pudo ser apreciada por dos circunstancias. La primera de ellas, porque la transmisión tuvo por objeto 12 fincas, todas valoradas por 1.581.821 euros, siendo el patrimonio de la entidad transmitente era, en ese momento, de 1.103.393,96 euros, y su capital social de 168.042,96 euros (cabe decir que su objeto social era el de fabricación y compraventa de muebles en general, así como la compraventa, promoción y explotación de inmuebles, entre otras actividades). En segundo lugar, la operación de transmisión era una donación realizada en forma pura y simple, siendo la entidad mercantil donante C.P.F., S. L., y la donataria Fundación Mur y Asociados. Considerando tales hechos, el centro directivo considera que el notario, ante unas circunstancias tan claras, debía exigir el acuerdo de la junta para proceder a otorgar la escritura de esta operación: *"en el presente caso (en el que ni siquiera el órgano de administración realiza manifestación alguna sobre el carácter no esencial de los activos donados), dado que los activos del último balance aprobado en el momento de la donación —el del año 2016— ascendían a 1.104.172,50 euros y el valor de los bienes donados ascienden en su conjunto a 1.581.821 euros, debe concluirse que dicha donación tiene trascendencia equiparable a una modificación estructural o estatutaria significativa o altera de forma sustancial el cálculo original del riesgo que asumió el socio, de modo que está justificada la atribución de la decisión a los socios reunidos en la junta general"*.

2.3.2 Conclusiones

De todo el elenco de resoluciones de la DGSJFP examinadas, las ideas o conclusiones que procede extraer son las siguientes.

En primer lugar, respecto de la eficacia de las operaciones sobre activos esenciales realizadas por los administradores sin o en contra de la preceptiva autorización de la junta, considera el centro directivo que la sociedad quedará obligada, como regla general frente a los terceros de buena fe y sin culpa grave. Este argumento reposa en dos hechos: en primer lugar, porque, si bien el art. 160 f) LSC regula

---

[210] RDGSJFP de 23 de octubre de 2023 (JUR 2023/396224).

una competencia legal de la junta y los administradores actúan contraviniendo lo establecido en él, el citado precepto no ha derogado la regla establecida en el art. 234 LSC, y considera un supuesto analógicamente aplicable al caso. Luego queda clara esta postura sobre la protección del tráfico y de los terceros que hayan obrado de buena fe.

Respecto de la apreciación de la esencialidad del activo y el procedimiento a seguir en el caso de ejecutar operaciones que tengan por objeto aquéllos, el centro directivo no entra en profundidad en la cuestión y se inclina por una postura prudente. Considerando la parquedad del 160 f) LSC y la dificultad que entraña delimitar el concepto de activo esencial, insiste el centro directivo que dicha apreciación (cualitativa) no corresponde a los notarios ni registradores. Ahora bien, señala dos excepciones: la primera, la presunción del 25% del valor de la operación respecto del que arrojen los activos del último balance aprobado; y, la segunda, que esa cualidad de esencial resulte manifiestamente apreciable. En el primer caso, el fedatario público podrá deducir que el activo es relevante cuando resulte de gran valor. Sobre la segunda excepción, el activo es manifiestamente esencial cuando así lo hagan constar los administradores en el acto de otorgamiento de la escritura, y también cuando el importe y la operación puedan arrojar por sí mismos un indicio relevante, tal y como ocurre con las donaciones de bienes de elevado valor.

En torno a la diligencia de notarios y registradores, no corresponde a éstos —salvo las excepciones apuntadas— solicitar una declaración verbal o exhibición documental del órgano de administración negatoria de la naturaleza del activo (esencial o no); por tanto, como norma general, cumplirán con su deber de diligencia, aún cuando no se realice ninguna observación sobre el tipo de bien que van a enajenar los administradores. En todo caso, lo prudente es que los gestores de las entidades participantes en la operación señalen, en su caso, que el activo es esencial al tiempo de otorgar la escritura. Aquí deja claro el centro directivo que, una vez presentado el documento para su inscripción, no podrá el administrador enervar la operación mediante alegaciones posteriores, ni siquiera por actas autorizadas, pues no son títulos inscribibles ni generan efectos retroactivos, en virtud de la protección conferida al tercero de buena fe.

3. Postura en defensa de la nulidad del negocio: la protección de los socios

3.1 Exposición y fundamento doctrinal

Frente a la validez del negocio y la protección del tercero de buena fe, existe otra corriente que defiende la postura contraria. Estos autores consideran que el art. 160 f) LSC (y 511 bis) no es equiparable —en cuanto a sus efectos— al art. 161 LSC. La competencia de los socios en materia de activos esenciales ofrece, para ellos, un significado muy distinto. Su incardinación dentro del art. 160 LSC es reflejo del importante papel que asume la junta en tales operaciones; tan sustancial que el incumplimiento de lo previsto en el precepto debe ser oponible para cualquier tercero (de buena o mala fe), sin perjuicio —igual que en la postura anterior— de la eventual responsabilidad en que incurran los administradores. En consecuencia, la venta de un activo esencial sin el consentimiento de los socios hace nulo el negocio jurídico que materializa su transmisión o adquisición. En torno a las razones, casi todos los autores apelan a un defecto en el consentimiento negocial de la sociedad, pues la junta es el único órgano que puede hacer que lo otorgue de forma válida, aunque existen diversos cauces.

3.1.1 Nulidad radical ex art. 6.3 CC por vulneración de una norma imperativa al invadir una competencia exclusiva de la junta

La opinión mayoritaria entre la doctrina que defiende la ineficacia de la operación sobre un activo esencial en contravención de lo previsto en el art. 160 f) LSC, procede por invadir una competencia ajena infringiendo una norma de naturaleza imperativa y proteccionista de los socios; y, asimismo, por ser un supuesto no incluido en el art. 234 LSC. Dispone el art. 6.3 CC que: *"Los actos contrarios a las normas imperativas y a las prohibitivas son nulos de pleno derecho, salvo que en ellas se establezca un efecto distinto para el caso de contravención".*

GARCÍA-CRUCES[211] argumenta que la eficacia material del acuerdo de la junta general es condicionante de la validez del negocio que los administradores puedan realizar sobre los activos esenciales de la sociedad por cuanto esa competencia es exclusiva de la junta [art. 160 f) LSC] y mantener la posición contraria significaría que la reforma legal de 2014 no provocaría ningún cambio práctico respecto de lo que ya mantenía la legislación anterior[212]. Además, el autor desmonta la postura que defiende la imposibilidad de quebrantar el poder de representación de los administradores respecto de los actos llevados a cabo con terceros de buena fe; insiste en que, fuera de sus competencias (como ocurre en el caso de aquéllas reservadas a la junta), el poder de representación no puede tener eficacia frente a terceros: *"la mención que se hace al poder de representación atribuido a los administradores sociales, y tipificado de modo legal e ilimitable (artículo 234.1 y 2 LSC...) no permite la conclusión de que la infracción del artículo 160.11 LSC carezca de efectos externos. Los administradores sociales, en el ejercicio de ese poder de representación, nunca pueden vincular, de por sí, a la sociedad con terceros cuando el acto en cuestión requiera el ejercicio de una competencia que a ellos resulta ajena. Es decir, la vinculación de la sociedad como consecuencia del ejercicio del poder de representación se alcanzará cuando los administradores sociales actúen aquél en el ejercicio de las competencias que les corresponden. En consecuencia, una actuación de los administradores sociales con falta de respaldo en la propia competencia no puede ampararse en cuanto dispone el artículo 234 LSC"*.

Otra defensora de la tutela de socios ante la infracción del art. 160 f) LSC es la Prof. GALLEGO SÁNCHEZ[213]. La autora indica que no hay discusión posible sobre este aspecto porque *"existen argumentos incontestables que obligan a sostener que, en las operaciones sometidas a*

---

211 GARCÍA-CRUCES GONZALEZ, J. A., "Comentarios al art. 160 LSC", cit., pp. 2264-2271.

212 Añade GARCÍA-CRUCES GONZALEZ, J. A., ("Comentarios al art. 160 LSC", cit., pp. 2267) que si los efectos del art. 160 f) LSC fueran los mismos (estrictamente internos) que cuando dicho precepto no existía, la (entonces nueva) norma no aportaría nada a favor de la tutela de los socios y de la revitalización de la junta general, que es uno de los objetivos primordiales de la reforma de 2014, *"pues las consecuencias en el ámbito interno que antes se destacaran, también se daban bajo la vigencia de la normativa ahora modificada"*.

213 GALLEGO SÁNCHEZ, E., "Operaciones sobre activos esenciales", cit., p. 361.

la competencia de la junta por mor de los artículos 160.t) y 511 bis LSC, la intervención de esta es de carácter decisorio, esto es, se trata de un elemento necesario para la formación de la voluntad eficaz de la sociedad". Las razones esgrimidas se apoyan, principalmente, en la reserva legal de la competencia sobre activos esenciales a la junta, que no es transmisible a los administradores ni éstos, por sí solos, pueden vincular válidamente a la sociedad en la celebración de contratos que tenga por objeto la transmisión de tales activos. El consentimiento de los socios es preceptivo. La autora insiste en que el poder de representación es eficaz y válido en todos sus extremos, siempre que se ejercite en el ámbito de las competencias que corresponden al órgano de administración, pero no fuera de ellas, de modo que aquí no podrían ampararse en el ámbito del art. 234 LSC. Esta regla es rígida y se aplica a cualquier acto realizado por el órgano de administración sin competencia, independientemente de que exceda o no del objeto social, y de que el tercero sea buena o mala fe[214].

ALFARO ÁGUILA-REAL defiende la nulidad de la operación en base a una extralimitación del poder de representación, que excede de lo dispuesto en el art. 234 LSC[215]: *"la inclusión de la enajenación o adquisición de activos esenciales entre las competencias de la Junta se basa en su carácter de actos que modifican el objeto social o suponen, en los casos más extremos, la sustitución del objeto social (se "liquida" la sociedad al venderse el activo que resulta esencial para que la sociedad desarrolle el objeto social), el tercero no queda protegido por el art. 234.2 LSC en el sentido de que no se cumple el requisito de dicho precepto que dice que la sociedad queda vinculada "aún cuando se desprenda de los estatutos inscritos en el Registro Mercantil que el acto no está comprendido en el objeto social". Porque lo que este precepto dice es, simplemente, que la publicidad positiva del registro (la cláusula de objeto social inscrita) no perjudica al tercero. Pero no dice que sea la misma la consecuencia cuando es el legislador el que delimita lo que constituye el desa-*

---

214 GALLEGO SÁNCHEZ, E., "Operaciones sobre activos esenciales", cit., p. 362.

215 ALFARO ÁGUILA-REAL, J., "El nuevo artículo 160 f) LSC", cit., disponible para su consulta en: https://derechomercantilespana.blogspot.com/2015/02/el-nuevo-articulo-160-f-lsc.html.

rrollo del "objeto social". (…) En el caso del art. 160 f) LSC estamos ante un caso de "exceso de poder" que no se sana por el art. 234.2 LSC"[216].

Por su parte, GUERRERO LEBRÓN expone las diferencias claras entre los arts. 161 y 160 f) LSC. A juicio de la autora, la ley distingue claramente dos supuestos: 1) aquellos en que la junta puede intervenir de forma general en cualquier asunto de gestión (art. 161 LSC), cuya eficacia externa está garantizada y protegida para los terceros de buena fe por alusión expresa al 234 LSC; en cambio, 2) las operaciones sobre activos esenciales [art. 160 f) LSC] —aun siendo asuntos de gestión (pero de mucho mayor impacto para la sociedad)—, no están amparados por dicha salvedad (la protección del tercero de buena fe). De ahí se infiere que el legislador haya querido que las consecuencias que se pueden derivar del incumplimiento en uno y en otro supuesto sean diferentes; en consecuencia, que el incumplimiento del administrador de lo previsto en el art. 160 f) LSC es un acto que no ha de tener efectos frente a terceros[217]. La autora añade: *"el artículo 234.2 Ley de Sociedades de Capital no resulte aplicable en los casos en que se incumple el artículo 160.f Ley de Sociedades de Capital es que lo que el precepto declara inoponibles son los límites de origen voluntario o estatutario, de ahí que se señale que no operan ni siquiera estando inscritos en el Registro mercantil, pero en ningún caso alude la norma a los límites legales (que es como habría que considerar la competencia de la junta consagrada en el artículo l60.f Ley de Sociedades de Capital). Por tanto, en mi opinión, no se trata de que el legislador haya olvidado mencionarlo expresamente, como sí lo hace en el artículo 161 Ley de Sociedades de Capital. Es que el inciso segundo del artículo 234 Ley de Sociedades de Capital está pensado para otro tipo de supuestos".*

RECALDE CASTELLS, en cambio, promueve una postura similar, pero basada en un deber de especial diligencia del tercer adquirente de los activos esenciales. Cualquier tercero, en una operación sobre activos de cierta importancia, debe verificar previamente que

---

216 De la misma opinión: MEGÍAS LÓPEZ, J., "Poder de representación y operaciones con activos esenciales en la ley de sociedades de capital", *Documentos de Trabajo del Departamento de Derecho Mercantil*, n.° 94, 2015, pp. 1-22, p.

217 GUERRERO LEBRÓN, M. J., "La competencia de la junta general sobre la disposición de activos esenciales (artículo 160.f Ley de Sociedades de Capital)", cit., pp. 89-90.

la transmisión del objeto enajenado cumple los requisitos legales relativos a su aprobación por el órgano competente, de lo contrario sería considerado de mala fe y, por tanto, la operación realizada sería nula por efecto del art. 234.2 LSC[218]. Pues, *"a falta de esa diligencia se excluiría la buena fe, y con ello las razones que justifican su protección. Concretamente en un acto o negocio de disposición por la sociedad sobre activos esenciales, es exigible al tercero que analice, en el marco de una due diligence o de las medidas de control habituales, si los activos que se adquieren son esenciales o si la disposición se realizó con el previo acuerdo de la junta"*. Sin embargo, este autor defiende que la enajenación de activos esenciales sin la preceptiva autorización de la junta sólo ocasiona la nulidad del acto celebrado cuando la salida del activo provoque una efectiva modificación estructural o una modificación del objeto social o liquidación de facto de la sociedad; en estos casos, el tercero nunca podrá invocar la tutela del art. 234 LSC. Ahora bien, existen supuestos donde la salida de un activo esencial no produce tales consecuencias. Señala el caso de la sustitución inmediata de un activo esencial por otro, como, por ejemplo, la venta de una fábrica para la adquisición de otra más moderna, con independencia de la cuantía que arrojen ambos activos[219]; aquí los administradores no precisarían el consentimiento de la junta.

3.1.2 Ineficacia por exceder los límites del poder de representación en base al art. 1259 CC

Algún autor ha defendido la ineficacia del contrato celebrado con tercero sin autorización de la junta en base a los límites generales de la representación en el Derecho privado, tomando como referencia el art. 1259 CC. Dispone esta norma que: *"Ninguno puede contratar a nombre de otro sin estar por éste autorizado o sin que tenga por la ley su representación legal. El contrato celebrado a nombre de otro por quien no tenga su autorización o representación legal será nulo, a no ser que lo ratifique la persona a cuyo nombre se otorgue antes de ser revocado por la otra parte con-*

---

218 RECALDE CASTELLS, A. J., "Art. 160. Competencia de la junta general", cit., pp. 75-76.

219 RECALDE CASTELLS, A. J., "Art. 160. Competencia de la junta general", cit., p. 69.

tratante". La doctrina civilista señala que, al amparo de este artículo, quien celebra un negocio jurídico con extralimitación del poder de representación, no despliega efectos frente a terceros. No por infracción de una norma prohibitiva, sino por un exceso en el ejercicio de sus facultades conferidas, aunque pueda ser posteriormente ratificado por el representado[220].

Esta idea fue propuesta por REDONDO TRIGO como una de las posibles vías por las que podría optar el Tribunal Supremo para dar solución a toda la incertidumbre que genera el art. 160 f) LSC. Es de los pocos autores que invocan expresamente el art. 1259 CC, que aborda, como veremos, un supuesto de contrato incompleto y no tanto nulo ni anulable. Considera que no procede la aplicación analógica del art. 234 LSC[221], pues: *"El art. 160 f) LSC excluye del poder de representación conferido al órgano de administración. Su vulneración constituye "una auténtica injerencia competencial y como una auténtica carencia o ausencia de poder, ajeno por tanto al margen de su actuación conforme o no al objeto social. De esta forma, con mayor o menor acierto (eso es objeto de otro debate) el legislador español no realiza ninguna desviación de lo previsto en la citada Directiva, la que le faculta como no podía ser de otra forma a realizar la distribución competencial de las materias propias de los órganos de las sociedades de capital, estando la propia consecuencia de dicha distribución competencial pero en función de la tradicional regulación de esta materia, conectándose el supuesto a los casos de actuaciones ajenas al objeto social. En este caso, nos encontraríamos con la aplicación de la ineficacia a la que se refiere el artículo 1259 del Código Civil"*[222].

Respecto del art. 1259 CC, dispuso la STS de 28 de diciembre de 2007[223] que: *"El contrato celebrado sin poder es ciertamente un negocio jurídico incompleto y la ratificación afecta al dueño del negocio, que puede o no*

---

220 O'CALLAGHAN MUÑOZ, X., "Comentario a al art. 1259 CC", O'CALLAGHAN MUÑOZ, X. (Dir.), en *Código Civil comentado y con jurisprudencia*, La Ley, Madrid, 2008, pp. 1270-1273, p. 1271.

221 REDONDO TRIGO, F., "Crónica sobre la doctrina contradictoria de las audiencias provinciales en la aplicación del artículo 160 f LSC como preludio de una casación", *Revista Crítica de Derecho Inmobiliario*, n.° 796, 2023, pp. 1235-1250, p. 1236.

222 Ibídem, pp. 1248-1249.

223 STS de 28 de diciembre de 2007 (RJ 2007/9063).

aceptarlo para quedar obligado. (...) ese contrato celebrado a nombre de otro sin su autorización o representación, ni es existente, ni es radicalmente nulo. (...) este precepto (art. 1250 CC) recoge en su párrafo segundo inciso final la eficacia convalidante de la ratificación efectuada por la persona a cuyo nombre se otorgue un negocio sin su autorización previa, siempre que tenga lugar antes de ser revocado por la otra parte contratante, y si bien dicho precepto no recoge expresamente (a diferencia del art. 1727) la modalidad de ratificación tácita, esta posibilidad, que se produce cuando el interesado (representado) realiza un comportamiento que objetivamente sólo es posible entender con una ratificación y que revela de manera inequívoca la voluntad de ratificar, se halla reconocida por las sentencias (...). La conclusión de todo lo anterior es que si bien determinados contratos con TEDESA fueron firmados únicamente por uno de los administradores de la sociedad GUIMARE, se produjeron dos tipos de ratificaciones: una tácita, durante la ejecución del contrato de obra (...) y otra expresa, contenida en la Junta de la sociedad GUIMARE, celebrada el 28 de abril de 1998, donde Dª Marisol "suscribe y ratifica la totalidad de obligaciones derivadas de los citados contratos", entre los que se encontraban los otorgados con GUIMARE". El negocio celebrado en contravención del art. 1259 CC constituye un supuesto de ineficacia, pero no exactamente de anulabilidad ni de nulidad radical[224]. Es, más bien, un contrato aun no definitivo, al faltarle la ratificación del propio interesado[225]; y, hasta ese momento, resulta incompleto y será para éste irrelevante e inoponible[226].

---

224 REDONDO TRIGO, F., "Crónica sobre la doctrina contradictoria de las audiencias provinciales en la aplicación del artículo 160 f LSC como preludio de una casación", cit., p. 1249.

225 Sobre este respecto, añade la STS de 22 de abril de 2010 (ECLI: ES:TS:2010:2561): *"El acto realizado con falta de poder, es decir, sin los requisitos exigidos en el artículo 166 CC constituye un contrato o un negocio jurídico incompleto, que mantiene una eficacia provisional, estando pendiente de la eficacia definitiva que se produzca la ratificación del afectado, que puede ser expresa o tácita. Por tanto, no se trata de un supuesto de nulidad absoluta, que no podría ser objeto de convalidación, sino de un contrato que aun no ha logrado su carácter definitivo al faltarle la condición de la autorización judicial exigida legalmente, que deberá ser suplida por la ratificación del propio interesado, de acuerdo con lo dispuesto en el art. 1259.2 CC, de modo que no siendo ratificado, el acto será inexistente".*

226 GARCÍA VICENTE, J. R., "Comentario al art. 1259 CC", en BERCOVITZ RODRÍGUEZ-CANO, R. (Dir.), *Comentarios al Código Civil*, Tomo VI, Tirant lo Blanch, Valencia, 2013, pp. 9041-9049, p. 9048.

3.2 La jurisprudencia

3.2.1 General

Dentro de la corriente defensora de la ineficacia del negocio realizado en infracción del art. 160 f) LSC, encontramos algunos ejemplos en la jurisprudencia.

La SAP de Asturias, Secc. 1ª, núm. 501/2020, de 26 de febrero de 2020[227] Promociones Inmobiliarias Los Sauces, S.L." (33,33%) traspasó sus mejores activos (valorándolos en menos de un 5%) a otras sociedades, entre ellas Inversiones Los Apagantos, S. L. Por este motivo, se interpone demanda de nulidad de las aportaciones sociales por no haber sido aprobadas mediante el correspondiente acuerdo social que así lo autorizase, infringiendo de esta manera lo dispuesto en el art. 160 f) L.S.C. Con carácter subsidiario, se solicita la declaración de su nulidad por tener causa ilícita al ser fraudulenta y/o carecer de precio. También con carácter subsidiario se pide la nulidad por haberse hecho tales aportaciones con mala fe, abuso de derecho y haber originado un evidente enriquecimiento injusto para los codemandados. Asimismo, piden la restitución de las fincas objeto de aportación, y la condena de los demandados a abonar los gastos notariales, registrales y fiscales que genere dicho reintegro. La Audiencia resolvió: *"cuando la decisión del administrador de realizar las aportaciones a las sociedades filiales se lleva a cabo sin disponer del acuerdo adoptado en Junta que así lo autorice, supone que aquél actuó vulnerando la distribución legal de competencias entre los distintos órganos de la sociedad y por tanto sin poder de representación, lo que conduce a la ineficacia de tal aportación frente a terceros al no quedar vinculada la sociedad frente a ellos (art. 1261 C.Civil), pues, como señala la doctrina mercantilista, nos encontramos ante un caso de exceso de poder".*

Misma postura arrojó la SAP de Lugo (Sección 1.ª) de 7 de julio de 2020[228]: *"El artículo 160 f) LSC contiene una regla imperativa de competencia. Esa competencia se reserva en exclusiva a favor de la junta general. El órgano de administración (o cualquier apoderado) no es competente para concluir uno de los negocios jurídicos relacionados en esa norma, cuando su objeto es un*

---

[227] SAP de Asturias, Secc. 1ª, núm. 501/2020, de 26 de febrero de 2020 (ECLI: ES:APO:2020:658).

[228] SAP de Lugo (Sección 1.ª) de 7 de julio de 2020 (ECLI: ES:APLU:2020:509).

activo esencial de la sociedad. El previo acuerdo de la junta general se erige, así, en un requisito de validez del propio negocio jurídico. Dicho de otra forma, si se produce el negocio jurídico sin previa intervención de la junta general, la sociedad no queda vinculada por ese negocio jurídico. Se trata de una situación que podría asimilarse, en cuanto a las causas generales de nulidad del negocio jurídico que resultan del artículo 1261 del Código Civil, a un supuesto de ausencia de consentimiento. En este caso, la formación de la voluntad de la sociedad corresponde exclusivamente a la junta general y sin acuerdo de ésta no cabe entender que ha prestado su consentimiento. También puede encajarse el supuesto en el artículo 6.3 del Código Civil, por estarse ante un negocio concluido con infracción de una norma imperativa: los actos contrarios a las normas imperativas y a las prohibitivas son nulos de pleno derecho, salvo que en ellas se establezca un efecto distinto para el caso de contravención. En definitiva, la nulidad parece la categoría de ineficacia más adecuada para definir la consecuencia de la ausencia de acuerdo de junta general en el supuesto examinado".

La SAP Burgos, Secc. 3ª, núm. 625/2021, de 7 de diciembre, en un caso de responsabilidad social de administradores, se pronuncia sobre la materia "obiter dicta" señalando que *"hemos de decir que la acción de responsabilidad del administrador tiene como base o punto de partida una acto u omisión imputable al mismo que ha sido adoptado en el ámbito de sus competencias como administrador, y en el presente caso no existe tal acto pues lo que existe es un acuerdo de la junta de socios, adoptado en el ámbito de competencia de la misma, pues la venta de un activo esencial requiere que sea aprobado por la junta (art. 160-f) de la LSC, por lo cual lo que procede, si se considera que el acuerdo no es conforme a Derecho en los términos del art. 204 de la LSC, es la impugnación del mismo".*

Por otro lado, la SAP de Álava (Sección 1.ª) de 2 de marzo de 2023[229] se pronuncia de una forma muy similar. La mercantil Daenjogest, S. L. vendió dos fincas urbanas a Casapal Abogados S.L.P. por un importe total de 71.822,46 euros. El representante de la vendedora aseveró que los inmuebles objeto de la compraventa no constituían activo esencial, ni el importe de la operación superaba el veinticinco por ciento del valor de los activos en el último balance aprobado. Sin embargo, no se aportó acuerdo de la Junta General autorizando la venta de las fincas, y la sentencia de primera instancia consideró que el contrato de compra-

229 SAP de Álava (Sección 1.ª) de 2 de marzo de 2023 (ECLI: ES:APVI:2023:163).

venta fue nulo por falta de consentimiento del Sr. Carlos María, quien ostentaba el cincuenta por ciento de la sociedad, por lo que debió autorizar la transmisión. La audiencia, en cambio, no considera que los bienes objeto de la venta tuvieran la consideración de esenciales, pues nadie acreditó que lo fueran. No obstante, podría interpretarse, sensu contrario, que en caso de haberlo sido, sin el acuerdo de la junta no podría haberse tramitado la venta: *"no habiendo acreditado la parte actora que las fincas son un activo esencial de la mercantil, no resultaba necesario el consentimiento de Carlos María para proceder a la venta de las fincas descritas en la demanda propiedad de Daenjogest S.L. La venta es válida".*

3.2.2 La SAP de Salamanca (Sección n.º 1) de 6 de septiembre de 2022

Una resolución muy innovadora y ampliamente argumentada, que muestra una postura discrepante con gran parte de la doctrina científica, administrativa (DGSJFP) y jurisprudencial, es la sentencia de la Audiencia Provincial de Salamanca (Sección n.º 1) de 6 de septiembre de 2022[230], cuyo ponente fue D. Fernando Carbajo Cascón. Considerando la complejidad fáctica del asunto, resumiremos los hechos señalando exclusivamente los más relevantes.

D. Amadeo, actuando en su propio nombre y representación de la herencia yacente de D.ª Adoración, interpuso demanda contra las mercantiles JOSÉ CARRETO, S.L. y RIBIALBA, S.L., solicitando la nulidad de pleno derecho de una escritura pública de compraventa otorgada, con fecha de 22 de octubre de 2018, sobre un inmueble propiedad de la primera entidad (transmitente), siendo adquirente la segunda. La parte actora consideraba dicho bien como activo esencial de aquélla (sociedad familiar de la cual era socio y administrador mancomunado desde el año 2011) al sobrepasar su valor al 25% del de los activos del último balance aprobado; y, por tanto, sujeto al acuerdo de la junta general al efecto de permitir la venta, autorización que no fue otorgada. La mercantil codemandada, JOSÉ CARRETO, S.L. contestó a la demanda afirmando que el inmueble litigioso no era esencial para

---

[230] SAP de Salamanca (Sección n.º 1) de 6 de septiembre de 2022 (ECLI: ES:APSA:2022:699).

la sociedad al haberse depreciado su valor considerablemente durante los últimos años por la crisis de la construcción, y por haber sido recalificado el suelo donde se halla el inmueble como urbano de uso industrial en lugar de urbano de uso residencial. Este hecho determina que su valor real fuera de 200.000 € (precio de la compraventa) y no de 1.196.516,78 €, como consta en el balance de 2011.

Contrastados los diferentes informes periciales aportados, la Audiencia entiende que el valor del inmueble se aproxima mucho al que figura en el último balance, y no a los 200.000 euros que indicaba la contraparte y que dista mucho de aquél. Así las cosas, considerando la paulatina recuperación del sector, y disponiendo el inmueble, finalmente, de la calificación de suelo urbano consolidado de uso residencial —en una zona de la ciudad manifiestamente residencial y en constante crecimiento durante los últimos veinte años—, concluye que el bien tiene un carácter esencial para la sociedad.

Sobre las consecuencias de no someter al acuerdo de la junta general la operación de compraventa de un activo esencial, la sentencia realiza una excelente labor de documentación, contrastando las diferentes posiciones de la doctrina científica, administrativa y jurisprudencial (algunas de ellas ya examinadas). Tras una extensa reflexión muy argumentada, el tribunal señala que una operación realizada sobre activos esenciales es nula de pleno derecho: "*Si, como sucede en el caso objeto de este procedimiento, el órgano de administración de una sociedad de capital concluye un negocio jurídico de adquisición, enajenación o aportación a sociedad de un activo esencial sin la previa autorización de la junta general, la sociedad no quedará en ningún caso vinculada por dicho negocio jurídico. En consecuencia con todo lo expuesto, esta Sala ha adquirido la firme convicción de que la única consecuencia lógica y posible del incumplimiento de la regla del artículo 160 letra f) TRLSC ha de ser la nulidad radical de la operación con las consecuencias inherentes a la misma. Por lo tanto, debemos declarar nulo e ineficaz el contrato de compraventa concertado entre las mercantiles JOSÉ CARRETO, S.L. y RIBIALBA, S.L. sobre el solar (…), debiendo ambas entidades proceder a la restitución de sus recíprocas prestaciones y debiendo cancelarse los correspondientes asientos registrales*"[231].

---

231 Apartados 119-120 SAP de Salamanca (Sección n.º 1) de 6 de septiembre de 2022 (ECLI: ES:APSA:2022:699).

Las razones más destacadas de la resolución son las siguientes:

- La existencia de diferencias sustanciales de contenido y alcance entre los arts. 160 f) y 161 LSC: *"mientras el artículo 161 TRLSC establece que será de aplicación en todo caso lo dispuesto en el artículo 234.2 TRLSC en el caso de que la junta general decida impartir instrucciones al órgano de administración o someter a su autorización la adopción por dicho órgano de decisiones o acuerdos sobre determinados asuntos de gestión (...) el artículo 160 f) TRLSC incluye expresamente entre las competencias propias de la junta general deliberar y acordar sobre la adquisición, la enajenación o la aportación a otra sociedad de activos esenciales, sin hacer mención alguna directa o indirecta al artículo 234.2 TRLSC"*[232].
- Por otro lado, señala que el sistema de competencias de la junta está diseñado con independencia del objeto social que desarrolle una entidad: *"El régimen de competencias expresamente atribuidas a la junta general en el artículo 160 TRLSC (incluida por tanto la de decidir sobre actos de disposición de activos esenciales para la sociedad del apartado f.) es ajena al régimen jurídico de los actos "ultra vires" del objeto social diseñado en el artículo 234.2 TRLSC"*[233]. En consecuencia, determinados actos de disposición ordinarios, según el importe de su valor, pueden ser considerados esenciales.
- Cualquier competencia, incluida la del art. 160 f) LSC, constituye un límite externo al poder de representación del órgano de administración, pues dicho precepto supone *"una nueva norma de distribución de competencias entre órganos para la mejora*

---

232 Apartado 108 SAP de Salamanca (Sección n.° 1) de 6 de septiembre de 2022 (ECLI: ES:APSA:2022:699). En consonancia, el apartado 115 de la resolución añade: *"(...) se puede deducir que el legislador español no ha querido aplicar la norma del artículo 234.2 TRLSC a los casos de incumplimiento de la regla del artículo 160 f) TRLSC para otorgar protección a los terceros de buena por encima de los intereses de los socios. Seguramente porque, de haberlo hecho, la redistribución de competencias entre órganos introducida en esa norma por la Ley 31/2014, de 3 de diciembre con la intención de mejorar el gobierno corporativo de las sociedades mercantiles de capital quedaría vacía por completo de contenido (y de sentido desde una perspectiva teleológica)"*.

233 Apartado 111 SAP de Salamanca (Sección n.° 1) de 6 de septiembre de 2022 (ECLI: ES:APSA:2022:699).

del gobierno corporativo"[234]. Por tanto, una injerencia no autorizada de los administradores en esta competencia exclusiva de la junta, es oponible a terceros de toda clase y, por tanto, el acto de disposición será nulo si se realiza en tales términos.

Ahora bien, la sentencia señala que la nulidad de la operación por infracción del art. 160 f) LSC no se predica tanto por constituir una falta de consentimiento o de capacidad de la sociedad, sino por la contravención de una norma "ius cogens" (art. 6.3 CC), que afecta o puede afectar "*a la estructura organizativa, financiero-patrimonial de la sociedad y funcional (por la modificación de hecho del objeto social o imposibilidad material de desarrollo del mismo) de la sociedad y, con ello, a los intereses de los socios, motivo por el que se ha buscado ampliar las competencias de la junta para tomar una decisión al respecto, aun tratándose de un acto de gestión, y cuya inobservancia aboca necesariamente a la nulidad de la operación realizada sin la aquiescencia de la junta general*"[235].

III. EFECTOS INTERNOS: EL EJERCICIO DE LAS ACCIONES DE RESPONSABILIDAD CONTRA LOS ADMINISTRADORES COMO TUTELA DE LOS INTERESES DE LA SOCIEDAD, LOS SOCIOS Y LOS TERCEROS DE BUENA FE

1. Aspectos comunes

1.1 La responsabilidad del administrador por no respetar la competencia de la junta sobre activos esenciales

Con independencia de la teoría que se adopte sobre la eficacia externa de una operación formalizada con activos esenciales sin el consentimiento de la junta, resulta evidente que los administradores habrán de asumir la oportuna responsabilidad por su conducta. El sistema de responsabilidad por daños incardinado en la normativa

---

234 Apartado 111 SAP de Salamanca (Sección n.º 1) de 6 de septiembre de 2022 (ECLI: ES:APSA:2022:699).

235 Apartado 121 SAP de Salamanca (Sección n.º 1) de 6 de septiembre de 2022 (ECLI: ES:APSA:2022:699).

societaria —y cuyo encaje se encuentra en el seno de la responsabilidad civil tradicional[236]— tiene una raíz común, ya sea la sociedad quien sufra el perjuicio, los socios o terceros. El art. 236 LSC fija las condiciones y presupuestos generales para activar esta responsabilidad que recae exclusivamente sobre el administrador ampliamente considerado como tal (de derecho y de hecho), así como, en ciertas ocasiones, sobre el alto directivo (caso proscrito en el art. 236.4 LSC).

En primer lugar, para que proceda el ejercicio de las acciones de responsabilidad es preciso que el administrador haya obrado una conducta antijurídica. En este sentido, arroja el art. 236.1 LSC: *"Los administradores responderán frente a la sociedad, frente a los socios y frente a los acreedores sociales, del daño que causen por actos u omisiones contrarios a la ley o a los estatutos o por los realizados incumpliendo los deberes inherentes al desempeño del cargo, siempre y cuando haya intervenido dolo o culpa".* Considerando el tenor de la norma, la infracción de solicitar autorización, u omitir la negativa, de la junta general sobre efectuar actos de disposición de los activos esenciales, implica cumplir un doble —sino triple— presupuesto del 236 LSC. En primer término, dicha contravención constituye el incumplimiento de uno de los deberes anudados al cargo de administrador, dispuesto tácitamente en el art. 160 f) LSC (pedir autorización previa a los socios) y expresamente —al menos— en los arts. 225-226 LSC (deber de diligencia) y —cuando concurran circunstancias adicionales— también en el art. 227 LSC (deber de lealtad). Además, supone indirectamente la contravención de una ley imperativa, pues tal deber viene consignado en la normativa societaria; e, incluso, en los estatutos si su contenido hubiera sido reproducido igualmente en ellos. En todo caso y, aunque resulte obvio, esta responsabilidad únicamente opera por conductas lesivas del administrador realizadas en el ejercicio de sus funciones[237]. Res-

---

236 SSTS de 26 de diciembre de 2014 (RJ 2014/6902); de 25 de junio de 2012 (RJ 2012/8853); de 4 de noviembre de 2011 (RJ 2011/1249); de 19 de mayo de 2011 (RJ 2011/3980); de 3 de julio de 2008 (RJ 2008/4366); y de 20 de febrero de 2006 (RJ 2006/2909).

237 Entre otros: DÍAZ ECHEGARAY, J. L., "La responsabilidad civil", en DÍAZ ECHEGARAY, J. L. (Coord.), *La responsabilidad de los administradores de las sociedades de capital*, Aranzadi, Cizur Menor, 2022, pp. 191-462, p. 249; RECAMÁN GRAÑA, E., *Los deberes y la responsabilidad de los administradores de sociedades de capital en crisis*, Aranzadi, Cizur Menor, 2016, p. 136; LARA GONZÁLEZ, R., "La

pecto al incumplimiento del deber de solicitar autorización para la venta de un activo esencial, el ejercicio de las acciones de responsabilidad requiere la antijuridicidad de la conducta; en este supuesto se produce, tanto de manera directa (por la realización de conductas contrarias a la ley), como indirecta (por la infracción del deber de diligencia, que incluye, a su vez, el deber de legalidad)[238].

Por otro lado, la contravención de lo dispuesto en el art. 160 f) LSC puede realizarse por vías distintas. Primero, como es habitual, mediante una conducta activa —principal—, cuando se ejecuta una operación sobre un activo esencial, disponiendo de él para su transmisión o adquisición frente a terceros sin la autorización pertinente. No obstante, también se admite la variante omisiva —y complementaria cuando, conscientemente, otro administrador observa de su compañero tal infracción y mantiene su pasividad permitiendo que la ejecute sin informar a la junta[239]. Además, tal conducta ha de ocasionar un daño en el patrimonio de la sociedad, los socios o terceros, debiendo probar el damnificado la conexión causal entre ambos; y todo ello porque la indemnización resultante necesariamente habrá de integrarse en el caudal que ha experimentado la reducción económica o de valor, según sea el caso y, por consiguiente, será determinante para saber el tipo de acción a ejercitar.

Otro aspecto común de la responsabilidad de los administradores reposa en su naturaleza subjetiva o por culpa. El administrador habrá de responder cuando haya obrado sabiendo la antijuridicidad de sus

---

acción social de responsabilidad: ejercicio por la sociedad", en ROJO FERNÁNDEZ RÍO, Á. (Dir.); y BELTRÁN SÁNCHEZ, E (Dir.), *La responsabilidad de los administradores de las sociedades mercantiles,* Tirant lo Blanch, Valencia, 2013, pp. 89-120, p. 90; o SÁNCHEZ CALERO, F. J., "Supuestos de responsabilidad de los administradores en la Sociedad Anónima", AAVV, *Derecho mercantil de la Comunidad Económica Europea: estudios en homenaje a José Girón Tena,* Civitas, Madrid, 1991, pp. 905-936, p. 911.

238 STS de 31 de marzo de 2023 (ECLI: ES:TS:2023:1290).

239 Expone GARCÍA GARCÍA, E., "Comentarios a los arts. 236-241 bis LSC", en GARCÍA-CRUCES GONZALEZ, J. A. (Dir.), *Comentario de la Ley de Sociedades de Capital,* Tomo III, Tirant lo Blanch, Valencia, 2021, pp. 3261-3392, p. 3265] que la pasividad del administrador es igualmente susceptible de incurrir en la responsabilidad del art. 236 LSC cuando aquél incurre en una falta de control, seguimiento y control de otros que, por delegación, actúan para la sociedad cometiendo una infracción y generando —correlativamente— un daño.

hechos y con plena voluntad de ejecutarlos (dolo), o bien porque haya actuado sin emplear toda la diligencia debida ante un resultado que, si bien potencial, era previsible y, de haber obrado de otro modo, se hubiera evitado[240]. Ello se extrae de la norma cuando señala *"(...) siempre y cuando haya intervenido dolo o culpa"*. Además, la ley incorpora una presunción *iuris tantum* de culpa: *"La culpabilidad se presumirá, salvo prueba en contrario, cuando el acto sea contrario a la ley o a los estatutos sociales"* (art. 236.1 II LSC). El precepto parece modular el grado de culpa sobre conductas derivadas de un incumplimiento legal o estatutario, respecto de aquellas otras que son consecuencia de contravenir un deber inherente al cargo. Sin embargo, esta dicción resulta cuanto menos, confusa, pues —como ya indiqué antes— el incumplimiento de un deber inherente supone, en todo caso, contrariar una norma jurídica, pues aquél deriva de ésta. La doctrina ha interpretado este precepto considerando su aplicación cuando la obligación contravenida sea de resultado y no de medios[241]. Consi-

---

240 GARCÍA GARCÍA, E., "Comentarios a los arts. 236-241 bis LSC", cit., p. 3267.

241 En este sentido, JUSTE MENCÍA, J., ["Artículo 236. Presupuestos y extensión subjetiva de la responsabilidad", en JUSTE MENCÍA, J. (Coord.), *Comentario de la reforma del Régimen de las Sociedades de Capital en materia de Gobierno Corporativo (Ley 31/2014) sociedades no cotizadas*, Aranzadi, Cizuer Menor, 2015, pp. 443-462, p. 448] justifica esta interpretación sobre la base del principio procesal establecido en el art. 385 LEC, que dispensa de la prueba de un hecho *"(...) cuando la certeza del hecho indicio del que parte la presunción haya quedado establecida mediante admisión o prueba"* (art. 385.1 II LEC). Otros autores, como GARCÍA MARRERO, J., ["La acción social de responsabilidad de los administradores", en ORTEGA BURGOS, E. (Dir.), *Tratado de conflictos societarios*, Tirant lo Blanch, Valencia, 2019, pp. 367-429, p. 379] indica que esta presunción supone cierta objetivación de la responsabilidad al asegurar la culpa con la simple comisión del hecho; no obstante, añade el autor que, en ningún caso, podremos hablar de una responsabilidad íntegramente objetiva, pues no excluye la exigencia de relación de causalidad y la presunción admite prueba en contrario. En último lugar, indica PINO SÁNCHEZ, A., ["Presupuestos y extensión subjetiva de la responsabilidad de los administradores sociales", en ARIAS VARONA, F. J. (Dir.); y RECALDE CASTELLS, A. (Dir.), *Comentario práctico a la nueva normativa de gobierno corporativo*, Dykinson, Madrid, 2015, pp. 117-122, p. 119] que con esta presunción no se pretende modificar el régimen subjetivo de responsabilidad, sino simplemente imputar la culpabilidad ante supuestos perfectamente predeterminados y contrastados, como sucede en los casos de un incumplimiento legal o estatutario, sin necesidad, por tanto, de exigir una prueba suplementaria para descargar la responsabilidad sobre el infractor. En el mismo sentido: PRENDES CARRIL, P.,

derando que en el caso de los activos esenciales, el administrador incumple un deber legal, su culpabilidad se presumirá en todo caso[242].

Sobre el alcance de la responsabilidad, la norma funda su atribución en base a principio de individualización. Cada administrador responde individualmente de los perjuicios causados durante el desempeño de sus funciones. Esta regla es fácilmente ejecutable para entidades que se rigen por el sistema de administrador único; no obstante, aquéllas que emplean una pluralidad de gestores, bien individualmente considerados o cuando actúan colegiadamente (consejo de administración), la ley dispone una garantía adicional. Establece el art. 237 LSC: *"Todos los miembros del órgano de administración que hubiera adoptado el acuerdo o realizado el acto lesivo responderán solidariamente, salvo los que prueben que, no habiendo intervenido en su adopción y ejecución, desconocían su existencia o, conociéndola, hicieron todo lo conveniente para evitar el daño o, al menos, se opusieron expresamente a aquél"*. La norma dispone en estos casos una tutela reforzada para los perjudicados por el daño causado, quienes podrán dirigirse contra cualquier administrador que haya participado en una operación de disposición sobre activos esenciales vulnerando la competencia de la junta. Ahora bien, aunque la norma menciona a los sujetos que hayan participado en la celebración del acto o hayan acordado ejecutarlo, lo cierto es que extiende el régimen de responsabilidad a cualquier miembro del órgano social. Esencialmente, porque corresponde probar a cualquiera de sus integrantes, al objeto de su exoneración, que desconocían el acto o hicieron todo lo posible para impedir su trámite[243]. El art.

"La responsabilidad de los administradores", en PRENDES CARRIL, P.; y otros (Dir.), *Tratado de sociedades de capital*, Tomo I, Aranzadi, Cizur Menor, 2017, pp. 1483-1512, p. 1486.

242 GALLEGO SÁNCHEZ, E., "Operaciones sobre activos esenciales", cit., p. 361.

243 Las posibilidades de exoneración dependen mucho del supuesto. Por ejemplo, en un consejo de administración sin delegación de facultades, el administrador sólo puede liberarse de la responsabilidad alegando desconocimiento del acuerdo adoptado para disponer sobre activos esenciales, que podrá hacerlo si prueba su ausencia en la reunión; no obstante, tal y como indica QUIJANO GONZÁLEZ, J., ["Comentario a los arts. 236-240", en ROJO FERNÁNDEZ-RÍO, Á. (Dir.); y BELTRÁN SÁNCHEZ, E. (Dir.), *Comentario de la Ley de Sociedades de Capital*, Aranzadi, Cizur Menor, 2011, pp. 1691-1728, p. 1705] si bien el consejero ausente no interviene en la adopción del acuerdo, ello no implica desco-

237 LSC constituye un signo de presunción general de solidaridad a las obligaciones mercantiles sobre responsabilidad en la gestión de sociedades de capital, cuyo objeto es evitar la aplicación de la presunción inversa (mancomunidad) del art. 1137 CC en favor de los acreedores-beneficiarios de este resarcimiento[244].

---

nocimiento de su existencia, *"máxime cuando el derecho-deber de información integra ahora la posición individual de cada miembro (art. 225.2) como expresión cualificada del deber de diligencia"*. Si el consejero estuvo presente, será garante de la eventual responsabilidad, pues todo parece apuntar que, siendo consciente de la operación, pero no considerando que esta fuera a ejecutarse sin el consentimiento de la junta, habrá de responder junto con el resto de gestores, salvo que pruebe que hizo todo lo posible para evitar el acto, como informar a los socios. No obstante, esta situación es improbable, y el juzgador habrá de valorar el caso concreto, pues si un consejero en su condición de tal aprueba un acuerdo determinado, confía en que, razonablemente, los administradores que hagan uso de la firma social para ejecutarlo, hayan cumplido con todas las prescripciones legales exigidas. Luego dicho consejero tendrá conocimiento de la infracción una vez cometida, y en este punto será difícil demostrar una actuación diligente por su parte de conformidad con lo prescrito por el art. 237 LSC.

244 Una clara manifestación de cómo en el ámbito mercantil se apuesta por el principio de solidaridad en las obligaciones plurales. Procede recordar que la doctrina mercantilista, científica y jurisprudencial, considera que este principio debería aplicarse siempre y como regla general para las obligaciones mercantiles, pues favorecería mucho la eficacia de su cumplimiento. En los últimos años, la jurisprudencia ha tendido a desvirtuar o, al menos, a restar rigidez al art. 1137 CC, en favor de la solidaridad. Existe una tendencia a ir hacia la obligación solidaria como eje central en el ámbito de los negocios. Concretamente, en materia de las obligaciones mercantiles en general, el Tribunal Supremo estableció que no era necesario que una obligación se constituyera expresamente como solidaria; bastaba que fuera evidente la voluntad de la norma o de las partes de generar la solidaridad: solidaridad tácita. En este sentido, la STS de 11 de julio de 2006 (RJ 2006/4977) dictaminó que: *"la solidaridad es la regla en el ámbito del Derecho mercantil, ya que "la rígida norma del artículo 1137 Código civil ha sido objeto de una interpretación correctora por parte de este Tribunal y muy especialmente en relación con las obligaciones mercantiles en las que, debido a la necesidad de ofrecer garantías a los acreedores, se ha llegado a proclamar el carácter solidario de las mismas, sobre todo cuando se busca y se produce un resultado conjunto (sentencias de 27 de julio de 2000 y 19 de abril de 2001)"*. Igualmente, la Sección Segunda de la Comisión General de la Codificación, de lo Mercantil, en la PROCOMER 2013 trató de consagrar este principio en su art. 415-1: *"1. En las obligaciones mercantiles se presume que los codeudores están obligados solidariamente, salvo pacto en contrario. 2. Todo fiador de una obligación mercantil quedará solidariamente obligado junto al afianzado"*.

Por otro lado, procede apuntar que la responsabilidad se extiende más allá de los administradores de derecho. Así, responderá igualmente el administrador de hecho, considerado como tal: "*(...) la persona que en la realidad del tráfico desempeñe sin título, con un título nulo o extinguido, o con otro título, las funciones propias de administrador, como, en su caso, aquella bajo cuyas instrucciones actúen los administradores de la sociedad*" (art. 236.3 LSC). Un ejemplo práctico de la figura lo encontramos en el denominado "socio de control": un socio —generalmente mayoritario—, con cargo de administrador caducado o que nunca lo ha ostentado, procura instrucciones absolutas a los administradores, sin dejarles libertad de actuación, de modo que mantiene un control pleno de la sociedad sin exponerse como gestor de la misma[245]. No obstante, este caso es poco habitual en actos de disposición sobre activos esenciales[246]. Por otro lado, en los casos de administración ejercida por persona jurídica, la persona física administradora —de esta última— responderá solidariamente con aquélla en los mismos términos que establece los arts. 236-241 bis LSC (arts. 212 bis 1 y 236.5 LSC).

---

245 Para una consulta más amplia sobre el asunto de los administradores de hecho, consúltese: DÍAZ ECHEGARAY, J. L., *El administrador de hecho de las sociedades*, Aranzadi, Cizur Menor, 2002, pp. 80-85. Otros ejemplos habituales de la administración de hecho son: el socio que es designado administrador en junta de manera inválida (por ejemplo: sin el mínimo de votos favorables legal o estatutariamente requeridos), el administrador que continúa ejerciendo sus funciones tras su cese, o el administrador cuyo cese consta en escritura pública, pero aún no está inscrita en el Registro Mercantil. Vid., al respecto: VIVERO DE PORRAS, C., "Sentencia de calificación", en PEINADO GARCÍA, J. I.; y SANJUÁN Y MUÑOZ, E., *Comentarios al articulado de Texto Refundido de la Ley Concursal*, tomo III, Sepin, Madrid, 2020, pp. 491-504, p. 495; y PINO SÁNCHEZ, A., "Presupuestos y extensión subjetiva de la responsabilidad de los administradores sociales", cit., p. 120.

246 Y parece evidente, pues si un socio que actúa como administrador en la sombra pretende realizar una disposición sobre algún activo esencial de la sociedad, no incurrirá en la infracción del 160 f) LSC, pues sabe que sin la autorización de la junta no podrá llevarlo a término.

1.2 Extensión de la responsabilidad propia del administrador a las personas que ostenten facultades de la más alta dirección

El art. 236.4 LSC atribuye las mismas responsabilidades del administrador social a las personas que ostenten funciones de la más alta dirección de la sociedad. Esta disposición está pensada para los denominados "apoderados generales", quienes ostentan la representación voluntaria de la entidad, con amplias facultades de gestión y representación: *"Cuando no exista delegación permanente de facultades del consejo en uno o varios consejeros delegados, todas las disposiciones sobre deberes y responsabilidad de los administradores serán aplicables a la persona, cualquiera que sea su denominación, que tenga atribuidas facultades de más alta dirección de la sociedad, sin perjuicio de las acciones de la sociedad basadas en su relación jurídica con ella".*

Este supuesto es aplicable a cualquier persona que haya realizado un acto de representación y cuyo poder sea muy amplio (general). Una figura distinta al administrador de hecho, pues la diferencia esencial reposa en que el apoderado general siempre actúa bajo la supervisión y el control del órgano de administración[247]; además, el apoderado es un representante voluntario de la entidad, externo, mientras que el administrador es representante orgánico[248]. Dos

---

247 Así lo dispuso la STS 8 de febrero de 2008 (RJ 2008/2664): *"La condición de administrador de hecho no abarca, en principio, a los apoderados (SSTS de 7 de junio de 1999 y 30 de julio de 2001), siempre que actúen regularmente por mandato de los administradores o como gestores de éstos, pues la característica del administrador de hecho no es la realización material de determinadas funciones, sino la actuación en la condición de administrador sin observar las formalidades esenciales que la ley o los estatutos exigen para adquirir tal condición. Cabe, sin embargo, la equiparación del apoderado o factor mercantil al administrador de hecho (STS de 26 de mayo de 1998, 7 de mayo de 2007 rec. 2225/2000) en los supuestos en que la prueba acredite tal condición en su actuación. Esto ocurre paradigmáticamente cuando se advierte un uso fraudulento de la facultad de apoderamiento en favor de quien realmente asume el control y gestión de la sociedad con ánimo de derivar el ejercicio de acciones de responsabilidad hacia personas insolventes, designadas formalmente como administradores que delegan sus poderes, pero puede ocurrir también en otros supuestos de análoga naturaleza, como cuando frente al que se presenta como administrador formal sin funciones efectivas aparece un apoderado como verdadero, real y efectivo administrador social (STS de 23 de marzo de 2006, recurso 2643/1999)".*

248 Vid., sobre el asunto: VILAMIL FERREIRA, V., *La separación de los administradores en las sociedades de capital*, cit., p. 254; y DE VAL TENA, Á. L., *El trabajo de alta*

ejemplos habituales de esta figura son: 1) aquel socio que, sin ser miembro integrante del consejo, ha sido apoderado por éste con las más altas facultades de administración (socio de control)[249]; y 2) el cargo del director general o alto directivo, que tiene una naturaleza laboral y dispone de su normativa específica, contenida en el Real Decreto 1382/1985, de 1 de agosto, por el que se regula la relación laboral de carácter especial del personal de alta dirección (RD 1382/1985)[250]. En ambos supuestos, su responsabilidad, más allá de la societaria, se extiende al ámbito de la insolvencia en casos de concurso declarado culpable[251]. Aunque la práctica societaria es escasa en materia de disposición sobre activos esenciales realizada por un socio no gestor apoderado o director general vulnerando la competencia de la junta, resulta un supuesto probable y, por tanto, merecedor de cierta atención.

Ahora bien, para imputar la responsabilidad de los arts. 236 y ss. LSC a la persona que ostente facultades de la más alta dirección, debe concurrir un doble requisito. Por un lado, es importante que el órgano de administración esté configurado de manera colegiada (consejo de administración); no procederá en casos de administración única o plural no colegiada. Y, en segundo lugar, es presupuesto necesario que el consejo no haya procedido a realizar la delegación permanente de facultades en uno o varios consejeros, pues de lo contrario no habrá lugar a equiparar al alto directivo como administrador a estos efectos. La razón de esta exigencia parece clara, pues en ausencia de consejero delegado, pero existiendo consejo, el legislador pretende desincentivar el uso de apoderamientos generales otorgados frente a terceros con intención de eludir la responsabilidad de los arts. 236 y ss. Existiendo un director general, la afrontará sin necesidad de acre-

---

dirección. Caracteres y régimen jurídico, Civitas, Madrid, 2002, pp. 177-184.

249 GARRIDO DE PALMA, V.; y ARANGUREN URRIZA, F. J., "Protocolos y pautas de actuación de los administradores: perspectiva notarial", cit., p. 438.

250 BOE de 12 de agosto de 1985.

251 Sobre el particular, vid.: MARTÍNEZ MUÑOZ, M., "El cambio de apoderados generales por los directores generales como personas afectadas por la calificación en el Texto Refundido de la Ley Concursal", *Anuario de Derecho Concursal*, n.º 51, 2020, pp. 131-156.

ditar su condición de administrador de hecho[252]; procede considerar, también, que el fundamento de esta "derivación" obedece a que el consejo es un órgano esporádico, y se torna necesario localizar a un individuo que responda en su condición de apoderado general[253]. En ausencia de alguno de estos requisitos, la responsabilidad quedará excluida para el alto directivo, que únicamente le será atribuible si es posible demostrar que actuó como administrador de hecho[254].

2. *La protección frente a la sociedad y sus socios en los casos de validez del negocio celebrado en incumplimiento del art. 160 f) LSC: la acción social de responsabilidad*

Los autores que defienden la validez del negocio celebrado en contravención a lo dispuesto en el art. 160 f) LSC, descargan el riesgo por la pérdida del bien (esencial) sobre la sociedad y los socios. La protección del tercero de buena fe se materializa manteniendo los efectos de la operación realizada y la posesión pacífica del activo que ahora le pertenece; sin embargo, para solventar el perjuicio ocasionado directamente a la sociedad e, indirectamente, a los socios, procede el ejercicio de la acción social de responsabilidad contra el administrador infractor.

2.1 Lesión a la sociedad: la pérdida del activo

La acción social de responsabilidad es el cauce idóneo para resarcir a la sociedad por el activo perdido como consecuencia de su enajenación sin autorización de la junta. Dicha acción tiene por objeto reparar los daños provocados en el patrimonio social, de modo directo, por las acciones u omisiones ilegales, contrarias a los estatutos o

---

252 MARTÍNEZ ECHEVARRÍA, A.; y PUENTE GONZÁLEZ, I. A., "Aspectos esenciales del régimen de la responsabilidad de los administradores de las sociedades de capital", en PULIDO BEGINES, J. L. (Dir.), *Responsabilidad de los administradores de las sociedades de capital*, Marcial Pons, Madrid, 2019, pp. 15-32, p. 30.

253 GARCÍA GARCÍA, E., "Comentarios a los arts. 236-241 bis LSC", p. 3279.

254 JUSTE MENCÍA, J., "Artículo 236. Presupuestos y extensión subjetiva de la responsabilidad", cit., p. 458.

incumplidoras de sus deberes por parte de los administradores, siempre que hubiese mediado un nexo causal entre la conducta ilícita de éstos y el menoscabo sufrido por la sociedad administrada[255]. Respecto del concepto de daño, la jurisprudencia ha declarado que consiste *"en el menoscabo económico por la diferencia entre la situación del patrimonio de quien lo sufre y la que tendría de no haberse realizado el hecho dañoso, ya por la disminución efectiva del activo, ya por la ganancia perdida o frustrada, pero siempre ha de comprender en su plenitud las consecuencias del acto lesivo"*[256]. Considerando lo dispuesto en la sentencia, el contenido del daño se apoya sobre las reglas de derecho común, disponiendo, de un lado, que abarca el daño emergente (pérdida económica sufrida) y, de otro, el lucro cesante (ganancia que deja de percibir el damnificado) (art. 1106 CC).

En torno al daño emergente, se trata del valor de la pérdida efectivamente sufrida y conocida[257] y, por tanto, susceptible de acreditación al tiempo de ejercer la acción. Sólo será indemnizable el perjuicio que resulte como consecuencia de la conducta del administrador (la salida injustificada del activo), no los gastos que hubiera debido realizar la sociedad con independencia de aquélla[258]. Respecto de los

---

[255] SSTS de 31 de marzo de 2023 (ECLI:ES:TS:2023:1290); de 21 de diciembre de 2021 (ECLI:ES:TS:2021:4586); de 16 de abril de 2018 (ECLI:ES:TS:2018:1319); de 10 de mayo de 2017 (ECLI:ES:TS:2017:1859); de 26 de diciembre de 2014 (ECLI:ES:TS:2014:5724); de 12 de julio de 2012 (ECLI:ES:TS:2012:5815); de 4 de noviembre de 2011 (ECLI:ES:TS:2011:8014); o de 22 de julio de 2010 (ECLI:ES:TS:2010:4786).

[256] STS de 13 de junio de 2012 (ECLI:ES:TS:2012:4296).

[257] En la doctrina civilista: ASÚA GONZÁLEZ, C., "Comentario al art. 1106 CC", en BERCOVITZ RODRÍGUEZ-CANO, R. (Dir.), *Comentarios al Código Civil*, Tomo VI, Tirant lo Blanch, Valencia, 2013, pp. 8102-8116, p 8107; LLAMAS POMBO, E., "Comentario al art. 1106 CC", en DOMÍNGUEZ LUELMO, A. (Dir.), *Comentarios al Código Civil*, LexNova, Valladolid, 2010, pp. 1217-1219, p. 1218; y DÍEZ-PICAZO Y PONCE DE LEÓN, L., *Fundamentos de derecho civil patrimonial*, Tomo II, Aranzadi, Cizur Menor, 2008, p. 788.

[258] PUETZ, A., "La acción social de responsabilidad: fundamento y ejercicio por la sociedad", en PULIDO BEGINES, J. L. (Dir.), *Responsabilidad de los administradores de las sociedades de capital*, Marcial Pons, Madrid, 2019, pp. 79-135, pp. 102-103. A tenor de ello, insiste en autor en la necesidad de determinar el importe del daño ocasionado en la demanda que ejercite la acción social, sin posibilidad de dejar la cuantificación para el trámite de ejecución, al amparo de lo previsto en el art. 219.1 LEC.

activos esenciales, caben diferentes supuestos. En primer lugar, que la transacción se haya realizado por equivalencia de valores, de modo que la contraprestación pecuniaria que haya recibido la sociedad sea igual (o superior) a la del valor del activo extraído de su patrimonio; en este caso no existirá un menoscabo económico en sentido estricto en el caudal societario (por no experimentar una reducción). Otro supuesto sería el de la venta del activo por un precio notablemente o sensiblemente inferior a su valor, aspecto que podrá ser acreditado mediante los oportunos informes periciales y, con el resultado de su dictamen, imputar la diferencia de valor como daño emergente (reducción patrimonial).

Sobre el lucro cesante, se trata de las ganancias dejadas de percibir como consecuencia directa e inmediata del hecho lesivo. Parece algo más claro en los casos de sustracción de un activo esencial. Considerando su utilidad funcional, la entidad es susceptible de experimentar una pérdida de ganancias de gran categoría, pues si resulta operativo, obligará a paralizar total o parcialmente o todas o alguna rama de la actividad que desempeñe, lo que desembocará en la imposibilidad de aprovechar las oportunidades de negocio relacionadas con la actividad/es afectada/s. En casos extremos, no podrá seguir operando en el tráfico y la fuga del activo constituiría una liquidación de hecho de la entidad. Respecto de la prueba del lucro cesante, procede recordar que, aunque necesaria, ésta se apoya en la presunción de cómo habrían sucedido los acontecimientos en el supuesto de no haber tenido lugar el hecho dañoso y la ganancia susceptible de haber obtenido[259]. Existiendo cierto grado de incertidumbre —por tratarse de un hecho futuro el imposible de contrastar en el presente, no procede exigir una prueba absoluta, pero sí razonablemente probable[260], pues los supuestos meramente

---

259 Concretamente, se trata, como afirma VICENTE DOMINGO, E., ["El daño", en REGLERO CAMPOS, L. F. (Coord.), *Tratado de responsabilidad civil*, Aranzadi, Cizur Menor, 2003, pp. 219-302, p. 240], de reconstruir hipotéticamente lo que podría haber ocurrido, pese a la imposibilidad de aportar una prueba contundente.

260 Se trata de realizar un juicio de probabilidad, fundado en criterios objetivos de experiencia (económicos, contables, actuariales, asistenciales o financieros) según las disciplinas técnicas o científicas correspondientes a las circunstancias de cada asunto. En este sentido, ya dispuso la STS de 5 de noviembre de 1998

inciertos (pérdidas dudosas o contingentes) no darán lugar a este resarcimiento[261]. Señala en este punto DÍEZ-PICAZO que el problema de la valoración del lucro cesante no resulta demasiado difícil si en el pasado existían elementos suficientes para valorar el curso normal de los factores de ganancia futura[262].

2.2 Legitimación y efectos

Considerando que la pérdida del activo la experimenta el patrimonio de la sociedad, corresponde a ésta el ejercicio de la acción como principal o preferente legitimada[263]. Para su trámite, la junta habrá de reunirse adecuadamente convocada, o bien por concurrencia de todos sus socios en junta universal sin anuncio previo. El ejercicio de la responsabilidad de los administradores, como asunto social urgente, merece cierta dispensa de trámites, motivo por el cual la ley permite abordarlo en la reunión sin necesidad de su constancia en el orden del día y aprobarlo con una mayoría ordinaria, sin posibilidad de exigir una más cualificada en estatutos (art. 238.1 LSC). Algunos autores destacaban que el ejercicio de la acción por la sociedad tu-

---

(RJ 1998/8404) que: *"El lucro cesante, como el daño emergente, debe ser probado; la dificultad que presenta el primero es que sólo cabe incluir en este concepto los beneficios ciertos, concretos y acreditados que el perjudicado debía haber percibido y no ha sido así; no incluye los hipotéticos beneficios o imaginarios sueños de fortuna. Por ello, esta Sala ha destacado la prudencia rigorista (así, sentencia de 30 de junio de 1993) o incluso el criterio restrictivo (así, sentencia de 30 de noviembre de 1993) para apreciar el lucro cesante; pero lo verdaderamente cierto, más que rigor o criterio restrictivo, es que se ha de probar, como en todo caso debe probarse el hecho con cuya base se reclama una indemnización; se ha de probar el nexo causal entre el acto ilícito y el beneficio dejado de percibir —lucro cesante— y la realidad de éste, no con mayor rigor o criterio restrictivo que cualquier hecho que constituye la base de una pretensión (así, sentencias de 8 de julio de 1996 y 21 de octubre de 1996)"*. Cabe señalar que esta previsión quedó recogida en la Propuesta de Código Civil que elaboró la Asociación de profesores de Derecho Civil y publicada por la editorial Tecnos en su integridad en el año 2018. Concretamente, dispuso su art. 518-21.2: *"Para la estimación del lucro cesante se atiende a la probabilidad de su obtención según el curso normal de los hechos y circunstancias"*. Vid., también: QUIJANO GONZÁLEZ, J., "Comentario a los arts. 236-240", cit., p. 1696.

261 STS de 30 de junio de 1993 (RJ 1993/5340).

262 DÍEZ-PICAZO Y PONCE DE LEÓN, L., *Fundamentos de derecho civil patrimonial*, Tomo II, cit., p. 792.

263 DÍAZ ECHEGARAY, J. L., "La responsabilidad civil", cit., p. 361.

vo una escasa práctica, motivada por el hecho de ser la junta quien nombra a los administradores, no estará interesada en impulsar una medida tan alarmante, optando por otras vías más laxas (como la revocación o la no relección en el cargo)[264]. Sin embargo, los casos de incumplimiento del art. 160 f) LSC revisten una gravedad notable, y encienden la confrontación entre el administrador y los socios afectados ante la pérdida de un activo esencial del que no querían desprenderse; razón por la que aquí existen razones de peso para el ejercicio de la acción por la sociedad, sin esperar a los legitimados subsidiarios.

En defecto de la sociedad como legitimada, cabe la legitimación subsidiaria de la minoría de socios (que posean individual o conjuntamente una participación del 5% del capital) en los casos que dispone el art. 239.1 LSC para la defensa del interés social[265]. Sin embargo, procederá el ejercicio directo —sin someter la decisión al acuerdo de la junta— de la acción cuando la venta de un activo esencial se haya producido sin acuerdo de la junta y, además, infringiendo el administrador su deber de lealtad (art. 239.1 II LSC); en este supuesto, el legislador atribuye al socio un interés directo y legítimo en el pleito, al amparo del art. 13.1 LEC[266]. De ello se arroja el hecho de que en los casos donde la infracción del art. 160 f) LSC suponga sólo una mera contravención del deber de diligencia, únicamente cabrá ejercitar la acción por los socios en vía subsidiaria a la sociedad[267].

Otros sujetos legitimados para el ejercicio de la acción social son los acreedores de la sociedad. Se trata de una legitimación subsidiaria de segundo grado, pues para su ejercicio han de concurrir dos

---

264 LARA GONZÁLEZ, R., "La acción social de responsabilidad: ejercicio por la sociedad", cit., p. 92.

265 Cuando los administradores no convocasen la junta general solicitada al objeto de ejercitar la acción social, cuando la sociedad no la entablare dentro del plazo de un mes, contado desde la fecha de adopción del correspondiente acuerdo, o bien cuando éste hubiere sido contrario a la exigencia de responsabilidad.

266 JUSTE MENCÍA, J.; y MASSAGUER, J., "Artículo 239. Legitimación de la minoría", en JUSTE MENCÍA, J. (Dir.), *Comentario de la reforma del Régimen de las Sociedades de Capital en materia de Gobierno Corporativo (Ley 31/2014) sociedades no cotizadas*, Aranzadi, Cizur Menor, 2015, pp. 463-476, p. 470; y CURTO POLO, M., *La protección del socio minoritario*, p. 228.

267 GARCÍA GARCÍA, E., "Comentarios a los arts. 236-241 bis LSC", cit., p. 3333.

requisitos: en primer lugar, que ni la sociedad ni los socios hayan ejercitado la acción; y, en segundo lugar, que, fruto del perjuicio que ha ocasionado el administrador con su conducta antijurídica en el patrimonio social, haya quedado éste tan reducido que no exista líquido o bienes suficientes para el pago de sus créditos. Respecto de esto último, la insuficiencia patrimonial que se exige es más restringida que el concepto de insolvencia, pues de lo contrario lo que procedería es la declaración del concurso (art. 5.1 TRLC). Esto deja un escaso margen para que el acreedor ejercite la acción social, pues serán pocos los casos en que, fruto del daño al patrimonio social, éste resulte insuficiente para abonar un crédito sin estar, simultáneamente en insolvencia. Y, en este último caso, el ejercicio de la acción social no correspondería al acreedor, sino a la administración concursal en exclusiva (art. 132.1 TRLC). Por otro lado, a facultad de ejercitar la acción se reconoce al acreedor individualmente considerado y en virtud de su condición de titular de un derecho de crédito frente a la sociedad; no obstante, nada impide que se agrupen una pluralidad de ellos para interponer conjuntamente la demanda[268].

Por último —aunque ya lo hemos apuntado—, el ejercicio próspero de la acción provoca como principal efecto, la incorporación de la partida indemnizatoria abonada por el administrador al patrimonio social. Integrará los conceptos por daños emergente y lucro cesante, así como el interés legal aplicable.

3. Nulidad del negocio por incumplimiento del art. 160 f) LSC: la acción individual de responsabilidad

Para quienes consideran que la contravención del art. 160 f) LSC arroja la nulidad absoluta de la operación formalizada, la protección de los terceros de buena fe puede obtenerse —pese a quedar desprovistos del bien (esencial) adquirido— mediante el ejercicio de la acción individual de responsabilidad del art. 241 LSC. En este sentido, la citada SAP de Salamanca (Sección n.° 1) de 6 de septiembre de 2022 determinó que: *"La adecuada protección de los terceros de buena fe para garantizar la necesaria seguridad del tráfico, que se convierte en el*

268 GARCÍA GARCÍA, E., "Comentarios a los arts. 236-241 bis LSC", cit., p. 3347.

principal argumento de quienes defienden la aplicación analógica del artículo 234.2 TRLSC a los casos de incumplimiento de la regla del artículo 160 f) TRLSC, se puede conseguir igualmente si se opta —como aquí hacemos— por la consideración de la operación realizada sin acuerdo de la junta como nula e ineficaz, recurriendo a la acción individual de responsabilidad prevista en el artículo 241 TRLSC". De este modo —prosigue la sentencia—: *"cuando de las circunstancias que rodean la celebración del contrato no se desprenda para un tercero de buena fe que el activo objeto de la operación es esencial para la sociedad de capital con la que contrata, dicho tercero podrá ejercer contra los administradores que no disponían de competencias para concluir la operación la acción individual de responsabilidad, al haber actuado de forma negligente y lesionando directamente sus intereses"*[269].

No obstante, procede realizar un cierto análisis de la naturaleza y objeto de la acción al efecto de valorar si constituye un mecanismo adecuado para ofrecer una tutela económica para el tercero de buena fe afectado por la restitución forzosa del bien.

3.1 El daño directo: la lesión a los acreedores por pérdida del derecho de crédito

De conformidad con el art. 241 LSC, los socios o terceros pueden ejercitar la acción individual de responsabilidad cuando el administrador, mediante una conducta antijurídica en el desempeño de su cargo, lesione directamente los intereses de aquéllos; el daño directo es, por tanto, aspecto esencial[270]. La cuestión clave del asunto reposa

---

269 Apartado 125 SAP de Salamanca (Sección n.º 1) de 6 de septiembre de 2022 (ECLI: ES:APSA:2022:699).

270 Entre otros: DÍAZ ECHEGARAY, J. L., "La responsabilidad civil", cit., p. 421; GARCÍA GARCÍA, E., "Comentarios a los arts. 227-230 LSC", cit., p. 3366; COHEN BENCHETRIT, A., "La acción individual de responsabilidad de los administradores sociales", cit., p. 47; SANCHO GARGALLO, I., "Las acciones social e individual en la jurisprudencia reciente", en GONZÁLEZ FERNÁNDEZ, B (Dir.); y COHEN BENCHETRIT, A. (Dir.), *Derecho de sociedades: cuestiones sobre órganos sociales*, Tirant lo Blanch, Valencia, 2019, pp. 951-967, p. 952; YÁÑEZ EVANGELISTA, J., "Otras acciones de responsabilidad del administrador societario"; acción por daños y por deudas", en ORTEGA BURGOS, E. (Dir.), *Tratado de conflictos societarios*, Tirant lo Blanch, Valencia, 2019, pp. 431-470, p. 439; o ESTEBAN VELASCO, G., "La acción individual de responsabilidad", en ROJO FERNÁNDEZ RÍO, Á. (Dir.); BELTRÁN SÁNCHEZ, E (Dir.), *La responsabilidad*

en esclarecer si la frustración del tercero por un negocio declarado nulo en base a un incumplimiento del administrador del art. 160 f) LSC, constituye un daño directo al amparo del art. 241 LSC.

En principio, la doctrina es proclive a considerar que la frustración del tercero desprovisto de su activo es razón suficiente para el ejercicio de la acción individual de responsabilidad, pues la omisión del administrador en el cumplimiento del trámite previo de la autorización de la junta, es causa directa de la producción del perjuicio; de lo contrario, el negocio no adolecería de defectos invalidantes y el adquirente habría conservado el bien[271]. Sobre el asunto, el Tribunal Supremo exige que el daño sea directo, excluyendo expresamente el denominado "daño indirecto o reflejo" del socio o tercero, ocasionado de rebote y derivado un perjuicio anterior y directo que haya sufrido la sociedad como consecuencia de la conducta ilegítima y culposa del administrador[272]; pues éste (daño reflejo) sólo queda amparado por el ejercicio de la acción social, y no por la que es objeto de análisis ahora[273]. Un ejemplo de ello es el supuesto donde

---

de los administradores de las sociedades mercantiles, Tirant lo Blanch, Valencia, 2013, pp. 161-247, p. 181; y SÁNCHEZ CALERO, F., *Los administradores en las sociedades de capital*, cit., pp. 409-410.

271 ESTEBAN VELASCO, G., "Distribución de competencias entre la Junta General y el órgano de Administración, en particular las nuevas facultades de la Junta sobre activos esenciales", cit., p. 67; ALFARO ÁGUILA-REAL, J., "El nuevo artículo 160 f) LSC", cit., disponible para su consulta en: https://derechomercantilespana.blogspot.com/2015/02/el-nuevo-articulo-160-f-lsc.html; o MARÍN DE LA BÁRCENA, F., "Nuevas competencias expresas de la Junta General de las Sociedades de Capital", *Análisis GA&P*, JULIO, 2014, pp. 1-4, p. 2.

272 En la esfera del derecho de daños en general, explica VICENTE DOMINGO, E., ("El daño", cit., p. 273) que el daño indirecto o reflejo es aquel que presenta dos tipos de perjudicados: por un lado, la persona directa e inicialmente dañada, la que sufre el perjuicio en la esfera de sus bienes o derechos; y, de otro lado, la persona indirectamente perjudicada en su esfera pecuniaria, moral o ambas.

273 En este sentido, recuerda la STS de 20 de junio de 2013 (ECLI:ES:TS:2013:3605) que: *"El texto del precepto explicita claramente el requisito del carácter directo de la lesión resarcible mediante el ejercicio de dicha acción. (...) Por esa razón, doctrina y jurisprudencia han excluido que mediante la acción individual pueda el socio exigir al administrador social responsabilidad por los daños que se produzcan de modo reflejo en su patrimonio como consecuencia del daño causado directamente a la sociedad. Para que pueda aplicarse el art. 135 del Texto Refundido de la Ley de Sociedades Anónimas se requiere la existencia de un daño directo a los socios o a terceros. Si el daño al socio es reflejo del daño al*

administrador ocasiona un daño al patrimonio social, y fruto de ese menoscabo, también desciende el valor de mercado de las acciones y participaciones de los socios; por tanto, la acción individual abarca hechos donde la conducta antijurídica repercute directamente —sin implicar a la propia sociedad— sobre el patrimonio de socios o terceros. Otro ejemplo es el daño indirecto del acreedor por imposibilidad del cobro de su crédito en casos de insolvencia de la entidad.

La acción individual goza de abundante casuística; sin embargo, respecto su ejercicio en casos de activos esenciales no es muy cuantiosa, aunque existe algún supuesto. La acción individual se ha formulado en múltiples ocasiones al objeto de obtener el cobro de una deuda cuando la sociedad no ha podido pagarla. Procede recordar que uno de los pilares básicos de la sociedad de capital descansa en la ausencia de responsabilidad por obligaciones sociales respecto de socios y administradores; no obstante, sí ha habido casos donde el Tribunal Supremo ha estimado el ejercicio de la acción en favor del acreedor. Como regla general, el simple impago de una deuda social no es motivo suficiente para imputar su cumplimiento al administrador por vía del 241 LSC, pues ese hecho no es demostrativo de un hecho culpable, presupuesto necesario para que prospere la acción.

Es preciso que concurran circunstancias adicionales muy excepcionales y cualificadas[274]. La STS de 5 de mayo de 2017[275], abordó un caso de salida injustificada de un activo social valorado en una elevada suma y declaró que *"el impago de las deudas sociales no puede equivaler necesariamente a un daño directamente causado a los acreedores sociales por los administradores de la sociedad deudora, a menos que el riesgo comercial quiera eliminarse por completo del tráfico entre empresas o se pretenda desvirtuar el principio básico de que los socios no responden personalmente de las deudas sociales. De ahí que este tribunal exija al demandante, además de la prueba del daño, tanto la prueba de la conducta del administrador, ilegal o carente de la diligencia de un ordenado empresario, como la del nexo causal*

---

patrimonio social solo puede ejercitarse la acción social de responsabilidad. En tal caso, la indemnización que se obtenga reparará el patrimonio social y, de reflejo, el individual de socios o terceros".

274 STS de 6 de octubre de 2021 (ECLI:ES:TS:2021:3606).

275 STS de 5 de mayo de 2017 (ECLI:ES:TS:2017:1660).

entre conducta y daño"[276]. Es decir, el daño —en este caso la salida del activo, ha de producirse mediante la concurrencia de una conducta antijurídica, como así ocurre cuando el administrador infringe lo dispuesto en el art. 160 f) LSC; y, además, como es lógico, la conexión causal entre la conducta y el perjuicio. Respecto de la prueba, el Tribunal Supremo parece establecer una posición beneficiosa para el acreedor perjudicado, pues las SSTS de 18 de abril[277] y 13 de julio de 2016[278] simplemente le piden realizar un *esfuerzo argumentativo*, dejando en manos del administrador la carga de la prueba sobre aquellos hechos respecto de los que tiene mayor facilidad probatoria; se aprecia una intención de nuestro Alto Tribunal de favorecer el éxito de la acción[279].

A nuestro juicio, la protección del tercero de buena fe desprovisto del activo esencial en infracción del 160 f) LSC, sí puede —y debe— articularse a través de la acción individual de responsabilidad (art. 241 LSC). En primer lugar, el daño directo al acreedor se materializa por la frustración del contrato declarado nulo y el quebranto de sus legítimas expectativas de ser propietario y mantener la posesión pacífica del bien, que tuvo que restituir a la sociedad transmitente. En segundo lugar, el perjuicio no es consecuencia de un mero incumplimiento del negocio, sino que el mismo ha sido promovido por una actuación antijurídica y culpable del administrador en el ejercicio de sus funciones[280]: la infracción de la ley —vender un activo esencial

---

276 En la misma línea: SSTS de 14 de noviembre de 2019 (ECLI:ES:TS:2019:3626); y de 5 de noviembre de 2019 (ECLI:ES:TS:2019:3625)

277 STS de 18 de abril de 2016 (ECLI:ES:TS:2016:1650).

278 STS de 13 de julio de 2016 (ECLI:ES:TS:2016:3433).

279 Así lo interpreta ARIAS VARONA, F. J., ["Acción individual en los casos de cierre de hecho de sociedades y carga de la prueba", RODRÍGUEZ ARTIGAS, F. (Dir.); y ESTEBAN VELASCO, G. (Dir.), *Estudios sobre órganos de las sociedades de capital*, Aranzadi, Cizur Menor, 2017, pp. 1227-1256, pp. 1251-1252] quien expone que ese esfuerzo argumentativo —si bien mínimo— se aplica como condición para aplicar el principio de facilidad probatoria.

280 Sobre ello, la SAP de Burgos (Sección 3.ª) de 7 de diciembre de 2021 (ECLI:ES:APBU:2021:1133) consideró que, ante la venta de un activo esencial sin el consentimiento de la junta, no es posible el ejercicio de la acción individual de responsabilidad como medio de tutela del tercero perjudicado, pues ésta *"tiene como base o punto de partida una acto u omisión imputable al mismo que ha sido adoptado en el ámbito de sus competencias como administrador, y en el presente caso*

sin autorización de la junta—, que constituye, a su vez —y cuanto menos— una vulneración del deber de diligencia (arts. 225-226 LSC[281]; y, si concurren otras circunstancias cualificadas, también el de lealtad: art. 227 y ss. LSC). Y respecto del nexo causal, también parece claro: si el administrador hubiera dispuesto del activo con la correspondiente autorización de la junta, el tercero sería hoy propietario legítimo del bien o bien nunca se hubiera celebrado la operación, lo que implica que el incumplimiento de aquél es motivo único y directo del perjuicio.

3.2 Legitimación y efectos

La legitimación activa para el ejercicio de la acción corresponde a los socios y terceros, que la formulan directamente frente al administrador sin necesidad de involucrar a la sociedad que administran.

---

no existe tal acto pues lo que existe es un acuerdo de la junta de socios, adoptado en el ámbito de competencia de la misma, pues la venta de un activo esencial requiere que sea aprobado por la junta (art. 160-f) de la LSC, por lo cual lo que procede, si se considera que el acuerdo no es conforme a Derecho en los términos del art. 204 de la LSC, es la impugnación del mismo". No compartimos la opinión del tribunal, pues el art. 241 LSC no limita la responsabilidad del administrador a los actos u omisiones dañosos realizados en el ámbito de sus competencias, sino que la extiende a los que ejecute en calidad administrador de la entidad (el ilícito orgánico ha de partir de un criterio amplio: YÁÑEZ EVANGELISTA, J., "Otras acciones de responsabilidad del administrador societario"; acción por daños y por deudas", cit., p. 434), con independencia que actúe dentro de sus competencias o invadiendo las ajenas (lo que supone una vulneración de la ley y los deberes inherentes a su cargo); de lo contrario —actuación realizada en su estricta calidad personal—, sólo procedería exigirle responsabilidad por vía del 1902 CC o 1106 —según el caso—, y no por los 236 y ss. LSC.

281 Si bien en su momento, autores como ALFARO ÁGUILA-REAL, J., ("La llamada acción individual de responsabilidad o responsabilidad "externa" de los administradores sociales", *InDret*, n.° 1, 2007, pp. 1-18, p. 7), fueron críticos con el hecho de imputar al administrador el daño a un tercero por incumplir unos deberes que no tenía frente a éste, sino con la sociedad: *"lo relevante no es el incumplimiento de sus deberes de administrador ex art. 127 LSA, sino el incumplimiento de sus deberes frente al tercero que reclama la indemnización. Es un error, por tanto, calificar la conducta del administrador como generadora de responsabilidad personal frente al tercero sobre la base de que el administrador haya incumplido un deber frente a la sociedad. Le será imputable el daño al tercero cuando haya omitido el cumplimiento de sus deberes frente a los terceros".*

Sobre este respecto, y considerando la flexibilización probatoria que exige el Tribunal Supremo para obtener un efecto próspero de la acción, es doctrina confirmada que, cuando el acto hubiera lesionado directamente los intereses de algún socio o de un tercero, está plenamente legitimado para su ejercicio el directamente perjudicado[282]. Por tanto, corresponde al sujeto afectado por la nulidad de la operación sobre el activo adquirido y restituido. Respecto de los efectos derivados de un ejercicio próspero de la acción es el abono del resarcimiento por el administrador que ha de integrarse en el patrimonio del perjudicado, que habrá de pagarse en dinero.

3.3 La posición jurídica del tercero de mala fe

Considerando la postura expuesta, si el tercer adquirente de buena fe va a quedar afecto a la nulidad de la operación realizada en incumplimiento del art. 160 f) LSC, procede plantear qué consecuencias desencadenará este mismo supuesto en casos donde el otro contratante resulte de mala fe. Procede indicar que, pese a la reversión de los efectos del negocio jurídico, quien es parte de buena fe dispone del mecanismo para la tutela de su interés (frustrado) a través del ejercicio de la oportuna acción individual de responsabilidad frente a los administradores infractores (art. 241 LSC). El asunto del tercero de mala fe es más complejo; no obstante, pare claro que su posición en la relación debe ser mucho más desfavorecida que la de quien actúa con honestidad.

Sobre el asunto, ha existido cierta controversia, pues la legislación societaria (salvo lo dispuesto en el art. 234 LSC, no aplicable en esta sede). De este modo, hemos de ahondar en los supuestos generales de transmisión o adquisición de bienes y derechos por vía de compraventa. En esta línea, el profesor DE CASTRO señaló que *"no merece consideración de tercero el de mala fe, que se hace cómplice de quien*

---

282 STS de 11 de septiembre de 2018 (ECLI:ES:TS:2018:3140). En la doctrina: COHEN BENCHETRIT, A., "La acción individual de responsabilidad de los administradores sociales", cit., p. 53; PRENDES CARRIL, P., "La responsabilidad de los administradores", cit., p. 1506; y SÁNCHEZ CALERO, F., *Los administradores en las sociedades de capital*, cit., p. 410; entre otros.

despoja de su derecho a quien se le ha reconocido la propiedad material"[283]. Por tercero de mala fe debemos entender a quién, sabiendo que los administradores —de buena o mala fe— enajenan un activo esencial infringiendo el deber de solicitar autorización a la junta (conocimiento de lo antijurídico), lo celebra pese a tal circunstancia invalidante (voluntad)[284].

El tercero de mala fe o doloso[285] como adquirente de un bien o derecho en el marco de un negocio jurídico de compraventa, que aparece disperso en la ley, ha sido abordado por la doctrina y la jurisprudencia. En primer lugar, el Código civil conforma un tratamiento desfavorable para quien actúa de mala fe. Como principio general, la ley no ampara el abuso del derecho o el ejercicio antisocial del mismo; en estos casos, cuando se ocasiona un daño a tercero, el sujeto doloso habrá de abonar la correspondiente indemnización por daños y perjuicios. En el ámbito de la responsabilidad contractual, el tercero de mala fe queda jurídicamente desamparado.

Ello se traduce en varias consecuencias. En primer lugar, ese tercero pierde el derecho de reclamar la oportuna indemnización a los administradores por medio de la acción individual de responsabilidad (art. 241 LSC). El motivo reside en que, el supuesto daño ocasionado en virtud de la nulidad del contrato por infracción de una competencia de la junta (frustración de alcanzar su fin), queda disipado para el tercero de mala fe. Pues éste conoce de antemano, o durante la celebración de la operación, la circunstancia que la hace ineficaz y, por tanto, tiene la oportunidad de no llevarla a trámite; es decir, en sus manos queda permitir o no que se ejecute el negocio y produzca el perjuicio que le afectaría directamente.

---

283 DE CASTRO, F., *El negocio jurídico*, Instituto Nacional de Estudios Jurídicos, Madrid, 1971, p. 422, nota 159; y, de acuerdo con este autor: RODRÍGUEZ ROSADO, B., "Mala fe y eficacia frente a tercero de los derechos de crédito", *Anales de la Academia Matritense del Notariado*, Tomo 59, 2019, pp. 433-470, pp. 436 y 467.

284 En este sentido: PANTALEÓN PRIETO, F., "El sistema de responsabilidad contractual: (materiales para un debate)", *Anuario de Derecho Civil*, n.º 3, 1991, pp. 1019-1092, p. 1034; y FUENTES GUÍÑEZ, R. A., *La extensión del daño contractual*, La Ley, Madrid, 2009, p. 437.

285 DÍEZ-PICAZO Y PONCE DE LEÓN, L., *Fundamentos de derecho civil patrimonial*, Tomo II, cit., p. 752.

En segundo término, tampoco debemos olvidar que el tercero de mala fe queda expuesto al pago de una indemnización por los daños y perjuicios ocasionados, aquí, a la sociedad. En este caso, incurre en una conducta culposa por omisión al exteriorizar su desconocimiento de la anomalía que pesa sobre el negocio, permitiendo su ejecución; por tanto, es consciente del daño que sufrirá la sociedad e, indirectamente, a los socios. Sobre el alcance del resarcimiento, el art. 1107 CC extiende al deudor doloso la indemnización por todos los daños que *"(...) conocidamente se deriven de la falta de cumplimiento de la obligación"* (art. 1107 II CC), y no sólo de aquéllos que razonablemente se hayan podido prever; no obstante, el perjuicio habrá de ser probado por la parte que lo reclame y, en ausencia de éste, no procederá el resarcimiento[286] porque el daño resarcible ha de ser consecuencia inmediata y directa del incumplimiento[287].

A mi juicio, el art. 1107 II CC no es directamente aplicable al caso concreto, pues el tercer adquirente de mala fe no provoca el incumplimiento societario (y es presupuesto necesario para su aplicación[288]), pues paga el precio para obtener el activo; quizá podría serlo por analogía (art. 4 CC). Aunque no hay vulneración directa de la normativa societaria por el tercero, el daño es, en parte, resultado de su omisión consciente (supuesto semejante); concretamente, por permitir la celebración del contrato conociendo la ausencia de legitimación por el administrador. Sabe que la sociedad experimentará un perjuicio directo para ella (durante el tiempo que permanezca el bien fuera de su esfera patrimonial) y, probablemente, indirecto a los socios (por ejemplo, la infravaloración de su participación como consecuencia del daño al patrimonio social) es susceptible de poner en peligro su existencia en el tráfico. Además, el tercero doloso puede obrar en tales términos al objeto de satisfacer un interés propio:

---

286 STS de 10 de octubre de 2012 (ECLI:ES:TS:2012:6030).

287 PANTALEÓN PRIETO, F., "El sistema de responsabilidad contractual: (materiales para un debate)", cit., p. 1037.

288 Vid., entre otras: SSTS de 30 de septiembre de 2024 (ECLI:ES:TS:2024:4784); de 12 de enero de 2009 (RJ 2009/544). La STS de 30 de septiembre de 2005 (RJ 2005/8735) dispuso que el: *"Presupuesto de la extensión de la obligación indemnizatoria que establece el párrafo segundo del art. 1107 de Código Civil es la de que la falta de cumplimiento de sus obligaciones por el deudor sea debida a dolo que así haya sido declarado por la sentencia, actuación dolosa del demandado- recurrido"*.

adquirir ese bien para sí a toda costa. Asume, por tanto, una posición muy distinta respecto de la del tercero de buena fe, porque este último no responde de nada, sino que más bien sufre el daño como consecuencia exclusiva de una falta de diligencia y, en su caso, lealtad, de un administrador que ha ejecutado una operación infringiendo una norma imperativa.

En conclusión, para quienes adoptan la teoría de la nulidad del negocio en infracción del art. 160 f) LSC, dicha ineficacia es efecto necesario con independencia de que el tercero adquirente sea de buena o mala fe. La diferencia en ambos casos reposa, en la existencia de un resarcimiento a cargo de éste último en favor de la sociedad, que abarcará la prestación pecuniaria equivalente al valor de todos los daños conocidos y derivados de su actuación en la esfera de la operación realizada (art. 1107 CC).

IV. NUESTRA POSICIÓN

1. Teoría finalista de los arts. 160 f) y 511 bis LSC

Antes de comenzar mi exposición sobre lo que considero sobre la eficacia de los arts. 160f y 511 bis LSC frente a terceros, procede señalar que mi argumentario adopta una perspectiva finalista de la norma. Es decir, expondré mis consideraciones desde el prisma de lo que entiendo que el legislador ha buscado; además, y en este sentido, esta opinión es, más bien, una propuesta interpretativa; todo ello, sin perjuicio de ser consciente de la sensibilidad e importancia que reviste la cuestión. Tras este breve apunte, procede exponer las siguientes ideas para extraer la conclusión final, todo ello sin desmerecer otras posturas defendidas que también han sido expuestas a lo largo de la obra.

El primer asunto, desde un punto de vista cronológico y general, es la finalidad de la reforma operada por la Ley 31/2014, de 3 de diciembre. El preámbulo de esta norma comienza indicando que el gobierno corporativo constituye un asunto de gran interés y atención en los últimos años. Y lo es en virtud de una serie de razones: la primera, por el creciente fenómeno de la corrupción en el sector privado, potenciada por el uso perverso de la personalidad jurídica de las entidades, especialmente de las sociedades mercantiles de capital. En múltiples ocasiones, los centros de poder y de decisión en la gestión de empresarios jurídico-privados y de sus agrupaciones —ostentados por el órgano de administración y por los cargos directivos—, han hecho un uso desviado de sus facultades en su propio interés: ejerciendo influencia sobre la junta para ratificar o dar apariencia de legalidad a decisiones de contenido irregular, enajenando activos por precios inferiores a su valor real o adquiriéndolos por un precio muy superior para retener la diferencia de precio, etc. Esta situación ha desembocado en importantes lesiones a los intereses que rigen la sociedad, tanto los que conforma su esfera interna (*Shareholders* - socios) como externa (*Stakeholders* - acreedores, proveedores, inversores, ahorradores o el propio interés público). Aunque estas situaciones se producen con mayor impacto en el ámbito de las sociedades cotizadas del sector financiero, el objetivo es adoptar medidas respecto de cualquier sociedad de capital. Sin perjuicio de otras iniciativas anteriores[289], la Ley 31/2014 busca poner fin a esta situación desde el Derecho mercantil para tutelar los intereses perjudicados.

---

289 A nivel europeo, la *Acción Común del Consejo de Europa, de 22 de diciembre de 1998, sobre la corrupción en el sector privado*, puso el acento en el falseamiento de la libre y leal competencia por la incidencia de la corrupción. Así, el Consejo propuso tipificar como infracción penal aquellas conductas constituyan una distorsión de la competencia y puedan causar perjuicios económicos a terceros. Igualmente recomendó la responsabilidad penal de las personas jurídicas. Poco después, el *Convenio del Consejo de Europa, de 27 de enero de 1999, de Derecho Penal sobre Corrupción*, siguió una dinámica parecida, aunque se aleja de la defensa del mercado para centrarse en una perspectiva más restringida y concreta: la protección de las relaciones y estructura de las empresas afectadas por comportamientos abusivos y fraudulentos de sus administradores, directivos, trabajadores e incluso colaboradores externos (agentes, auditores, etc.). Siguiente una línea parecida, el *Convenio del Consejo de Europa, de 4 de noviembre de 1999, de Derecho Civil sobre Corrupción*, obligó a los Estados firmantes a establecer en sus ordenamientos internos procedimientos eficaces en favor de las personas que hayan sufrido daños resultantes de actos de corrupción, con el fin de permitirles defender sus derechos e intereses, incluida la posibilidad de obtener indemnizaciones por dichos daños. La *Decisión Marco 2003/568/JAI del Consejo, de 22 de julio de 2003, relativa a la lucha contra la corrupción en el sector privado*, manifiesta la gravedad de este problema para el comercio y la competencia; recomendaba la adopción de medidas eficaces desde el Derecho privado y desde el Derecho penal.

Ahora bien, el legislador de la reforma efectúa dos cambios que el preámbulo de la ley menciona separadamente: 1) *"se extiende expresamente la posibilidad de la junta de impartir instrucciones en materias de gestión a todas las sociedades de capital, manteniendo en todo caso la previsión de que los estatutos puedan limitarla"*; y 2) *"Asimismo, se amplían las competencias de la junta general en las sociedades para reservar a su aprobación aquellas operaciones societarias que por su relevancia tienen efectos similares a las modificaciones estructurales"*.

Respecto del primer caso, la competencia de la junta para impartir instrucciones a los administradores o exigirles una autorización previa para determinados asuntos de gestión constituye una ampliación de las facultades de control respecto de socios hacia el órgano de administración. Pero es un control general que puede implicar a cualquier decisión de administración (ordinaria o extraordinaria) y con independencia de su cuantía; considerando la amplitud que ello reviste, resulta necesaria la referencia al art. 234 LSC (validez de los actos frente a terceros de buena fe realizados en infracción del 161 LSC). De lo contrario, nos hallaríamos ante la posibilidad de una injerencia absoluta de la junta sobre la función de gestión y representación de los administradores; aspecto que desnaturalizaría la división de competencias entre órganos de las sociedades de capital, de ahí que la infracción del art. 161 LSC sólo revista consecuencias internas, en favor de la protección de los intereses de terceros de buena fe (*Stakeholders*).

Sin embargo, el legislador añadió una nueva competencia al listado del art. 160 f) LSC. Una función estrictamente reservada a los socios, con independencia de que constituya un acto de gestión. En mi opinión, el hecho de haber integrado el asunto de los activos esenciales como una de las competencias exclusivas de la junta, en lugar de haberla hecho extensiva en el art. 161 LSC, tiene un sentido claro. La enajenación de estos activos es susceptible de arrojar efectos similares a los de una modificación del objeto social o liquidación de facto de la entidad, o bien a los de una modificación estructural. Actuaciones que pueden poner en peligro la subsistencia de la sociedad y lesionar, correlativa y gravemente, los intereses de los socios; en suma, los titulares de la entidad. Y aquí el legislador opta por tutelar el interés indirecto de los socios frente al de los terceros; y ello porque si este tipo de operaciones —por administradores y, en su caso, directivos autorizados por éstos—, ejecutadas sin el consentimiento de la junta, tuviera validez frente a dichos terceros, no se cumpliría la finalidad de la norma, pues la sociedad perdería el activo y experimentaría sus efectos altamente negativos que aquélla pretende evitar.

La ley protege a la sociedad evitando la salida del activo, lo que también supone tutelar la seguridad del tráfico, como la de otros terceros que tenga intereses legítimos en su subsistencia y protección patrimonial. Es decir, tutelar el interés directo de la sociedad y el indirecto de los socios y otros terceros, restando eficacia a las operaciones sobre activos esenciales ejecutadas en contravención de lo dispuesto en el art. 160 f) LSC, constituye otra vía de tutelar el interés del tráfico. El legislador, en este sentido, ha realizado una balanza de intereses, haciendo prevalecer, frente al interés del tercero que es parte del negocio, el interés de la sociedad, de los socios y otros terceros interesados en la subsistencia de la organización (entre los que pueden incluirse organismos públicos como la Agencia Estatal para la Administración Tributaria o la Tesorería General de la Seguridad Social). Y ello me parece razonable, habida cuenta de que si, por ejemplo, protegemos la adquisición de un tercero y, fruto de ella, despojamos a la sociedad del activo (esencial), sin que la contraprestación del tercero permita salvar la situación de la entidad, las consecuencias serían muy perjudiciales. Desaparecida la sociedad, socios y terceros habrían de invocar acciones de responsabilidad (sociales e individuales) contra los administradores infractores, quienes seguramente no podrían asumir todo el resarcimiento (o, ni siquiera, una parte significante de ella). Con lo cual, el perjuicio sería mayor que, simplemente, restituir la contraprestación al tercero que fue parte en la enajenación del activo; y, además, que pueda ejercer las oportunas responsabilidades contra los administradores que, obrando de manera irregular, generaron la frustración del fin del negocio.

Respecto de la justificación jurídica de la nulidad de la operación por infracción en lo dispuesto en el art. 160 f) LSC. Varias consideraciones. En primer término, cierto es —como apunta en repetidas ocasiones un sector doctrinal y la propia DGSJFP— que el legislador no ha derogado el art. 234 LSC, pues no es necesario ni procedente, de lo contrario, el art. 161 LSC restaría todo el sentido a la existencia del órgano de administración (salvo que este precepto también fuera derogado). Ahora bien, que la ejecución de una venta de un activo esencial constituya un acto de gestión no puede servir de base para aplicar el 234 LSC por analogía al 160 f) LSC. Y ello porque el régimen de competencias de la junta es ajeno al régimen jurídico de los actos "ultra vires" del objeto social referido por el art. 234 LSC, como ya apunto la referida SAP de Salamanca (Sección n.º 1) de 6 de septiembre de 2022, y constituye un límite externo al poder de representación de los administradores.

Por tanto, la enajenación o adquisición de un activo esencial sin conocimiento o consentimiento de la junta, constituye un claro caso de nulidad radical. El fundamento jurídico de esta afirmación reposa en el art. 6.3 CC, por infracción de la ley imperativa, que en este caso recae sobre varias normas simultáneamente. En primer lugar, los arts. 160 f) y 511 bis LSC, que lo son sin duda, como muchas de las prescripciones que contiene la LSC. Ninguna competencia atribuida expresamente a la junta es susceptible de cesión al órgano de administración. Por otra parte, los administradores contravienen, correlativamente, los arts. 225 y 226 LSC por faltar a su deber de diligencia al no solicitar autorización a la junta. Con independencia de la buena fe del administrador infractor (por desconocimiento de lo establecido en el art. 160 f) LSC, su deber de diligencia le exige actuar conforme a un procedimiento de decisión adecuado, lo que implica informarse suficientemente sobre los extremos relevantes de una operación a realizar. Además, en los casos donde su conducta viene motivada por la satisfacción de un interés personal en detrimento del interés social, incurre en una infracción de su deber de lealtad (arts. 227-230 LSC). En este último caso, considero que procedería igualmente la nulidad radical del art. 6.3 CC y no la anulación ex art. 232 LSC, al constituir la primera una sanción más rotunda y grave. Carecería de sentido determinar una nulidad radical cuando la infracción de la competencia del 160 f) resulta vulnerada por la inobservancia del deber de diligencia y establecer la anulabilidad cuando el incumplimiento recae sobre el deber de lealtad (con elementos de mayor gravedad).

Por otro lado, el Tribunal Supremo no ha dictado, todavía una sentencia que ponga paz a la ambigüedad del art 160 f) LSC en lo relativo a la eficacia respecto a terceros. La STS de 17 de abril de 2008 indicó que *"excede del tráfico normal de la empresa dejarla sin sus activos, sin autorización de la Junta General para este negocio de gestión extraordi-*

nario". Si bien es cierto que el Alto Tribunal mantuvo los efectos del negocio por la protección de terceros de buena fe y sin culpa grave ante el abuso de exceso de poderes de los Consejeros-Delegados, lo cierto es que en aquél momento la ley de anónimas no contemplaba prescripción alguna sobre la facultad de los socios para injerir en la gestión social y, mucho menos, una verdadera competencia en materia de activos esenciales[290]; aspecto, éste último, que hoy podría haber llevado al Tribunal Supremo a adoptar una posición diversa. Además, tal resolución también es anterior a la Primera Directiva en materia de Sociedades (Directiva 2009/101/CE, de 16 de septiembre de 2009), cuyo art. 10 dispuso que los actos realizados por el órgano de administración no vincularán a la sociedad si exceden de los poderes que la ley les atribuya; y hemos examinado que la invasión de la competencia ex art. 160 f) LSC queda fuera de sus facultades. Por otro lado, la STS de 27 de junio de 2023[291] únicamente aborda el concepto de activo esencial, pero no la eficacia frente a terceros de tales operaciones. Por tanto, queda pendiente un pronunciamiento futuro sobre la cuestión.

Respecto a la tutela del tercero de buena fe, se ha afirmado que la nulidad del negocio y la restitución del activo esencial le dejaría en una situación de desamparo legal. No obstante, dicho tercero dispone de la oportuna acción de responsabilidad individual (art. 241 LSC) para obtener una indemnización del administrador que le ha ocasionado un daño directo al vulnerar una competencia de la junta. Considerando que en estos casos existirá confrontación entre el administrador y la junta que ha denunciado la operación realizada, los socios tendrán cierta disposición a colaborar con ese tercero. Por ejemplo: facilitando la información necesaria o prestando declaración para que pueda lograr el éxito de la acción ejercitada contra el administrador en los tribunales; o, adoptando otras medidas que puedan respaldar la prueba de la conducta del administrador, como el reproche de la junta al separarle de su cargo (art. 223 LSC). Por su parte, entiendo que los socios podrán ejercitar la oportuna acción social de responsabilidad (arts. 238-240 LSC) si la actuación del admi-

290 GARCÍA-CRUCES GONZALEZ, J. A., "Comentarios al art. 160 LSC", cit., p. 2266.

291 STS de 27 de junio de 2023 (ECLI:ES:TS:2023:2897).

nistrador ha ocasionado algún daño resarcible al patrimonio social y, en su caso, al indirecto aquéllos hayan experimentado por efecto rebote. Por ejemplo, por la pérdida de funcionalidad de la sociedad, ocasionada por la salida temporal del activo de su esfera patrimonial (mientras ha estado en posesión del tercero sin que la entidad haya podido emplearlo para sus fines).

2. *Propuesta de lege ferenda*

Considerando lo expuesto, y como no puede ocurrir de otro modo cuando se ofrece una posición respecto de un asunto tan abordado como es el de los activos esenciales, procede efectuar una propuesta *de lege ferenda*. En tal sentido, considero excesivo promulgar una ley especial para regular las operaciones sobre activos esenciales, como sí ocurre con otras competencias más complejas de la junta (por ejemplo, las modificaciones estructurales). Sin embargo, el art. 160 f) LSC deja muchos interrogantes sin aclarar, razón por la cual propongo dictar un eventual art. 160 bis denominado "Competencia en materia de activos esenciales", así como una ligera reforma en el art. 160 f) LSC, cuyo tenor literal podría ser el que sigue a continuación:

"Artículo 160: Competencia de la junta.

Es competencia de la junta general deliberar y acordar sobre los siguientes asuntos: (...) f) Las operaciones de disposición de activos esenciales".

"Artículo 160 bis: Competencia en materia de activos esenciales.

"1. A efectos de lo dispuesto en el apartado f) del artículo 160, se consideran activos esenciales los bienes o derechos del patrimonio social cuya disposición a título pleno, como la adquisición, enajenación o aportación a otra sociedad, o a título limitado, como la cesión temporal de uso o la constitución de gravamen o garantías, suponga:

a) Una sustitución o alteración sustancial del objeto social.

b) Una alteración de la estructura económica, financiera o personal de la sociedad.

c) Una disolución de facto de aquélla.

2. Fuera de los supuestos anteriores, se presumirá el carácter esencial del activo, salvo prueba en contrario, cuando el importe de la operación supere el cincuenta por ciento del valor de los activos que figuren en el último balance aprobado.

3. Toda operación de disposición enunciada en el apartado primero de este artículo, deberá formalizarse mediante escritura pública y requerirá, para su plena eficacia frente a terceros, la aprobación previa de la junta general. Será nula de pleno derecho la operación formalizada en contravención de lo dispuesto en este número.

4. El administrador o apoderado con facultades suficientes para realizar el negocio en nombre de la sociedad, declarará por escrito y bajo su estricta responsabilidad, el carácter no esencial o esencial del activo. En este último caso, el notario verificará el cumplimiento de lo dispuesto en el apartado anterior mediante el examen del documento original del acta autorizante, sea en formato físico o electrónico, que incorporará, posteriormente, a la matriz donde formalice la operación.

5. El acuerdo de la junta que apruebe la operación sobre un activo esencial requerirá los quórums y mayorías reforzadas que establece esta Ley para la modificación de estatutos. Cuando la operación constituya directa o indirectamente una sustitución o alteración sustancial del objeto social, o arroje efectos equivalentes a una modificación estructural, los socios que no hubieran votado a favor del correspondiente acuerdo, podrán ejercitar el derecho de separación conforme a lo dispuesto en el art. 346.1 a) y 3 de esta Ley.

6. Para un adecuado ejercicio del derecho de voto, el anuncio de convocatoria de la junta expresará el deber del órgano de administración de poner a disposición de los socios, para su consulta en la sede social o, en caso de estar constituida y publicada en el BORME, en la página web de la sociedad en una sección de acceso privado, un informe detallado de la operación, identificando los bienes y derechos que sean objeto de aquélla y determinando los riesgos y el beneficio que razonablemente procede esperar para la sociedad".

Capítulo IV

LAS OPERACIONES SOBRE ACTIVOS ESENCIALES EN SITUACIÓN DE DISOLUCIÓN E INSOLVENCIA DE LA SOCIEDAD

I. PARTICULARIDADES DE LA SOCIEDAD EN SITUACIÓN DE EXTINCIÓN Y CRISIS

La composición personal y patrimonial de la sociedad de capital merece una tutela constante en aras de asegurar, con ello, su adecuado funcionamiento en el tráfico. Como ya hemos visto, el régimen relativo a los activos esenciales constituye una de las medidas para alcanzar tal objetivo. Es una forma de garantizar la integridad patrimonial, de la que depende, en gran medida, la subsistencia de la entidad, evitando alteraciones graves en su esencia. Todas estas medidas tienen sentido cuando la sociedad avanza regularmente hacia adelante en condiciones regulares (con épocas mejores y peores); sin embargo, ante situaciones excepcionales, procede, según los casos, una suspensión temporal o definitiva en la aplicación de esas reglas.

Situaciones transitorias que marcarán el camino definitivo de la sociedad, bien por superar con éxito ese bache o contratiempo sobrevenido, bien por esquivarlo pero con la existencia de secuelas, o bien por desembocar en la extinción plena de la entidad. Nos referimos a los estados en que la sociedad tramita su proceso de disolución, o se encuentra en estado de crisis económica que la aboca al concurso de acreedores o a adoptar medidas preconcursales para alcanzar un plan de reestructuración. Resulta evidente que, aquí, la existencia de la sociedad se pone en tela de juicio en unos casos (déficit económico), o desaparecerá definitivamente en otros (disolución o concurso con liquidación). Considerando todo ello, disminuye o cesa la intensidad de defender los intereses de los socios desde una perspectiva de continuidad; procederá tutelarlos ahora desde un prisma distinto: el de distribuir los elementos del activo —si procede— entre todos ellos, puesto que nos encontramos ante una entidad que ya no va a necesitarlo y que lo retornará a sus titulares iniciales.

Sin embargo, hasta que la sociedad no queda plenamente extinta —con independencia de la causa y el procedimiento que motivan su desaparición—, sus órganos subsisten —aunque, en algunos casos, con ciertas modificaciones— y permanecen activos al objeto de atender, en lo que respecta a sus funciones, las necesidades de la entidad para llevar a cabo las tareas básicas y adecuadas a la situación donde se encuentra. Por esta razón, merece abordar el estado de la junta general en estas situaciones excepcionales (disolución y concurso), examinando el alcance de sus competencias, específicamente, las relativas a los activos esenciales.

II. LA DISPOSICIÓN DE LOS ACTIVOS ESENCIALES DE LA SOCIEDAD EN DISOLUCIÓN

1. La extinción de las sociedades de capital: fundamento y razones

La sociedad de capital, como persona jurídica, está expuesta al transcurso de una serie de ciclos que son propios de su existencia. En primer lugar, su "nacimiento" o acto constitutivo, donde adquiere por primera vez la personalidad jurídica en el desarrollo de un procedimiento complejo e integrado por sucesivos trámites. Seguidamente, la sociedad afrontará su, generalmente, etapa más longeva, desarrollando con normalidad el conjunto de actividades para la que fue creada; durante este camino, es posible que experimente algunas alteraciones en su composición (modificación de su objeto, de su capital, de su estructura, etc.). Y, en último lugar, toda sociedad puede exponerse a su disolución, que se llevará a cabo a través de otro proceso con diversas fases que conducirá irremediablemente a su extinción. Sobre esto último, cabe decir que la disolución de una sociedad no es un elemento natural y necesario, como sí ocurre en el caso de las personas físicas con el fallecimiento; supone para ella, una circunstancia accidental ocasionada por diversos factores.

En primer lugar, la disolución puede tener un origen puramente convencional, por mera voluntad de los socios; un derecho a poner fin a la relación negocial que les vincula[292], suponiendo ello un quebranto de la *affectio societatis*[293]. En este caso, el legislador respeta la decisión de la junta de poner fin a la vida social mediante el oportuno acuerdo de disolución adoptado con los requisitos establecidos para la modificación de los estatutos [arts. 160 h) y 368 LSC]; decisión que procede, tanto en sociedades sin tiempo concreto de duración establecido en estatutos, como en aquéllas que si lo habían previsto[294]. En segundo lugar, la disolución procede de pleno derecho o *ipso iure* por vencimiento del término de duración inicialmente pactado en estatutos [art. 360.1 a) LSC] o por el transcurso de un año desde la adopción del acuerdo de reducción del capital social por debajo del mínimo legal como consecuencia del cumplimiento de una ley, si no se hubiere inscrito en el Registro Mercantil la transformación o la disolución de la sociedad, o el aumento del capital social hasta una cantidad igual o superior al mínimo legal [art. 360.1 b) LSC]. En último lugar, la normativa societaria dispone otro elenco de causas —distintas a la mera voluntad d de los socios— que determinan la obligación de iniciar el procedimiento de disolución por vía de acuerdo de la junta general (arts. 364-367 LSC); y quedan tasadas en el art. 363.1 LSC[295]. Con independencia de la razón que haya promovido la

---

292 MORALEJO MENÉNDEZ, I., *La disolución de las sociedades de capital*, Tiran lo Blanch, Valencia, 2023, p. 24.

293 Define GARCÍA SANZ, A., (*La competencia de la junta general en la reactivación de la sociedad anónima*, Aranzadi, Cizuer Menor, 2009, p. 80) este término como un concepto —distinto al consentimiento contractual— que da sentido a la voluntad de la unión, implícito pero operante en todo momento de la vida social, y cuyo quebranto es motivo para poner fin a la sociedad.

294 En este sentido, afirma GARCÍA -CRUCES GONZÁLEZ, J. A., (*Derecho de sociedades mercantiles*, cit., pp. 574-575) que la disolución de la sociedad por mero acuerdo de la junta general, cuando aun no ha transcurrido el plazo de duración inicialmente fijado en estatutos, es legítima y viable. En efecto, disolver antes de lo pactado supone, strictu sensu, un incumplimiento estatutario; sin embargo, no procede olvidar que el art. 368 LSC exige unos requisitos similares (quórums y mayorías) a los de una modificación estatutaria. Si los citados presupuestos se cumplen, la decisión de disolver *ante tempus* acarrearía —de modo implícito— también la supresión del pacto estatutario que fijó una duración determinada.

295 Dispone el citado precepto: "*La sociedad de capital deberá disolverse: a) Por el cese en el ejercicio de la actividad o actividades que constituyan el objeto social. En particular, se entenderá que se ha producido el cese tras un período de inactividad superior a un año. b) Por la conclusión de la empresa que constituya su objeto. c) Por la imposibilidad ma-*

extinción de la sociedad, habrá de proceder a dar publicidad a la misma mediante la inscripción en el Registro Mercantil (art. 369 LSC).

2. *Liquidación de la sociedad y transmisión de los activos esenciales*

Acordada la disolución, procede iniciar el procedimiento de liquidación (art. 371.1 LSC). Una etapa donde la sociedad únicamente realiza operaciones destinadas a poner fin a su actividad, realizando actos encaminados a lograr dicho fin y no otros de naturaleza distinta. Razón por la cual la entidad habrá de añadir la expresión "en liquidación" a su denominación; así, los terceros sabrán que este empresario ya no opera en condiciones regulares, sino para alcanzar su plena dislolución. No obstante, mientras dura la liquidación, la sociedad precisa conservar su personalidad jurídica (art. 371.2 TRLC)[296]; pues sin ella no sería posible mantener su subsistencia personal ni, por ende, realizar los bienes en nombre propio al no disponer de unos órganos de gobierno operativos[297].

Durante la liquidación, el órgano de administración es sustituido por los liquidadores, que asumirán el poder de representación sobre la disposición patrimonial de la sociedad, limitado a las operaciones directamente dirigidas a realizar el patrimonio social (art. 379 LSC). Únicamente podrán, por tanto, concluir las operaciones pendientes

---

nifiesta de conseguir el fin social. d) Por la paralización de los órganos sociales de modo que resulte imposible su funcionamiento. e) Por pérdidas que dejen reducido el patrimonio neto a una cantidad inferior a la mitad del capital social, a no ser que éste se aumente o se reduzca en la medida suficiente, y siempre que no sea procedente solicitar la declaración de concurso. f) Por reducción del capital social por debajo del mínimo legal, que no sea consecuencia del cumplimiento de una ley. g) Porque el valor nominal de las participaciones sociales sin voto o de las acciones sin voto excediera de la mitad del capital social desembolsado y no se restableciera la proporción en el plazo de dos años. h) Por cualquier otra causa establecida en los estatutos".

296 Entre otros: MORALEJO MENÉNDEZ, I., *La disolución de las sociedades de capital*, cit., p. 20; GARCÍA SANZ, A., *La competencia de la junta general en la reactivación de la sociedad anónima*, cit., p. 111; BELTRÁN SÁNCHEZ, E., "La liquidación", en ROJO FERNÁNDEZ RÍO, Á. (Dir.); y BELTRÁN SÁNCHEZ, E. (Dir.), *Comentario de la Ley de Sociedades de Capital*, Tomo II, Aranzadi, Cizur Menor, 2011, pp. 2591-2704, p. 2594; y MUÑOZ PÉREZ, A. F., *El proceso de liquidación de la sociedad anónima*, cit., p. 32.

297 GARCÍA -CRUCES GONZÁLEZ, J. A., *Derecho de sociedades mercantiles*, cit., p. 485.

del tráfico regular iniciadas antes de acordar la disolución y realizar otras nuevas que sean necesarias para la liquidar el activo (art. 384 LSC); no obstante, este inciso admite cierta flexibilidad, porque el concepto de operaciones nuevas resulta admisible siempre que tengan por objeto, no sólo el mero hecho de alcanzar la liquidación, sino también maximizar los resultados de aquélla[298]. En consecuencia, la prohibición recae frente a los actos jurídicos perjudiciales o carentes de sentido para este proceso[299].

Al objeto de realizar el patrimonio social (art. 387 LSC), los liquidadores habrán de elaborar un inventario de todo el haber al día en que se hubiera acordado la disolución, con avalúo individual de todos los bienes y derechos que lo integran (art. 383 LSC). Después procederá su enajenación conforme a las vías y mecanismos que mejor convengan al interés de la liquidación, pues cabe recordar que los liquidadores en su condición de tales asumen los deberes propios de los administradores de diligencia y lealtad, cuya aplicación procederá de forma íntegra salvo en todo aquello que se oponga al fin último de la disolución (art. 375.2 LSC). Esto alcanza un doble significado: por un lado, la enajenación del activo tiene como primer fin facilitar el pago de créditos de los acreedores mediante la conversión en líquido de los bienes y derechos; y, por otra parte, la realización del patrimonio se concibe, en una segunda fase, como una forma de proteger y agilizar el derecho de cada socio a su cuota de liquidación[300].

Las vías de realización del activo son múltiples. Puede optarse por una transmisión única de toda la empresa, de modo que sería la opción más cómoda, donde la sociedad transmitente recibe un único pago por todo el haber (a excepción, en su caso, de otros bienes que no destine a la actividad económica y no resulten atractivos para el

---

298 Estima ALCALÁ DÍAZ, M. Á., (*Las competencias de la junta en materia de gestión*, cit., p. 248) la posibilidad de admitir la adquisición de bienes, prestar avales o incluso, la continuación provisional de la actividad si así se satisface adecuadamente el fin liquidador; todo ello, salvo que tales actividades encubran una reactivación "de facto" de la sociedad.

299 MIQUEL, J., "Las operaciones de liquidación", en ROJO FERNÁNDEZ RÍO, Á. (Dir.); y BELTRÁN SÁNCHEZ, E. (Dir.), *Disolución y liquidación de sociedades mercantiles*, Tirant lo Blanch, Valencia, 2009, pp. 211-248, p. 223.

300 MUÑOZ PÉREZ, A. F., *El proceso de liquidación de la sociedad anónima*, cit., p. 239.

adquirente). Bien es posible la enajenación por lotes. Normalmente esta opción se utiliza para la venta de unidades funcionales del activo (sucursales) que disponen de medios autónomos para el desarrollo de la actividad (bienes de equipo, trabajadores, licencias) y que son de interés para otros operadores económicos que necesiten medios operativos para iniciar o ampliar su actividad empresarial. Y, en último lugar, la liquidación puede efectuarse mediante la transmisión individual de los bienes.

Durante esta fase, la ley no aclara si la junta general mantiene sus competencias en materia de gestión y, más concretamente, sobre la realización de los activos esenciales. Como cuestión previa, procede indicar que durante liquidación dejan de imperar muchos de los principios societarios aplicables en situación de regular de funcionamiento. La preservación de los intereses de los socios responde ahora a un prisma distinto. Ya no procede mantener la integridad personal y patrimonial de la persona jurídica, más allá de concluir su liquidación patrimonial, motivo por el que los liquidadores pueden enajenar libremente todos los bienes sociales[301]. La finalidad extintiva es objetivo único en este momento, de modo que las competencias de los socios se reducen a los aspectos estrechamente relacionados con ese fin (recepción de la información relativa a la marcha de la liquidación —art. 388.1 LSC—, sustitución de los liquidadores en caso de duración excesiva de ésta —art. 389 LSC—, o la aprobación del balance final de liquidación —art. 390 LSC—).

En consecuencia, la disposición de activos esenciales en la liquidación societaria pierde su razón de ser como régimen autónomo y distinto respecto de cualquier enajenación sobre otro activo que carezca de tal condición. Pues, en este punto, resulta irrelevante proteger el objeto social, que ha experimentado una metamorfosis: ya no es desarrollar la actividad o actividades de manera regular, sino realizar todos los trámites dirigidos a liquidar el patrimonio social y, en lo posible, maximizar —una vez pagadas las deudas y el cobro de los créditos sociales— su resultado para que los socios cobren la mejor

301 BELTRÁN SÁNCHEZ, E., "La liquidación", cit., p. 2662.

cuota posible[302]. Como la sociedad está llamada a extinguirse, tampoco resulta relevante el hecho de que la salida de un activo esencial pueda ocasionar un impacto estructural en la sociedad; ni tampoco una liquidación de hecho, pues precisamente nos hallamos ante una liquidación de derecho que se encuentra en plena consumación. Así, pues los liquidadores no deberán someter al acuerdo de la junta las decisiones sobre disposición de activos esenciales, idea que defiende la mayor parte de la doctrina[303]; podrán enajenarlos a conveniencia y siempre pensando en el mejor resultado de la liquidación.

Sobre este punto, resulta muy clara la posición de la DGSJFP. Concretamente, la RDGSJFP de 29 de noviembre de 2017[304] abordó la transmisión de varios activos esenciales de una sociedad en liquidación. La entidad Pedrique, S.A., en liquidación, vendió determinados inmuebles a la sociedad J. J. Robles Borrego, S.L.U. La escritura fue otorgada, en representación de la sociedad vendedora por su liquidadora única, quien hizo constar que, aun cuanto el valor del inmueble supera el 25% del valor patrimonial de los activos sociales, se transmite en cumplimiento de la obligación de liquidar el 100% de dichos

---

302 Así, ALCALÁ DÍAZ, M. Á., (*Las competencias de la junta en materia de gestión*, cit., p. 246). La autora señala que, tras la disolución, el objeto social deja de operar o se modifica hacia un prisma liquidatorio. Desaparecen las operaciones ordinarias y extraordinarias, pues todos los bienes están llamados a su realización en dinero; y, respecto de los activos esenciales, pierden tal naturaleza y dejan esa esencialidad que los caracterizó durante la vida social regular, para ahora convertirse en una parte más del patrimonio que cumple la misma finalidad de liquidación.

303 Entre otros: GARCÍA-CRUCES GONZALEZ, J. A., "Comentarios al art. 160 LSC", cit., p. 2274; NIETO CAROL, U., "La temática de los activos esenciales", cit., p. 197-198; FLORES SEGURA, M.; y MARTÍNEZ FLÓREZ, A., "Comentario al art. 387 LSC", en GARCÍA-CRUCES GONZÁLEZ, J. A. (Dir.), *Comentario de la Ley de Sociedades de Capital*, Tomo V, Tirant lo Blanch, Valencia, 2021, pp. 5293-5299, p. 5297-5298; PAÑEDA USUNÁRIZ, F., "Deber de enajenación de bienes sociales", en PRENDES CARRIL, P., y otros (Dir.), *Tratado de sociedades de capital*, Tomo II, Aranzadi, Cizur Menor, 2017, pp. 415-419, p. 416; SÁNCHEZ SANTIAGO, J., "La nueva competencia de la junta general sobre activos esenciales: a vueltas con el artículo 160 f) LSC", cit. (LA LEY 3426/2015); y ESTEBAN VELASCO, G., "Distribución de competencias entre la Junta General y el órgano de Administración, en particular las nuevas facultades de la Junta sobre activos esenciales", cit., p. 60.

304 RDGSJFP de 29 de noviembre de 2017 (RJ 2017\5674).

activos. Sostiene, en definitiva, que en fase de liquidación carecen ya, por definición, la condición de esenciales para la continuidad de la actividad, por lo que no es precisa la autorización de la Junta General a los efectos previstos en el artículo 160 de la LSC. Al presentar la escritura de la venta de los bienes, la registradora de la propiedad suspende la inscripción porque, a su juicio, de conformidad con el citado apartado f) del artículo 160 de la Ley de Sociedades de Capital, es necesario que la junta de la sociedad transmitente autorice expresamente la transmisión de los activos que, por su valor, tiene la consideración de esenciales. Ante esta situación, la liquidadora única de la entidad transmitente interpone recurso.

En este caso, el centro directivo da la razón a la recurrente, a pesar de la consideración de esenciales de los bienes enajenados sin autorización singular de la junta, pues esgrime el siguiente argumento: *"el artículo 160.f) somete a la competencia de la junta general los actos de enajenación de activos esenciales porque pueden tener efectos similares a las modificaciones estructurales o equivalentes al de la liquidación de la sociedad o, porque se considera que excede de la administración ordinaria de la sociedad. Por ello, tal cautela carece de justificación en caso de enajenaciones que no son sino actos de realización del nuevo objeto social liquidatorio. Es la norma legal la que, con la apertura de la liquidación, no sólo faculta, sino que impone al órgano de administración la enajenación de los bienes para pagar a los acreedores y repartir el activo social"*. La consideración de la DGSJFP parte de que la esencialidad de un activo está conectada, no tanto a parámetros de valor únicamente considerados, sino a, en tanto en cuanto, su salida del patrimonio social pone en peligro la continuidad de la sociedad en el tráfico o reforma su objeto social. Considerando el supuesto (especial), en la liquidación de una entidad, la enajenación de los bienes no compromete la continuidad de la entidad, pues ésta ya ha iniciado un procedimiento para su extinción, y las operaciones de liquidación.

En conclusión, la disolución y liquidación de la sociedad modifican el régimen competencial de la junta en materia de activos esenciales. En primer lugar, porque la entidad ya no persigue una continuidad, pues durante la liquidación el único objetivo es lograr la liquidación de todo el patrimonio y maximizar sus resultados en favor de los socios. En esta etapa social, desaparece el concepto de activo esencial y todos los bienes y derechos del haber social se transforman en activo liquidable. Ya no hay activos esenciales porque todos pasan a tener la consideración de activos liquidables[305]. Toda la realización del patrimonio es competencia de los liquidadores que, en el mejor interés de los socios, habrán de enajenar los bienes en aras de obtener el mejor rédito posible. No existe, por tanto, la exigencia de someter al acuerdo de la junta ninguna decisión para disponer de ningún activo, sea esencial o no esencial.

III. LA DISPOSICIÓN DE LOS ACTIVOS ESENCIALES DE LA SOCIEDAD EN CONCURSADO DE ACREEDORES

1. Concurso y persona jurídica

El concurso constituye una situación especial que produce unos efectos concretos sobre el deudor y sus acreedores. El Real Decreto Legislativo 1/2020, de 5 de mayo, por el que se aprueba el texto refundido de la Ley Concursal (TRLC), como veremos, dictamina un régimen imperativo y preferente que altera el normal devenir de la sociedad y las facultades de disposición y administración patrimonial respecto de sus órganos de gobierno. Ello afecta, también, a sus competencias, considerando, además, que entra en el terreno de juego un participante adicional: la administración concursal. Este órgano es decisivo durante el concurso, pues asume un poder incuestionable en la toma de decisiones de contenido patrimonial sobre la masa del deudor; luego su parecer es piedra angular en la gestión social durante el transcurso del procedimiento. Por tanto, su incidencia tiene un impacto directo en la enajenación o adquisición de los activos esenciales.

---

305 NIETO CAROL, U., "Activos esenciales y sociedad en liquidación", en blog *Commenda. Grupo investigador en derecho de sociedades*, 21 de enero de 2019: https://www.commenda.es/novedades-y-jurisprudencia/repertorio-jurisprudencial/organos-sociales/activos-esenciales-y-sociedad-en-liquidacion/. El autor señala que, tras el acuerdo de disolución y de la apertura de la fase de liquidación, ya no hay activos esenciales porque ya nada es esencial para la continuidad de la actividad: "*Abierto el periodo de liquidación por deseo expreso de los socios, el liquidador no es que tenga facultad para vender algún activo social, es que tiene la obligación de vender la totalidad de dichos activos…, no solo el 25% sino el 100% de los activos sociales (…) Hay que vender todo*".

No extraño que durante el concurso proceda la venta de ciertos activos, al objeto de extraer de ellos liquidez y efectuar al pago de los créditos concursales. En ocasiones, esas disposiciones patrimoniales recaen sobre bienes de escaso impacto económico y funcional para la sociedad; sin embargo, en otros, procede sobre activos más trascendentes (incluso esenciales). La venta de unos y de otros depende de las circunstancias de cada caso y, especialmente, de la fase en que se encuentre el procedimiento concursal. No es equivalente la venta de un bien durante la fase común —etapa en que el deudor mantiene su actividad económica y todavía no descarta la idea de cesar su negocio—, que la enajenación de cualquier otro activo en la fase de liquidación —momento en que procede realizar todo el patrimonio ante una situación que ya es definitiva.

Con carácter previo, abordaremos los principios básicos aplicables a una sociedad de capital concursada, así como a sus órganos, lo que nos permitirá comprender el régimen aplicable en el concurso sobre los activos esenciales.

1.1 El mantenimiento de la actividad empresarial y la conservación de la masa

Tras la declaración de concurso, la actividad económica que viniera ejerciendo el concursado se mantiene en marcha, como principio rector consagrado en el art. 111 I TRLC. La superación del vetusto régimen de la quiebra que regulaba nuestro Código de comercio supuso dejar atrás la idea de la liquidación y cierre del establecimiento del deudor para dar paso a una solución más práctica y positiva. En este sentido, la Exposición de Motivos de la —hoy derogada— Ley 22/2003, de 9 de julio, Concursal, dispuso: *"la ley procura la conservación de las empresas o unidades productivas de bienes o servicios integradas en la masa, mediante su enajenación como un todo, salvo que resulte más conveniente a los intereses del concurso su división o la realización aislada de todos o alguno de sus elementos componentes, con preferencia a las soluciones que garanticen la continuidad de la empresa"*. La preservación de la empresa supone un triple beneficio: en primer lugar, mantener a un operador económico activo en el mercado, con las consiguientes fuentes de ingresos; en segundo lugar, conservar todos o algunos puestos de trabajo; y, en último lugar, es la medida más beneficiosa para satisfacer el interés del concurso, pues permite conservar y acrecentar la masa activa con el beneficio obtenido del desempeño de una actividad económica. Ese incremento de valor patrimonial es lo que determinará un mejor cumplimiento con los objetivos del concurso[306]. Por tanto, otras opciones como el cierre de oficinas o el cese total de la actividad es una medida reservada para situaciones excepcionales y rogada previamente[307].

En aras de preservar el patrimonio de la concursada tras la declaración del procedimiento y hasta la aceptación del cargo por el administrador concursal, sin perjuicio de las medidas cautelares que pueda decretar el juez, la ley incorpora una regla de especial relevancia. Durante este período, la empresa no debe cesar su actividad, pero, al mismo tiempo, es imprescindible garantizar su subsistencia con medidas transitorias parta la conservación patrimonial. A tal efecto, dispone el art. 111 II TRLC, que sólo procederá realizar actos imprescindibles para continuar la actividad, y siempre que se ajusten a las condiciones normales del mercado[308]. Lo que, por su propia naturaleza, descarta cualquier disposición sobre un activo esencial de la concursada. La finalidad de esta medida es preservar la empresa mientras la administración concursal toma posesión del cargo y comienza a gestionarla; más que otra cosa, se trata de una regla prohibitiva de efectuar disposiciones patrimoniales extraordinarias o exageradas, susceptibles de hacer peligrar el

---

306 LUCEÑO OLIVA, J. L., "Los efectos del concurso", en AUGOUSTATOS ZARCO, N. (Coord.), *Compendio de derecho concursal*, Tecnos, Madrid, 2023, pp. 71-91, p. 71.

307 Así lo expresa el art. 114.1 TRLC: *"El juez, a solicitud de la administración concursal, previa audiencia del concursado y, si existieran, de los representantes de los trabajadores, podrá acordar, mediante auto, el cierre de la totalidad o de parte de las oficinas, establecimientos o explotaciones de que fuera titular el concursado, así como, cuando ejerciera una actividad empresarial, el cese o la suspensión, total o parcial, de esta"*.

308 Ambos requisitos deben concurrir (cumulativamente) con independencia del régimen previsto en el auto de declaración de concurso sobre las facultades patrimoniales del deudor (intervención y suspensión). Vid.: BLANCO GARCÍA-LOMAS, L., "Efectos sobre el deudor", en GALLEGO SÁNCHEZ, E. (Dir.), *Derecho concursal y preconcursal*, Tomo I, Tirant lo Blanch, Valencia, 2022, pp. 651-715, p. 695.

negocio. Una vez en el desempeño de sus funciones, la administración concursal podrá adoptar otras decisiones, según lo requiera el interés del procedimiento.

Durante la tramitación del concurso con la administración concursal en el ejercicio de sus funciones, la ley descarga sobre ella el deber de conservar los elementos que integren la masa activa del modo más conveniente para el interés del concurso, en tanto éstos no sean enajenados. Una obligación cuyo cumplimiento es de suma importancia, hasta tal punto que el legislador permite solicitar el auxilio judicial que resulte necesario para alcanzar tal fin. Además de ello, la normativa concursal incorpora una prohibición general de disposición sobre los bienes y derechos de la masa, que no podrán ser objeto de enajenación o de gravamen, salvo que medie la oportuna autorización judicial (art. 205 TRLC).

Respecto a la gestión del patrimonio por la concursada tras la aceptación del cargo por el administrador concursal, las facultades para su administración van a quedar reducidas en diversa proporción, según lo establecido por la ley e, indirectamente, lo previsto por el juez. En primer lugar, la vía más favorable para el concursado es la intervención patrimonial, pues le permite continuar administrando su patrimonio y efectuar actos de disposición sobre aquél bajo la previa autorización del administrador concursal (art. 106.1 TRLC). En caso de concurso necesario —lo que conlleva en muchos casos el incumplimiento del deudor de su deber de solicitarlo ex art. 5.1 TRLC—, se aplica un sistema mucho más restrictivo: el régimen de suspensión, donde la administración concursal sustituirá al deudor en el ejercicio de esas facultades (art. 106.2 TRLC). Todo ello sin perjuicio de poder modificar el régimen decretado durante el concurso según las circunstancias que el juez aprecie (art. 106.3 TRLC). Evidentemente, la función de estas medidas no es otra que la de garantizar una gestión adecuada de caudal del deudor, mediante un uso cauto e inversión adecuada.

En torno a la conservación y disposición de activos esenciales una vez declarado en concurso, el régimen legal de la insolvencia tiende a prevalecer frente a las normas societarias. Sin embargo, es cierto que el legislador procura conciliar el interés del concurso con el de los socios[309]. El papel de la junta respecto de los activos esenciales en la insolvencia declarada no queda, por tanto, eliminado; dependerá de cómo hayan de confluir la normativa societaria y la concursal. Predominará esta última en los casos en los que así lo disponga la ley, o bien cuando sea el único modo de proteger, razonablemente, el interés de los acreedores[310]. Dicho, en otros términos, las reglas del contrato social no quiebran automáticamente y en todo caso ante el advenimiento de la insolvencia, ya que, por regla general, los derechos de los socios permanecen y su alteración dependerá de múltiples factores.

Además, procede recordar que la transmisión de un activo en situación de crisis puede tramitarse en diferentes fases del concurso. Bien en la fase común o en alguna de las de naturaleza derivada (convenio o liquidación); igualmente, también podrá ocurrir durante el preconcurso, en el seno de un plan de reestructuración.

1.2 El mantenimiento de los órganos de la persona jurídica concursada

Declarado el concurso, se aplican unas reglas generales comunes para el deudor, con independencia de que sea persona física o jurídica; no obstante, el legislador disciplina algunas normas adicionales específicas conforme a la naturaleza del concursado. Así, el concurso desencadena unos efectos generales (arts. 105-118 TRLC) y otros especiales: unos para el concursado persona física (arts. 123-125 TRLC) y otros para el concursado persona jurídica (art. 126-133 TRLC). Sobre estos últimos, el legislador ha pensado en toda clase de supuestos: personas jurídicas de base subjetiva (asociaciones o sociedades) pero también patrimonial (fundaciones).

---

309 PULGAR EZQUERRA, J., "Modificaciones estructurales de sociedades en liquidación y en situación concursal", en QUIJANO GONZÁLEZ, J. y otros (Dir.), *Modificaciones estructurales de las sociedades mercantiles*, vol. II, 2009, Aranzadi, Cizur Menor, 2009, pp. 729-771, p. 748.

310 ARIAS VARONA, F. J., "Fundamentos de la competencia de la junta general en materia de activos esenciales en caso de concurso de acreedores", en ARIAS VARONA, F. J. (Coord.); y FERNÁNDEZ TORRES, I. (Coord.); y MARTÍNEZ ROSADO, J. (Coord.), *Derecho de sociedades y de los mercados financieros: libro homenaje a Carmen Alonso Ledesma*, Iustel, Madrid, 2018, pp. 127-150, pp. 130-131.

En primer término, dispone el art. 126 TRLC: *"Durante la tramitación del concurso, se mantendrán los órganos de la persona jurídica concursada, sin perjuicio de los efectos que sobre el funcionamiento de cada uno de ellos produzca la intervención o la suspensión de las facultades de administración y disposición sobre los bienes y derechos de la masa activa"*. Esta regla es acorde al principio de subsistencia del deudor durante el concurso, que mantiene su personalidad jurídica intacta, y es aspecto básico para que pueda continuar la actividad económica que viniera ejerciendo (art. 111 TRLC)[311]. Sin embargo, existe otra razón de mayor peso, y es el hecho de que el concurso, por sí mismo, no acarrea la extinción del concursado persona jurídica; no es causa de disolución de la sociedad (art. 361.1 LSC). Tal efecto está reservado para la fase de liquidación, cuyo auto de apertura producirá la disolución de pleno derecho (art. 361.2 LSC y 413.2 TRLC). Y, aún así, la sociedad conserva la personalidad jurídica durante esta fase, todo ello sin perjuicio de añadir en la denominación las palabras "sociedad en liquidación". Más aún cabe decir que la liquidación concursal dispone de unas reglas dirigidas a preservar dicha personalidad incluso cuando el concurso ya ha concluido y hasta un período prudencial posterior tras su finalización[312].

---

[311] En este sentido, expone MARTÍNEZ FLÓREZ, A., (*La junta general de la sociedad concursada*, Aranzadi, Cizur Menor, 2012, p. 24-28) que el mantenimiento de los órganos societarios y sus funciones durante el concurso es aspecto básico por múltiples razones. En primer lugar, para defender los intereses sociales durante la tramitación del procedimiento; por otro lado, porque existe un elenco de competencias orgánicas que no resultan afectadas por el concurso, y en el seno de éstas los órganos continúan en su íntegro ejercicio; en tercer lugar, porque el funcionamiento de los órganos sociales es presupuesto básico para que la sociedad pueda continuar su actividad económica regular, que no se ve afectada por el concurso; y, finalmente, porque mantenerlos es necesario para alcanzar determinadas soluciones del concurso como, por ejemplo, la adopción de un convenio cuyo contenido albergue una modificación estructural, que ha de ser acordada por la junta general.

[312] Cabe considerar la reforma experimentada en el art. 485 TRLC tras la Ley 16/2022. En efecto, el precepto mencionado advierte que el auto de conclusión del concurso provoca un cierre provisional de la hoja abierta a la persona jurídica deudora en el registro público en que se halle inscrita. Este carácter provisional se extiende más allá de la firmeza del auto, pues el cierre definitivo tendrá lugar transcurrido un año desde la finalización del concurso sin que se haya producido su apertura (art. 485.2 TRLC).

Como consecuencia directa de mantener la personalidad jurídica de la sociedad, procede preservar correlativamente su estructura orgánica. Durante el concurso, los socios y administradores asumen la función de manifestar válidamente la voluntad corporativa[313]. A priori, el legislador no elimina la distribución competencial de los órganos sociales durante la insolvencia. Y tal afirmación reposa en el hecho de que los órganos colegiados de la persona jurídica continúan funcionando; simplemente, con el añadido de hacer partícipe a la administración concursal en la actividad de aquéllos. Es así por razones de control y supervisión de sus actuaciones que, en muchos casos, pueden afectar a la buena marcha del concurso por su trascendencia patrimonial.

En el caso de la junta, cualquier reunión que celebre (ordinaria o extraordinaria) requerirá de la oportuna convocatoria, que se hará extensiva —en los mismos términos y plazos— al administrador concursal (art. 127.1 TRLC). Esta regla se aplica indirectamente en los supuestos de junta universal, pues únicamente quedará válidamente constituida, aparte de la concurrencia de todo el capital a la reunión, si asiste aquél (art. 127.2 TRLC). Durante el concurso, continúa siendo obligatorio celebrar las juntas ordinarias (al efecto de aprobar las cuentas anuales, cuyo deber de elaboración no cesa —arts. 115-116 TRLC—). Por tanto, las reuniones de los órganos colegiados se mantienen en términos normales, respecto de la convocatoria, constitución y celebración; la única salvedad reposa en que el administrador concursal tiene derecho de asistencia y de voz en la reunión (art. 127.1 TRLC). La ley le faculta para intervenir en las reuniones a efectos de asesorar a los socios y, además, comunicar, en su caso, potenciales actuaciones que restringirá si se llevan a término para proteger el interés de los acreedores.

Respecto de la eficacia de los acuerdos adoptados en materia de gestión y administración patrimonial, la cuestión se aborda en el epígrafe siguiente.

---

313 QUIJANO GONZÁLEZ, J., "Comentario a los arts. 126-129 TRLC", en PEINADO GARCÍA, J. I. (Dir.); y SANJUÁN Y MUÑOZ, E. ((Dir.), *Comentarios al articulado del Texto Refundido de la Ley Concursal*, Vol. I, Sepin, Madrid, 2020, pp. 839-867, p. 842.

1.3 La enajenación del patrimonio social durante el concurso

1.3.1 Principios generales

Declarado el concurso, toda enajenación relativa a algún elemento de la masa activa, queda sujeta a la previa autorización judicial. No obstante, esta regla conoce dos excepciones.

La primera, cuando esos actos de disposición resulten inherentes o indispensables para el mantenimiento de la actividad económica de la empresa, así como para sufragar los gastos de tesorería que requiera la tramitación del concurso (art. 206.1 TRLC). En consecuencia, conservar el caudal del concursado es principio imperante; todo ello, salvo que la venta o transmisión de activos singulares aporte más ventajas que su retención en la masa. Por todo ello, no resultan extrañas las medidas protectoras que nuestro legislador establece sobre los actos de disposición sobre el patrimonio concursal; mecanismos aplicables con independencia de que la enajenación sea anterior al concurso mediante el ejercicio de las oportunas acciones rescisorias (arts. 226 y ss. TRLC), o posterior a través de la supervisión y control judicial, como veremos.

La segunda excepción a la exigencia de autorización judicial pivota sobre el tipo de bien, referente a su destino en la empresa. Concretamente, quedan dispensadas las operaciones sobre el patrimonio no afecto a la continuidad de la actividad empresarial (art. 206.2 TRLC)[314]. Por tanto, la enajenación de activos esenciales en el concurso presentará diferencias según si aquél es considerado como operativo o no.

1.3.2 Bienes necesarios para la continuidad de la actividad y activos esenciales

Aunque el concepto de activo esencial ya ha sido examinado, en sede concursal el legislador otorga a determinados bienes y derechos una importancia superior según el destino de aquéllos en la empre-

---

[314] De conformidad con el último inciso del art. 206.2 I TRLC: *"(…) Se entenderá que esa coincidencia es sustancial si en el caso de inmuebles la diferencia es inferior a un diez por ciento y en el caso de muebles a un veinte por ciento, y no constare oferta superior".*

sa. Prueba de ello es el régimen diverso establecido para la transmisión de activos que resultan imprescindibles para el ejercicio y continuidad de la actividad económica, respecto de aquellos otros que no poseen tal carácter. El objeto (breve) de esta sede reside en esclarecer si, desde un punto de vista concursal, puede resultar equiparable el término de activo esencial y activo necesario para la continuidad de la actividad empresarial a efectos del art. 160 f) LSC. La cuestión surge a partir de una diferencia de regulación, desde la perspectiva concursal, por su diferente tratamiento, ya que la disposición de activos necesarios para la actividad exige mayores requisitos respecto de aquéllos que no gozan de tal calificativo.

En torno a los bienes no necesarios para la continuidad empresarial, no son activos productivos y, por tanto, carecen de una funcionalidad concreta para la sociedad concursada, más allá de ser bienes que tienen un valor económico y forman parte de su esfera patrimonial. No contribuyen a revalorizar la masa del concurso, ya que no permiten generar ganancias. Por esta razón, al legislador le resulta indiferente si tales bienes se mantienen en el patrimonio o son enajenados; es más, parece razonable esta segunda opción, habida cuenta de que su realización a activo líquido contribuye de mejor manera para satisfacer los intereses de la masa (pago de acreedores); y, en caso de llegar a la liquidación, su enajenación será una realidad necesaria, de modo que cuanto antes se enajenen, mejor. Aquí, la ausencia de autorización judicial pretende agilizar la venta de activos que no aportan mucho al procedimiento en manos del deudor[315]. No obstante, pese a este incentivo, tampoco procede una liquidación a cualquier precio, sino que ésta habrá de producirse en condiciones económicas razonables. A tal efecto, dispone el art. 206.2 TRLC que la oferta recibida deberá coincidir sustancialmente con el valor que dichos bienes tengan atribuido en el inventario; aspecto que en la práctica tiende a dificultar la venta considerando que suelen sobrevalorarse[316]. Al objeto de aplica un criterio correctivo, dispone el citado

---

315 FUENTES DEVESA, R., "Enajenación de bienes y derechos de la masa activa", en GALLEGO SÁNCHEZ, E. (Dir.), *Derecho concursal y preconcursal*, Tomo I, Tirant lo Blanch, Valencia, 2022, pp. 1153-1226, p. 1158.

316 HERBOSA MARTÍNEZ, I., "Comentario al art. 206 TRLC", en VEIGA COPO, A. (Dir.), *Comentario al Testo Refundido de la Ley Concursal*, Tomo I, Aranzadi, Cizur

precepto que: *"Se entenderá que esa coincidencia es sustancial si en el caso de inmuebles la diferencia es inferior a un diez por ciento y en el caso de muebles a un veinte por ciento, y no constare oferta superior"*.

Respecto de los bienes necesarios para la continuidad de la actividad, el régimen de transmisión presenta mayores obstáculos. Estos activos ofrecen una importancia doble: primero por su valor patrimonial intrínseco; y, segundo, por el valor adicional y externo que emanan por su naturaleza operativa, pues contribuyen, mediante su explotación, a incrementar la masa activa a través del rendimiento económico que produce su explotación en el tráfico. Son bienes indispensables para el desarrollo de todas o algunas de las actividades[317]; en consecuencia, su ausencia impide totalmente la ejecución de aquéllas, o bien su adecuado desempeño. Por este motivo, no resulta extraña la exigencia de autorización judicial previa para proceder a su transmisión, tal y como lo dispone el art. 205 TRLC. Como regla general, la necesidad de solicitar tal autorización puede obedecer a la necesidad de enajenar bienes que, aún operativos, son perecederos, de difícil o costosa conservación e, incluso, cuyo sacrificio sea preciso para salvar otros de mayor interés[318].

En torno a la conexión entre activo esencial y bien necesario para la actividad no ofrece, desde mi punto de vista, un nexo fuerte o, por lo menos, absoluto. Ya vimos en el segundo capítulo de esta obra que el carácter esencial no está conectado, necesariamente, al destino del activo, sino a su valor y a los efectos desencadenantes de su eventual transmisión. Por ejemplo, puede ocurrir que el activo más valioso de la sociedad sea un inmueble no afecto a un destino concreto, pero si su valor es ciertamente sobresaliente en relación al resto del patrimonio social, es posible que su transmisión constituya una situación aproximada a una liquidación de hecho; y del mismo modo, la transmisión de un bien necesario para el desarrollo de cualquier actividad

---

Menor, 2021, pp. 1192-1196, p. 1195.

317 ARIAS VARONA, F. J., *La disposición de activos esenciales en sociedades en crisis*, cit., p. 106.

318 CORDÓN MORENO, F., "Comentario al art. 43 LC", en CORDÓN MORENO, F. (Dir.), *Comentarios a la Ley Concursal*, Tomo I, Aranzadi, Cizur Menor, 2010, pp. 506-515 (consultado en Aranzadi Instituciones: BIB\2009\8099).

desembocará en idéntico resultado por, además, conllevar la paralización del objeto social.

Evidentemente, esta incidencia patrimonial es lo suficientemente relevante como para requerir la intervención de la junta. Y, respecto, a la afección parcial de un bien, entendida ésta como un activo que únicamente es necesario para el desempeño de una actividad concreta pero no otras que la sociedad desempeñe simultáneamente, la doctrina señala que su caracterización como bien esencial a efectos societarios dependerá del caso concreto. Si una entidad realiza distintas actividades y tiene la titularidad de un signo distintivo que es necesario para ejecutar una sola de ellas, si su valor no es muy relevante, probablemente su salida no arrojará un impacto suficiente a efectos del art. 160 f) LSC. Y en sede de concurso, dicho principio no experimentará alteraciones; por tanto, una vez más, la consideración de activo esencial no responde, simultáneamente, a la de un bien necesario para la continuación de la actividad económica.

1.3.3 La unidad productiva como activo esencial

Un asunto muy abordado es la conexión entre el concepto de activo esencial y la unidad productiva como parte de una empresa. La razón de este epígrafe reposa en valorar la cercanía existente entre ambos términos y determinar si, a efectos prácticos, resultan equivalentes o, por el contrario, presentan diferencias y no existe un nexo sólido que los una. Es indudable que arrojan elementos relacionados. En primer lugar, tanto el activo esencial como la unidad productiva son, en muchos casos, elementos funcionales de la empresa, así como sustanciales para su sustento económico; y, además, ambos presentan habitualmente un valor trascendente. Respecto del activo esencial, no procede detenernos en su definición y concreción porque esa tarea ya la hemos llevado a cabo en el capítulo segundo; y no merece la pena volver a entrar en ello considerando que el concepto de activo esencial no precisa adaptación de ningún tipo para aplicarlo a la materia de la insolvencia[319].

---

319 ARIAS VARONA, F. J., *La disposición de activos esenciales en sociedades en crisis*, cit., pp. 109-110.

En torno a la unidad productiva, cabe decir que es un concepto general utilizado en diferentes ramas del Derecho, aunque el lugar donde adquiere mayor protagonismo es en el ámbito de la insolvencia, especialmente en sede de la liquidación de empresarios concursados al objeto de preservar —en otras manos— la actividad económica de un bloque integrante de la empresa. La normativa concursal vigente se ha encargado de procurar la siguiente definición: *"Se considera unidad productiva el conjunto de medios organizados para el ejercicio de una actividad económica esencial o accesoria"* (art. 200.2 TRLC) aunque la legislación fiscal también le ha prestado cierta atención porque atribuye a las operaciones de transmisión un régimen de no sujeción al impuesto[320]. Este concepto es muy cercano a la noción de empresa, en el sentido de constituir una organización de capital y de trabajo destinada a la producción y/o distribución de bienes y servicios para el mercado. No obstante, el término de unidad productiva se refiere a fragmentos de la empresa que, autónomamente, pueden desarrollar una o varias actividades concretas[321]; para ello, precisa de bienes materiales o inmateriales propios, trabajadores adscritos a ella, licencias y autorizaciones administrativas, etc.[322].

Respecto a su conexión con los activos esenciales, procede establecer la siguiente consideración. Unidad productiva y activo esencial son términos próximos pero no equivalentes: no toda unidad

---

[320] En el ámbito fiscal se las conoce como "unidades económicas", al amparo del art. 7 1.º de la Ley 37/1992, de 28 de diciembre, del Impuesto sobre el Valor Añadido (LIVA): *"No estarán sujetas al impuesto: 1.º La transmisión de un conjunto de elementos corporales y, en su caso, incorporales que, formando parte del patrimonio empresarial o profesional del sujeto pasivo, constituyan o sean susceptibles de constituir una unidad económica autónoma en el transmitente, capaz de desarrollar una actividad empresarial o profesional por sus propios medios, con independencia del régimen fiscal que a dicha transmisión le resulte de aplicación en el ámbito de otros tributos y del procedente conforme a lo dispuesto en el artículo 4, apartado cuatro, de esta Ley"*.

[321] STS (Sala 3.ª) de 17 de mayo de 2022 (ES:TS:2022:2064). Vid., también sobre la cuestión: RUBIO VICENTE, P., "La transmisión de unidades productivas", *Anuario de Derecho Concursal*, n. 61, 2024, pp. 7-55; y FUENTES DEVESA, R., "Enajenación de bienes y derechos de la masa activa", cit., pp. 1189-1192.

[322] Precisamente en estos términos estableció la noción de empresa la Propuesta de Código Mercantil en su art. 131.1: *"La empresa es el conjunto de elementos personales, materiales e inmateriales organizados por el empresario para el ejercicio de una actividad económica de producción de bienes o prestación de servicios para el mercado"*.

productiva tendrá la consideración de activo esencial. Ahora bien, es cierto que un conjunto organizado, aunque fraccionado, de la empresa en muchas ocasiones si asumirá tal calificación. En esencia, por dos razones: la primera, pues en la pequeña y mediana empresa una unidad productiva —cuando existan más de una— superará con creces el valor de la presunción del art. 160 f) LSC; y, en segundo lugar, porque la transmisión de una de ellas a un tercero reflejará sobre la sociedad transmitente un impacto sistémico considerando que implicará la cesión de una rama de la actividad, lo que repercute directamente sobre su objeto social.

1.3.4 Las competencias en materia de gestión durante el concurso y la disposición de activos esenciales en la fase común del procedimiento

Preservar la personalidad jurídica de la sociedad y el respeto —si bien con matices— del ejercicio las competencias propias de cada uno de sus órganos, es una de las razones que sustentan su mantenimiento durante el concurso. Entre otras razones, porque sin dichas medidas, el deudor carecería de toda capacidad "de facto" para expresar su voluntad durante el procedimiento. Sin embargo, la adopción de decisiones está cuanto menos intervenida, sino suprimida, según si tales decisiones tienen algún contenido de naturaleza económica o pueden incidir de forma negativa en la buena marcha de concurso.

Respecto de la junta de socios, el legislador procura que este órgano funcione con la mayor normalidad posible, respetando sus competencias y procedimientos. Sin embargo, es innegable que determinadas decisiones protectoras del interés social o de los socios choca con una eventual tutela del interés del concurso. Por esta razón, los acuerdos de la junta que arrojen contenido patrimonial o relevancia directa para el concurso requerirán, para su eficacia, la autorización de la administración concursal (art. 127.3 TRLC). Considerando este principio, ¿cómo es posible compatibilizar la injerencia de los socios en los asuntos de gestión durante la insolvencia? Durante la fase común del procedimiento, la gestión de patrimonio está sometida, cuanto menos, a un control constante del administrador concursal y del juez. Uno de los parámetros más relevantes a tener en cuenta es el régimen disposición patrimonial decretado en el auto de declaración del concurso (arts. 28.1 2.º y 106 TRLC), o el que se aplique en un momento posterior si aquél ha sido modificado (art. 108 TRLC).

En sede concursal, la limitación o suspensión de facultades sobre los actos del deudor son los dos supuestos posibles. Concordar estas reglas con la facultad de la junta de impartir instrucciones en materia de gestión es una opción, cuanto menos, discutible. Procede tener en cuenta dos aspectos: el primero, que el administrador concursal o el juez, tiene la última palabra sobre las decisiones patrimoniales adoptadas dentro del concurso; y, la segunda, que el mantenimiento de las competencias de cada órgano social procede de forma íntegra o parcial únicamente cuando ello sea compatible con la toma de decisiones económicas más favorables para el procedimiento. Esencialmente porque cualquier decisión patrimonial —bien sea ésta de mantener bienes dentro de la masa o su enajenación—, debe tener por objeto la conservación o incremento del valor de la masa, al menos durante la fase común[323]. De este modo, la competencia de la junta para impartir instrucciones o exigir una autorización previa al órgano de administración en virtud del art. 161 LSC resulta habitualmente eclipsada en el concurso.

En caso de mera intervención, cualquier mandato recibido de los socios a los administradores para ejecutar de un determinado modo operaciones concretas, no queda per se, prohibido, pero sí supeditado a la autorización del administrador concursal (128.1 TRLC). Los protocolos de la junta sobre operaciones de gestión se aplican si concurren dos requisitos: 1) que el acto a realizar sea autorizado por el administrador concursal; y 2) que éste acepte su ejecución conforme a los términos establecidos por los socios. Ello significa, por ejemplo, que si los socios indicaron un procedimiento concreto para negociar el abastecimiento de ciertas materias primas, como el de no adquirir el producto a un precio superior al expresamente indicado, el administrador concursal tiene dos opciones: la primera, que estime razonable las instrucciones proferidas por la junta y conceda la autorización supeditada al cumplimiento de las misma; o,

---

[323] ARIAS VARONA, F. J., *La disposición de activos esenciales en sociedades en crisis*, cit., p. 147.

por otro lado, que no las estime razonables y ordene prescindir de ellas, sustituyéndolas por otras que entienda más oportunas de cara a ejecutar un determinado acto. En consecuencia, el art. 161 LSC pierde su eficacia cuando el administrador del concurso considere, razonablemente, que el protocolo marcado por la junta no resulta el más idóneo para la adecuada conservación de la masa.

En torno al régimen de suspensión, al ser la administración concursal quien ejercita directamente las facultades de gestión y disposición sobre los bienes y derechos de la concursada (art. 128.3 TRLC), el art. 161 LSC pierde su eficacia, a mi criterio. No se cumplen los presupuestos del precepto señalado, pues el receptor de las instrucciones es el órgano de administración y no otro; y no parece que la administración concursal idéntica condición. Si bien es cierto que queda facultada para realizar toda la gestión social, tiene otras muchas funciones que los administradores sociales no pueden desempeñar (ejercicio de acciones de reintegración, el informe del concurso, establecer ciertas condiciones para la enajenación de unidades productivas, entre otras); además, desde un punto de vista jurídico, la administración concursal adquiere la categoría de profesional especialmente cualificado para la gestión de empresas en crisis. Por tanto, considero que no puede ser jurídicamente la destinataria de un mandato emitido por la junta en materia de gestión; las instrucciones, vinculantes para los administradores, no lo son para la administración concursal.

En conclusión, las competencias en materia de gestión y disposición de la junta ex art. 161 LSC respecto de las instrucciones o autorizaciones previas que los socios vinieran exigiendo a los administradores, quedan fuertemente reducidas sino suprimidas, según el régimen de disposición patrimonial acordado.

En torno a la transmisión de activos esenciales en el concurso, en cierto modo incide en gran medida el régimen sobre las facultades patrimoniales ante el que nos hallemos. Como ya expusimos en capítulos anteriores, la finalidad de otorgar la competencia exclusiva de la junta reposa en la protección de la propia sociedad y de los intereses indirectos de los socios. El control de estas operaciones impide que un administrador, por sí mismo, sea capaz de ocasionar un cambio sustancial en la estructura personal y patrimonial de la sociedad; es decir, poner en riesgo su subsistencia en el tráfico. Pero la existencia de la sociedad y la protección de su integridad tiene sentido mientras opera en el tráfico; por tanto, tutelar la competencia del art. 160 f) LSC constituye una medida razonable en las fases del procedimiento donde la entidad existe y se mantiene operativa en el tráfico, como así ocurre en la fase común y de convenio.

Durante la tramitación de la fase común, esta competencia de la junta ciertos matices. En estos términos y como regla general, el legislador dispone excepciones donde la decisión de los socios pasa a un segundo plano[324].

En caso de acordar el régimen de mera intervención, respecto del asunto, distintas han sido las posturas doctrinales y jurisprudenciales. A favor de mantener la competencia de la junta en materia de activos esenciales, se ha posicionado la SAP de Lugo (Sección 1.ª) de 7 de julio de 2020[325]. Esta resolución expuso que la declaración de concurso, por sí sola, no constituye una excepción expresa a la aplicación de esa norma imperativa de competencia orgánica [art. 160 f) LSC]. En consecuencia, si el régimen de actuación de la administración es el de mera intervención, *"no parece que exista razón para entender que no es de aplicación el artículo 160 f) LSC, si bien la decisión de la Junta deberá ajustarse a las exigencias adicionales establecidas en la normativa concursal, como la dispuesta en el artículo 48.2 LC"* (actuales arts. 126-128 TRLC). En opinión contraria, otros autores consideran que el 160 f) LSC no casa bien con el régimen de intervención, ya que en estos supuestos la administración concursal tiene el papel de intervenir, completar y validar las decisiones de la sociedad, y dar paso al 160 f) nos llevaría a soluciones disparatadas, *"porque en ese caso el interventor pasaría a ser intervenido por la propia intervenida"*[326].

En caso de suspensión de facultades de administración y disposición del patrimonio, la postura defendida es algo distinta. Un sector descarta, por falta de sentido, plantear el sometimiento a la junta

---

324 ARIAS VARONA, F. J., *La disposición de activos esenciales en sociedades en crisis*, cit., p. 148.

325 SAP de Lugo (Sección 1.ª) de 7 de julio de 2020 (ECLI: ES:APLU:2020:509).

326 VENTO ABOGADOS & ASESORES, "Venta de activos esenciales y concurso de acreedores: ¿es necesaria autorización de la junta?", Blog del despacho: https://vento.es/venta-de-activos-esenciales-y-concurso-de-acreedores-es-necesaria-autorizacion-de-la-junta/

general de una operación de enajenación de un activo esencial, considerando que toda la gestión queda desplazada desde el órgano de administración al administrador concursal[327]. Otro sector entiende que el régimen de suspensión no desactiva la competencia de la junta en materia de activos esenciales; pero en este caso, la ejecución del acuerdo de los socios no corresponde a los administradores sociales sino a la administración concursal; será ésta quien decida —en aras de su eficacia— si lo ejecuta o no[328].

Sobre el asunto, la Prof. GALLEGO SÁNCHEZ[329] defiende que, pese a la suspensión de facultades, la junta no pierde su competencia en materia de activos esenciales [art. 160 f) LSC] por las siguientes razones. En primer lugar, art. 126 TRLC condiciona el funcionamiento de ambos órganos (administradores y socios) según el régimen decretado (intervención o suspensión); es una norma de rango general. Sin embargo, posteriormente la ley invoca dos reglas especiales: los arts. 127.3 y 128 TRLC, la primera marca las reglas específicas aplicables a la junta y la segunda las que rigen para el órgano de administración. Respecto de la junta de socios, el art. 127.3 TRLC aplica una misma medida para el régimen de intervención y de suspensión: supedita la eficacia de sus acuerdos a la autorización de la administración concursal; es una norma de eficacia, pero no de validez. Sostiene que el acuerdo adoptado por la junta sería válido, pero no produciría efecto alguno hasta la mencionada autorización,

---

327 SAP de Lugo (Sección 1.ª) de 7 de julio de 2020 (ECLI: ES:APLU:2020:509). También: GONZÁLEZ-MENESES, M., ["Reestructuración de empresas y operaciones sobre activos esenciales…", cit. (consultado en: LA LEY 99/2016)], quien compara esta situación con la de un deudor persona física, donde la totalidad de sus facultades de disposición patrimonial quedan obligatoriamente cedidas, sin posibilidad de adoptar decisión alguna sobre el destino de sus bienes mientras dure el concurso y se mantenga activo el régimen de suspensión; SÁNCHEZ SANTIAGO, J., "La nueva competencia de la junta general sobre activos esenciales: a vueltas con el artículo 160 f) LSC", cit. (LA LEY 3426/2015); y ESTEBAN VELASCO, G., "Distribución de competencias entre la Junta General y el órgano de Administración, en particular las nuevas facultades de la Junta sobre activos esenciales", cit., p. 60.

328 ALCALÁ DÍAZ, M. Á., *Las competencias de la junta en materia de gestión*, cit., p. 255.

329 GALLEGO SÁNCHEZ, E., "Efectos específicos del concursado persona jurídica", en GALLEGO SÁNCHEZ, E. (Dir.), *Derecho concursal y preconcursal*, Tomo II, Tirant lo Blanch, Valencia, 2022, pp. 745-850, pp. 780 y ss.

que puede ser anterior o posterior a su adopción, expresa o tácita. Es este sentido, concluye la Prof. GALLEGO que una venta realizada por el administrador concursal carece de validez respecto de terceros porque las facultades de administración que asume éste no abarcan aquellos actos que estén fuera del poder de representación de los administradores sociales, que es a lo que se limita el rango de intervención y suspensión (art. 128 TRLC); y la competencia de la junta sobre activos esenciales es un claro ejemplo de ello.

En torno a mi postura, varias consideraciones. La primera, de orden general. Durante la fase común del concurso de persona jurídica, sus órganos subsisten y conservan sus competencias: lógicamente, en mayor o menor grado, dependiendo del régimen de disposición de facultades establecido. A lo largo de esta fase, el deudor mantiene su actividad con cierta regularidad, prestando especial atención y dedicación a preservar el patrimonio social; se trata de una fase cuyo objeto primordial es el análisis financiero y contable del deudor, a efectos de valorar la mejor de las soluciones posibles y pasar a la fase derivada posterior más adecuada (convenio o liquidación). Esta circunstancia ofrece, a mi juicio, una razón para no desatender del todo la competencia de los socios respecto de los activos esenciales; evidentemente, procederá realizar algunos ajustes considerando el estado en que la sociedad se encuentra.

En caso de haber decretado el régimen de mera intervención, el procedimiento a seguir es claro. Los administradores proponen la venta de un activo esencial y habrán de solicitar permiso a la junta, pues es trámite obligatorio, que habrá de convocarse con la presencia necesaria del administrador concursal. Durante la reunión, se expondrán las razones de la enajenación, y después los socios y la administración concursal podrán pronunciarse mediante su derecho de voz; posteriormente, procederá efectuar la votación. Si el sentido del acuerdo resultante (tanto favorable a la transmisión como en contra) coincide con el parecer del administrador concursal, éste autorizará o denegará la operación sin entrar en conflicto con los socios (art. 127.3 TRLC); existirá, por tanto, un respeto íntegro —si bien "de facto"— de la competencia sobre activos esenciales. Mayores problemas plantea el caso de voluntades confrontadas (entre el órgano de administración social y la junta. Caben dos posibilidades). En primer lugar, si la junta quiere vender, pero no el administrador social, no habrá venta, pues la competencia de los socios sobre activos esenciales reposa en la facultad de autorizar o denegar la decisión previa de los administradores de disponer sobre ellos. Como los administradores sociales no han impulsado venta alguna, no hay opción a que la junta otorgue conformidad o rechazo frente a una solicitud que no se ha producido; y, por tanto, el administrador concursal nada tiene que autorizar. Y éste no venderá directamente el activo porque su función bajo este régimen (intervención) es el de controlar las decisiones patrimoniales de los administradores.

Ahora bien, si los administradores optan por vender y la junta emite un acuerdo en contra, es el administrador concursal el que tiene la última palabra: si considera adecuada la enajenación para el interés del concurso, no dará eficacia a la decisión de los socios. Y esto es así porque el art. 127 TRLC otorga al administrador concursal la facultad de conceder o no eficacia a cualquier acto de la junta con contenido patrimonial o relevancia para el concurso, lo que ofrece un ámbito de posibilidades mayor. La autorización del administrador concursal constituye un filtro ex post a las decisiones de los socios (una vez adoptado el acuerdo, pero antes de su ejecución[330]) con el objeto de proteger toda la masa activa (en la que se incluyen, naturalmente, los activos esenciales).

En régimen de suspensión, la situación varía ligeramente, pero bajo el mismo principio. Aquí, la persona jurídica en su conjunto queda privada de adoptar y ejecutar, por sí misma, acuerdos de contenido patrimonial[331]. La administración concursal asume facultades universales sobre el patrimonio de la sociedad deudora, que no se limitan al poder de representación orgánico de los administradores sociales, sino a cualquier acto con trascendencia patrimonial, sea o no competencia de aquél. Queda facultada para adoptar directamente cualquier disposición patrimonial —incluida la de los activos esenciales; eso sí, bajo el control o la autorización del juez, según proceda. Por tanto, es la administración concursal quien inicia y ejecuta los actos patrimoniales de la entidad; y, en mi opinión, aunque carece de

---

330 FERRANDO MIGUEL, I., "De los efectos específicos sobre la persona jurídica", en VEIGA COPO, A. (Dir.), *Comentario al Testo Refundido de la Ley Concursal*, Tomo I, Aranzadi, Cizur Menor, 2021, pp. 735-791, p. 746.

331 MARTÍNEZ FLÓREZ, A., *La junta general de la sociedad concursada*, cit., p. 227.

sentido solicitar a la junta autorización para realizar una disposición de un activo esencial cuando, en caso de denegación, no asumirá el acuerdo adoptado (denegatorio) ex art. 127.3 TRLC, considero que los socios deben tener algún papel en esta sede. La junta habrá de ser consultada, aunque su acuerdo no resulte vinculante para el administrador del concurso.

Tanto en el régimen de intervención como de suspensión, la decisión sobre la venta de un activo esencial reside en última ratio sobre el administrador concursal, que es quien debe otorgar eficacia al acuerdo mediante su autorización en los términos expuestos. Ahora bien, esa autorización solo puede denegarse cuando el acto concreto resulte perjudicial para los acreedores, pero no en otro caso. Siempre que las decisiones de los órganos sociales no choquen con los del procedimiento concursal, el administrador concursal debe optar por respetar sus competencias y normal funcionamiento. Por ejemplo, supongamos que, durante el concurso de una sociedad productora y distribuidora de ibérico en régimen de suspensión, el administrador concursal decide que es muy gravoso mantener tres fábricas y procede vender una de ellas. Los socios se oponen a la venta de la más antigua por razones sentimentales, ya que era donde empezaron y les trae muchos recuerdos. Considerando que todas tienen un valor similar, el interés del concurso quedaría perfectamente protegido enajenando cualquiera de ellas; y, en este sentido, entiende ARIAS VARONA procedería respetar el parecer de los socios y excluir de la venta dicha fábrica para enajenar alguna de las dos restantes[332].

Las ideas expuestas parten de la base de que la insolvencia —en aras de proteger la masa y adoptar las decisiones más adecuadas en torno a ella— exige ponderar los intereses en juego, pero preferenciando la finalidad última del procedimiento concursal y de la fase en que se encuentra[333]. Esto permite únicamente respetar la competencia de los socios sobre los activos esenciales en la medida en que tal decisión no arroje un resultado lesivo para el interés de concur-

---

332 ARIAS VARONA, F. J., *La disposición de activos esenciales en sociedades en crisis*, cit., pp. 150-151.

333 Ibídem, p. 152.

so[334]. Durante la fase común, lo habitual es adoptar las decisiones patrimoniales que resulten más apropiadas para la continuidad de la actividad empresarial y la maximización del valor de la masa.

1.3.5 La disposición de activos esenciales en las fases derivadas del procedimiento: el convenio y la liquidación

Las facultades de administración del patrimonio de la sociedad concursada y la competencia de la junta en materia de activos esenciales adquieren una perspectiva diferente en las fases derivadas del concurso.

En sede de convenio, las posibilidades son múltiples. Con carácter general, desde la eficacia del convenio tras la sentencia que lo apruebe (art. 393 TRLC), cesan todos los efectos de la declaración del concurso (394.1 TRLC). La ley dispone un régimen ciertamente laxo aquí, donde la insolvencia parece haber alcanzado la mejor solución posible; esto permite liberar al deudor de las limitaciones patrimoniales que, desde la declaración del concurso hasta ahora, han disciplinado su vida económica. A pesar de ello, el deudor mantiene todavía un vínculo jurídico con el concurso, pues procede recordar que éste no terminará hasta el auto de cumplimiento del convenio y el transcurso del plazo de caducidad de las acciones de su incumplimiento (o, siendo ejercitadas, resulten rechazadas por resolución judicial firme) (art. 465 4.° TRLC). Considerando esto, el legislador establece varias condiciones.

En primer lugar, el deudor continúa obligado a prestar la colaboración e información que le sea requerida por los órganos del concurso (art. 394.2 TRLC), aunque en este caso procederá ante el juez del concurso y, de forma más limitada, ante la administración concursal, pues desde la eficacia del convenio cesa en sus funciones a excepción de continuar el trámite de los incidentes concursales en curso y de su intervención en la sección sexta (art. 395 TRLC). Por

334 CÁBANAS TREJO, R., "Activos esenciales y competencia de la junta general de las sociedades de capital ¿un riesgo para el tercero que contrata con la sociedad?", cit. (consultado en LA LEY 2717/2015).

tanto, se trata de efectos mínimos y razonables, considerando que el procedimiento concursal aún no ha terminado[335].

Por otra parte, dispone el art. 321.1 TRLC que: *"La propuesta de convenio podrá contener medidas prohibitivas o limitativas del ejercicio por el deudor de las facultades de administración y de disposición, durante el periodo de cumplimiento del convenio, sobre bienes y derechos de la masa activa"*. Esta norma otorga la posibilidad, en favor de los interesados en el convenio —para asegurar en mayor medida su cumplimiento—, de extender los efectos que hasta ahora ha regido el régimen de disposición de facultades del deudor. Es preciso recordar que la aprobación del convenio produce la desaparición de los efectos del concurso, de modo que, a falta de pacto sobre tal extremo, el concursado recupera automáticamente todas las facultades que tenía reducidas o suprimidas[336]. Por el contrario, los acreedores pueden utilizar la baza de prohibir o limitar, por ejemplo, la enajenación de ciertos bienes operativos mientras el convenio se cumple como condición para votar a favor del mismo. En este caso, señala la doctrina que se sustituye un sistema de prohibición legal o judicial de disponer, por otro de naturaleza convencional[337]; es decir, con la aprobación del convenio, queda sin efecto la intervención o la suspensión de las facultades patrimoniales del deudor y, en general, las limitaciones a su actividad profesional o empresarial, y pasan a regir las previstas

---

335 Bien dispuso la STS de 8 de abril de 2016 (ECLI: ES:TS:2016:1621) que *"Aun cuando desde la eficacia del convenio cesan los efectos derivados de la declaración de concurso, éste no ha concluido como procedimiento, sino que subsiste en un estado que la doctrina denomina concurso yacente; entendido como la situación en que se encuentra provisionalmente el procedimiento entre la fecha de la aprobación judicial del convenio y el auto firme que lo declara cumplido o caducadas las acciones de incumplimiento (provisionalidad que puede extenderse en el tiempo en conexión con los plazos de espera acordados)"*.

336 Pues, como bien indica MARTÍNEZ MUÑOZ, M., ["Comentario a los arts. 321-322 TRLC", en VEIGA COPO, A. (Dir.), *Comentario al Texto Refundido de la Ley Concursal*, Tomo II, Aranzadi, Cizur Menor, 2021, pp. 71-77, p. 71], no cabe la aplicación analógica del régimen de intervención o suspensión vigente hasta la aprobación judicial del convenio.

337 MARTÍNEZ FLÓREZ, A., "Facultades patrimoniales del concursado convenido (art. 137 LC)", en ROJO FERNÁNDEZ RÍO, Á. (Dir.); y BELTRÁN SÁNCHEZ, E. (Dir.), *Comentario de la Ley Concursal*, Tomo II, Aranzadi, Cizur Menor, 2004, pp. 2249-2264 (consultado en Aranzadi Instituciones: BIB\2015\9131).

en el acuerdo[338]. No obstante, algún autor considera que, incluso, el propio juez puede establecer las medidas que considere oportunas en la sentencia que apruebe el convenio[339].

En torno al alcance de las prohibiciones o limitaciones establecidas, rige el principio de autonomía de la voluntad (art. 1255 CC y 394 LC). El legislador no establece límites al alza o a la baja sobre la modulación de las facultades patrimoniales. Este intervalo, como ya hemos visto, carece de mínimos, pues a falta de pacto, el deudor recuperará todas sus facultades; sin embargo, más dudoso es el extremo opuesto: la imposición de medidas excesivamente restrictivas, por ser de aplicación general o absoluta, ya que entorpecería el cumplimiento del convenio. A mi juicio, el art. 321.1 TRLC es un precepto pensado para afectar a operaciones sobre bienes y derechos concretos. Así se extrae del art. 321.2 TRLC, que habilita para la inscripción de medidas en los registros públicos donde aquéllos figuren inscritos. Entiendo que la aplicación práctica de la norma recaerá sobre activos operativos que, por su naturaleza productiva, desprenden un interés razonable en que el deudor los conserve y utilice para su actividad, al objeto de generar más activo líquido y cumplir el convenio en el tiempo establecido y en términos más seguros[340].

Por la razón apuntada y según cada caso, los acreedores dispondrán un interés mayor o menor en incorporar medidas limitativas de las facultades patrimoniales del concursado. Considero que, cuando se opta por establecer alguna de ellas en el convenio, procede considerarlas como un elemento esencial del acuerdo concursal, si no de gran relevancia. Y así nos lo hace saber el legislador, pues la contravención por el deudor de este nuevo régimen determinado pactado lleva aparejado un doble efecto. Por una parte, la ineficacia oportuna del acto cometido en infracción de lo establecido; y, por otro, constituirá también un incumplimiento de convenio (art. 402.2 TRLC). En tal caso, procederá la apertura de la fase de liquidación con todas las consecuencias que acarrea: entre ellas, la calificación

---

338 STS de 4 de diciembre de 2012 (ECLI: ES:TS:2012:8306).

339 MOYA BALLESTER, J., "El convenio", en GALLEGO SÁNCHEZ, E. (Dir.), *Derecho concursal y preconcursal*, Tomo II, Tirant lo Blanch, Valencia, 2022, pp. 1549-1584, p. 1576.

340 MARTÍNEZ MUÑOZ, M., "Comentario a los arts. 321-322 TRLC", cit., p. 73.

culpable del concurso por incumplimiento culpable del convenio (art. 443 6.º TRLC)[341], bien si la calificación se estuviera tramitando, o en caso de su reapertura si ya hubiera concluido por sentencia la insolvencia como fortuita.

Sobre la incidencia del convenio en las competencias de la junta en la sociedad concursada, procede plantear si es posible establecer prohibiciones o restricciones sobre alguna de ellas, y más concretamente sobre la prescrita en los arts. 160 f) y 511 bis LSC. Varias consideraciones. En primer lugar, las prohibiciones o limitaciones parecen recaer exclusivamente sobre el órgano de administración y no parece que este régimen se extienda a la junta. En segundo lugar, considerando que la administración concursal mantiene únicamente funciones residuales (arts. 395.2 y 3 TRLC), ya no rigen las reglas sobre su presencia en la Junta General, ni tampoco quedan sometidos al control de aquella los acuerdos de los socios que tengan contenido patrimonial o relevancia directa para el concurso (art. 127.3 TRLC). Si bien es cierto que cabe la posibilidad de que la administración concursal asuma funciones concretas durante el período de cumplimiento del convenio (art. 322 TRLC), dudo mucho que una de ellas sea la de fiscalizar la actividad de la junta. Esencialmente, por varias razones: 1) en este caso la administración concursal no actúa como un órgano del concurso en el mismo desempeño de sus deberes, sino como un profesional en régimen de arrendamiento de servicios[342]; 2) porque por estas funciones se exige abonar una retribución adicional, que seguramente la concursada no esté dispuesta a asumir; y 3) en último lugar, la contratación de estos servicios concretos requiere el consentimiento de los interesados, entre los que se haya el deudor, ya que la masa soportará los gastos generados de dicha actividad (art. 242.1 9.º TRLC).

---

341 Si bien, de conformidad con el art. 445 bis 2 y 3, el incumplimiento del convenio por infracción de las facultades de disposición establecidas en él, no resulta culpable en virtud de ninguna de las presunciones recogidas en el precepto. Sí lo sería, a mi juicio, en virtud del art. 445 bis 2 TRLC, pues considero que la contravención de un aspecto tan básico como es no incurrir en una prohibición o limitación expresa y negociada con cierta razón de peso, implica, al menos, un acto de culpa grave del deudor.

342 MARTÍNEZ MUÑOZ, M., "Comentario a los arts. 321-322 TRLC", cit., p. 77.

Considerando lo indicado, cabe concluir que la eficacia del convenio no afecta a la competencia de la junta para acordar la transferencia de los activos esenciales. Ahora bien, la actuación de la junta, en estos términos, puede resultar decisiva para el cumplimiento del acuerdo. Por ejemplo, piense en un convenio cuyo contenido incluye el deber del deudor de realizar un determinado bien esencial; los administradores procederán solicitando el consentimiento a los socios, pero si éstos no lo dan, el activo no puede enajenarse. En consecuencia, se produciría un incumplimiento del convenio que arrastrará a la concursada a la liquidación, con la correspondiente suspensión de facultades, perdiendo, además, la junta su competencia sobre los activos esenciales, pues ya el objeto de la sociedad en el concurso será la realización de todos sus bienes y derechos. A tal efecto, la doctrina señala la posibilidad de incorporar en el propio convenio el compromiso de los socios de aprobar la transmisión del bien. Esta medida reposaría en el art. 324 TRLC, que admite las propuestas de convenio en las que reclama la conducta adicional de tercero[343]. A mi juicio, tal posibilidad es factible, pero no en virtud de este precepto, sino por en base al compromiso que asuma el propio deudor; la razón estriba en que la junta no puede ser considerada como tercero a efectos del convenio, pues es un órgano necesario y, por tanto, perteneciente a la esfera interna y esencial de la sociedad concursada.

En caso de liquidación concursal, el régimen sobre activos esenciales adopta una perspectiva radicalmente distinta. En esta fase del concurso, cesa todo interés por conservar la sociedad, pues ésta inicia las labores de liquidación íntegra de su patrimonio. No realizaré aquí un desarrollo extenso, habida cuenta de que expuse el estado de la cuestión en casos de liquidación societaria al principio de este capítulo. En la liquidación concursal, cambia el procedimiento pero el eje central de la cuestión sigue siendo el mismo. El legislador priva a la junta de su competencia para acordar la transmisión de los activos esenciales, ya que entorpece la labor de la administración concursal, que ha de proceder a la realización de todos los bienes, sin distinción alguna. Factor adicional que pone tal circunstancia de manifiesto es la aplicación ex lege de la sustitución del órgano de ad-

343 ARIAS VARONA, F. J., *La disposición de activos esenciales en sociedades en crisis*, cit., p. 155.

ministración por el administrador concursal con efectos equivalentes al régimen de suspensión de facultades (art. 413.2 TRLC). Además, para la realización del patrimonio, éste tendrá plenas facultades para la realización del patrimonio, sin precisar ya la autorización judicial para el desempeño de tal cometido (art. 415.2 TRLC), evitando así un *excesivo judicialismo* y otorgando una mayor celeridad al devenir de las liquidaciones concursales[344].

2. *La transmisión de activos esenciales en los planes de reestructuración*

2.1 Aspectos generales sobre la posición de los socios en los planes de reestructuración

El asunto de la competencia de la junta sobre los activos esenciales tampoco queda exento de problemas en la tramitación de los planes preconcursales de reestructuración. Como principio general, nuestro legislador establece un cambio de paradigma en el preconcurso con la reforma de 2022. En este sentido, procede decir que los acreedores han ganado mayor fuerza y protagonismo también en esta sede; esencialmente, porque, a fin de cuentas, constituyen la parte más perjudicada y central en el problema de la insolvencia, al resultar sus créditos insatisfechos. Por tanto, podemos decir que el plan de reestructuración en nuestra normativa vigente se establece *in favor creditoris*. La posición jurídica de los socios se protege de manera equilibrada; no cede *in totum* ante los acreedores, sólo en situaciones concretas al objeto de lograr que el plan salga adelante. Excluir totalmente a los socios en la participación de la negociación preconcursal no es una opción aconsejable, lo mismo que dejar en sus manos —en todo caso— el éxito o fracaso de la misma, evitando actuaciones obstructivas de la junta en detrimento del plan.

Esa es la filosofía de la Directiva 2019/1023, cuyo Considerando 57 establece: *"Si bien deben estar protegidos los intereses legítimos de otros accionistas o tenedores de participaciones, los Estados miembros deben ga-*

---

344 FACHAL NOGER, N., "Las operaciones de liquidación concursal", *Anuario de Derecho Concursal*, n.º 59, 2023 (consultado en Aranzadi Instituciones: BIB\2023\801).

rantizar que no puedan impedir injustificadamente la adopción de planes de reestructuración que permitirían que el deudor recuperase su viabilidad (…)"[345]. En consonancia con lo indicado, afirma la Prof. ENCISO ALONSO-MUÑUMER que *"cuanto más delicada sea la situación económica de la sociedad, menos cuidad requieren los derechos del socio, incluyendo los de carácter político; si las acciones o participaciones carecen ya de valor, entonces la capacidad de influencia de los socios debe reducirse y las normas de derecho concursal pueden superar a las de derecho de sociedades"*[346]. En cualquier caso, la negociación previa al concurso puede derivar en ciertas modificaciones de los créditos, al objeto de salvar la situación de insolvencia en cualquiera de los grados en que se encuentre (actual, inminente o probable: art. 584 TRLC). Ahora bien, el plan de reestructuración será objeto de tutela en su adopción siempre que se haya establecido conforme a unos parámetros y contenido que resulten viables para su cumplimiento[347].

Como en fase de preconcurso todavía no existe una declaración judicial de insolvencia —sólo una comunicación al juzgado sobre la existencia de estas negociaciones—, no hay, en esta sede, medidas limitativas o restrictivas aplicables a los órganos sociales. Dispone el art. 594 TRLC: *"La comunicación no tendrá efecto alguno sobre las facultades de administración y disposición sobre los bienes y derechos que integren el patrimonio del deudorno afecta a las facultades patrimoniales"*. Así, el órga-

345 Este Considerando 57 ofreció a los legisladores de los Estados miembros un doble camino: por un lado, privando a los socios de toda participación y decisión sobre los planes de reestructuración mediante la supresión de su derecho de voto; dejando siempre el éxito del plan en manos de acreedores y administradores sociales. Esta opción fue descartada en favor de la otra que ofrecía la norma: permitir a los socios cierta participación en los planes de reestructuración cuando su contenido afectara a derechos o competencias propias de la junta; eso sí, adoptando medidas que eviten la frustración intencionada del plan, como la vía de la homologación que permite provocar el arrastre de los socios por imposición del contenido de la reestructuración.

346 ENCISO ALOSNO MUÑUMER, M., "La posición de los socios en la aprobación y homologación del plan de reestructuración", *Anuario de Derecho Concursal*, n.° 62, 2024, pp. 83-118 (consultado en Aranzadi Instituciones: COM\2024\18065).

347 En este sentido, el art. 633 10.ª TRLC establece, como contenido mínimo: *"La exposición de las condiciones necesarias para el éxito del plan de reestructuración y de las razones por las que ofrece una perspectiva razonable de garantizar la viabilidad de la empresa, en el corto y medio plazo, y evitar el concurso del deudor"*.

no de administración continúa con absoluta normalidad ejerciendo la actividad empresarial y conserva el poder para la toma de decisiones ordinarias y extraordinarias. La misma regla es de aplicación para la junta de socios, que conserva íntegramente las competencias que por ley o en base estatutaria tiene reconocidas en exclusiva: "*Salvo por lo que respecta a la formación de la voluntad social de conformidad con lo previsto en este Artículo, cualquier operación societaria que prevea el plan deberá ajustarse a la legislación societaria aplicable*" (631.3 TRLC). Los planes de reestructuración, considerando la diversidad de medidas que pueden contener, entre ellas, la modificación de la composición, de las condiciones o de la estructura del activo y del pasivo del deudor, o de sus fondos propios, igualmente puede incluir operaciones que requieran el consentimiento de la junta, como las transmisiones de activos esenciales, o, en muchos casos, de unidades productivas o de la totalidad de la empresa en funcionamiento.

En primer término, procede indicar que los socios no siempre asumen un papel en la aprobación del plan: ocurre en los denominados "planes de reestructuración neutrales", que integran medidas que no comprometen su posición jurídica[348]. En este caso, como indica la doctrina, bastará el acuerdo de los administradores en representación de la sociedad deudora —siempre que concurran las mayorías legales necesarias[349]—, sin perjuicio de que éstos voluntariamente soliciten instrucciones o la aprobación de la junta[350].

---

348 FERNÁNDEZ POZO, L., "La tutela de los socios frente a los planes de reestructuración preventiva de su sociedad. Hacia un derecho societario preconcursal", *La Ley Mercantil*, n.º 88, 2022 (consultado en LA LEY 1571/2022).

349 Para aprobar el plan, todos los acreedores cuyos créditos vayan a quedar afectados tienen derecho de voto (art. 628 TRLC). Respecto a la clase laboral, cualquier modificación o extinción de los contratos se llevará a término de conformidad con lo establecido en la legislación laboral, especialmente se aplicarán las normas de información y consulta de las personas trabajadoras (art. 628 bis TRLC). Respecto a las mayorías exigidas, el plan de reestructuración se considerará aprobado por una clase de créditos afectados si hubiera votado a favor más de los dos tercios del importe del pasivo correspondiente a esa clase (art. 629.1 TRLC); para la clase de créditos con garantía real se precisará tres cuartos del importe del pasivo (art. 629.2 TRLC).

350 JUSTE MENCÍA, J., "La junta de socios y los planes de reestructuración en el derecho proyectado", *Revista General de Insolvencias & Reestructuraciones*, n.º 6, 2022 (consultado en Iuste.com).

En caso contrario, dispone el art. 631.1 TRLC: *"Cuando el plan de reestructuración contenga medidas que requieran el acuerdo de los socios de la sociedad deudora, se estará a lo establecido para el tipo legal que corresponda"*. Naturalmente, atendiendo a la existencia de una sociedad de capital, habrá que estar a lo previsto en los arts. 160 f) y 511 bis LSC. La ley no prevé, por tanto, una redistribución de competencias entre órganos sociales. De este modo, la presentación de la comunicación de apertura de negociaciones y la solicitud de homologación del plan corresponde a los administradores (art. 585.3 TRLC); por otro lado, la competencia para aprobar el plan es de la junta cuando contenga medidas societarias que requieran su acuerdo. No obstante, como veremos, este no es un requisito necesario en todo caso para que el plan de reestructuración prospere, considerando que, además, los socios no constituyen una clase o categoría autónoma en aras de aprobar y homologar el plan[351].

En todo caso —y en segundo lugar—, cuando la junta deba intervenir para pronunciarse sobre la aprobación del plan de reestructuración —que incorpore medidas societarias que así lo requieran— la reunión queda sujeta a unos requisitos específicos más laxos en materia de convocatoria, quórum y mayorías de votos. Respecto de la convocatoria de la reunión, se reduce del mes (anónimas) o los quince días (limitadas) a diez días, y veintiuno para las cotizadas (art. 631.2 1.ª TRLC). En torno al quórum de asistencia (aplicable sólo a la anónima), se aplica el ordinario, quedando la junta válidamente constituida si concurre, al menos el 25% del capital, en primera convocatoria; y, en segunda, cualquiera que sea el capital asistente (art. 193 LSC). Respecto de las mayorías necesarias, se aplicará la ordinaria; así, para la limitada, la aprobación del plan requerirá la mayoría de votos favorables, siempre que éstos representen, al menos, un tercio de los correspondientes al capital social con derecho de voto (art. 198 LSC); en cambio, para la anónima precisará una mayoría simple de los votos de los accionistas presentes o representados en

---

351 ENCISO ALOSNO MUÑUMER, M., "La posición de los socios en la aprobación y homologación del plan de reestructuración", cit., (consultado en Aranzadi Instituciones: COM\2024\18065); y MEGIAS LÓPEZ, J., "Comentario al art. 640 TRLC", en PULGAR EZQUERRA, J. (Dir.), *Comentario al Texto Refundido de la Ley Concursal*, Tomo II, La Ley, Madrid, 2023, pp. 1216 y 1217.

la junta —más votos a favor que en contra— (art. 201.1 LSC). En ningún caso será posible aplicar quórum o mayorías reforzadas (art. 631.2 4.ª TRLC).

Por otro lado, la reunión podrá tener como único punto del orden del día la aprobación o el rechazo del plan (art. 631.2 3.ª TRLC). Considerando la potencial complejidad de la reestructuración —así como las diversas medidas que pueda contener—, en caso de incorporar una pluralidad de ellas que requieran el consenso de los socios (por ejemplo, un aumento de capital y la transmisión de algún activo esencial), cabe formular el siguiente interrogante: ¿basta con celebrar una única junta para aprobar el plan junto con todas las medidas que contenga o, aparte de esta reunión, procederá celebrar otra para aprobar separadamente las materias que constituyan competencias exclusivas de los socios? Sobre esta cuestión, se han defendido dos posturas.

Un sector doctrinal considera que, si la norma obliga a celebrar una junta con el único objeto de decir sí o no al plan, la junta habrá de colaborar en su correcta ejecución aprobando separadamente en otra reunión aquellas materias que son de su competencia y que venían programadas en la reestructuración. Ante la imposibilidad de incluir o proponer otros asuntos, este sector entiende relevante abordar y reflexionar sobre dichos asuntos con el detenimiento que merece. En este sentido, existirá el acuerdo de aprobación del plan y otro acuerdo social de adopción de las medidas societarias que contenga el primero. Y ello porque en el proyecto de reestructuración es posible que simplemente se pacten unas bases mínimas que necesitarán un desarrollo posterior, lo que hace necesario un acuerdo posterior o, incluso, coetáneo al exigido para otorgar el visto bueno del plan de reestructuración[352].

---

352 En este sentido: FERNÁNDEZ POZO, L., "La tutela de los socios frente a los planes de reestructuración preventiva de su sociedad...", cit. (consultado en LA LEY 1571/2022); y JUSTE MENCÍA, J., "La junta de socios y los planes de reestructuración en el derecho proyectado", cit. (consultado en Iuste.com). Lo cierto es que ambos autores consideran la existencia de un acuerdo posterior al de aprobación del plan para las medidas societarias únicamente cuando la reestructuración no establezca, de forma suficientemente desarrollada y justificada, tales medidas.

Otro sector, por el contrario, entiende que basta con celebrar una única reunión para aprobar el plan de reestructuración, sin importar las medidas que contenga ni su trascendencia. Las razones son esencialmente dos: 1) porque es la vía más adecuada para agilizar la reestructuración en favor de los acreedores; y 2) porque estos autores consideran que el plan puede juzgarse en su integridad considerando la bondad de las medidas societarias para el saneamiento y el éxito, en definitiva, de la reestructuración. De este modo, si los socios consideran que todos los extremos del plan que afectan a sus derechos son adecuados para lograr el saneamiento de la sociedad, votarán a favor del mismo; y, en caso contrario, si no están conformes con alguno de ellos, deberán rechazarlo en su conjunto[353].

A mi juicio, puede no bastar la aprobación del plan para considerar eficaces las operaciones societarias que lo integran. El acuerdo de reestructuración contiene un el protocolo a seguir para alcanzar determinados objetivos. Y no siempre dispone un desarrollo suficiente de cada una de las medidas que lo componen, limitándose en muchos casos a indicar un listado de ellas, con una breve justificación. Y, en realidad, el art. 633 9.ª TRLC no exige nada más amplio que eso; por tanto, cuando los planes de reestructuración contengan medidas que afecten a los socios y las presenten de una manera escasamente desarrollada, éste resultará insuficiente para garantizar mínimamente los derechos de aquéllos. Además, el art. 633 10.ª TRLC precisa indicar las condiciones necesarias para el éxito del plan; y, en este sentido, dichos condicionantes —cuando son medidas cuya competencia es exclusiva de la junta, como los activos esenciales—, será la adopción posterior o simultánea de otro u otros acuerdos de los socios que ratifiquen, mediante aprobación, la ejecución de esas medidas que, societariamente, son de su estricta competencia. Así, cuando el plan redactado arroje un desarrollo adecuado y claro de todas y cada una de las medidas limitativas de los derechos de los socios,

353 ENCISO ALOSNO MUÑUMER, M., "La posición de los socios en la aprobación y homologación del plan de reestructuración", cit., (consultado en Aranzadi Instituciones: COM\2024\18065); e IRIBARREN BLANCO, M., "Los socios en los planes de reestructuración en la reforma del Texto refundido de la Ley Concursal", *Revista General de Insolvencias & Reestructuraciones*, n.º 6, 2022 (consultado en Iuste.com).

bastará su simple aprobación; en caso contrario, habrá de ir simultánea o posteriormente ratificado con otro acuerdo que apruebe esas concretas medidas.

2.2 La privación indirecta de la competencia de la junta sobre activos esenciales en caso de arrastre por homologación del plan de reestructuración

La homologación judicial de los planes de reestructuración constituye una vía para logra varios objetivos. Entre ellos, extender sus efectos a acreedores o clases de acreedores que no hubieran votado a favor del plan o, también —y esto es lo relevante en relación a nuestro estudio— a los socios del deudor persona jurídica (art. 635 1.ª TRLC). De este modo, se produce un efecto de arrastre que permite imponer a los accionistas las medidas societarias contenidas en el plan pese a haberlo rechazado (*cram down*): además, la homologación despliega dichos efectos aunque el auto no sea firme (art. 649 TRLC). Ahora bien, para que esto ocurra, depende de ciertos factores.

En primer lugar, si la sociedad se encuentra en mera probabilidad de insolvencia, se requerirá la aprobación de la reestructuración por los socios para que prospere la homologación del plan que afecte a sus derechos. Este límite resulta razonable considerando que la entidad no se encuentra en una situación deficitaria urgente o que requiera atención inmediata; por este motivo, el legislador preserva intactas aquí las competencias de la junta. Así, si el plan no resulta aprobado por ésta, no cabrá el efecto arrastre; por otro lado, en caso de haber obtenido el visto bueno si, posteriormente, los socios no acuerdan en reunión separada la aprobación de las medidas societarias oportunas (como la transmisión del activo esencial afectado), tal ausencia determinaría el incumplimiento del plan y, seguramente más adelante, el concurso de la sociedad cualdo alcance el estado de insolvencia (art. 671.2 TRLC)[354].

---

[354] CORTÉS DOMÍNGUEZ, F. J., "Planes de reestructuración y modificaciones estructurales. Los nuevos paradigmas y algunas paradojas", *Anuario de Derecho Concursal*, n.º 62, 2024, pp. 7-49, p. 34. No obstante, procede recordar que el actual régimen del incumplimiento del plan de reestructuración dispone una

La posibilidad de homologar el plan e imponer las medidas societarias oportunas a los socios únicamente cabe cuando la sociedad se encuentre en estado de insolvencia actual o inminente. Así lo dispone el art. 640.2 TRLC: *"Si el deudor fuera una persona jurídica, la homologación del plan de reestructuración requerirá que haya sido aprobado por los socios legalmente responsables de las deudas sociales. En caso de que estos socios no existieran, y el plan contuviera medidas que requieran acuerdo de la junta de socios, el plan de reestructuración se podrá homologar aunque no haya sido aprobado por los socios si la sociedad se encuentra en situación de insolvencia actual o inminente"*. El legislador desplaza la disciplina societaria en favor de la buena marcha del plan (principio de pro homologación[355]), siempre y cuando dicha situación de crisis (insolvencia actual o inminente) sea probada de forma fehaciente[356]. En

situación legal muy favorable para su subsistencia. Cuando el plan ha sido homologado, no es posible solicitar su resolución por causa de incumplimiento ni la desaparición de sus efectos, a no ser que el plan disponga otra cosa (art. 671.1 TRLC). Por esta razón, en ausencia de insolvencia, indica FLORES SEGURA, M., ["El incumplimiento de los planes de reestructuración: novedades e incógnitas de la reforma", en blog Almacén de Derecho, 1 de junio de 2022 (https://almacendederecho.org/el-incumplimiento-de-los-planes-de-reestructuracion-novedades-e-incognitas-de-la-reforma)] el peligro de proliferación de los denominados "planes zombi", donde perpetúan su estado de incumplimiento sin que el deudor ni los acreedores puedan adoptar medidas al respecto. A largo plazo, esto puede afectar negativamente *"a la confianza en el sistema e incrementar el escepticismo de los acreedores incluso ante los deudores que ofrezcan buenas candidaturas a la reestructuración"*.

355 Auto del Juzgado de lo Mercantil n. ° 1 de Córdoba de 5 de febrero de 2024.

356 En este sentido, el Auto del Juzgado de lo Mercantil n.º 2 de Las Palmas de Gran Canaria de 16 de julio de 2024 (JUR\2024\267747) determinó que el plan se puede homologar aunque no haya sido aprobado por los socios si la sociedad (de capital) se encuentra en situación de insolvencia actual o inminente. Sin embargo, han de exigirse indicios suficientes que lleven a una evidencia sólida de existencia de insolvencia; dicha evidencia no resulta del vencimiento anticipado de los instrumentos financieros por los acreedores *"No se trata del vencimiento que acaece por un hecho objetivo como es la llegada de una fecha, sino de una cláusula contractual con contenido y alcance jurídicos, que requiere de una interpretación y análisis de esa naturaleza. Por tanto, no puede llegarse a la conclusión de que existe insolvencia actual por la sola voluntad o interpretación de los acreedores, sin una previa contradicción como la que podría darse en un proceso declarativo en el que se planteara esta cuestión"*. Vid., también: Auto del Juzgado de lo Mercantil n. ° 3 de Murcia de 4 de febrero de 2025 (JUR\2025\43671).

este caso, los acreedores arrastran a los socios y se activa la regla de cambio de control y sustituyen, así, la voluntad social[357].

En este punto, FERNÁNDEZ POZO[358] distingue entre dos situaciones. La primera, que los socios hayan rechazado un plan posteriormente homologado (plan no consensual), derivando en el efecto indicado del arrastre (cram-down vertical o inter-clases), pues los acreedores imponen el contenido de la reestructuración a la junta; aquí, la única tutela de los socios reposa en la vía preconcursal de la impugnación de la homologación ex art. 656 TRLC. Y, la segunda, que el plan se haya homologado y aprobado previamente por voto favorable de los socios mayoritarios (plan consensual) sin el beneplácito de los minoritarios (*cram-down* horizontal o intra-clase); estos últimos disponen, de la vía de impugnación del acuerdo ex art. 631.2 5.ª TRLC).

En conclusión, la competencia en materia de activos esenciales en durante los planes de reestructuración presentan el siguiente régimen. En primer lugar, la comunicación de negociaciones al juzgado no conlleva un desplazamiento en las facultades de administración y disposición del patrimonio social en manos de un tercero, ni tampoco provoca alteraciones en relación a las competencias de la junta general. Ahora bien, considerando la normativa pro acreedores en materia de planes de reestructuración, esta afirmación presenta algunos matices. Por un lado, los planes que contengan medidas relacionadas con la enajenación de un activo esencial habrán de ser aprobados por los socios en todo caso cuando la sociedad se encuentra en mera insolvencia probable; requisito, éste, necesario, además, para lograr la homologación judicial. Por otro lado, cuando la entidad se halle en estado de insolvencia actual o inminente, aunque el plan —que contenga la enajenación de uno o varios activos esenciales— no haya sido aprobado por los socios, podrá arrastrarles si alcanza la homologación.

---

357 GARCIMARTÍN, F., "El derecho preconcursal: una visión general", *Anuario de Derecho Concursal*, n.º 57, 2022, pp. 9-50, p. 40.

358 FERNÁNDEZ POZO, L., "La tutela de los socios frente a los planes de reestructuración preventiva de su sociedad…", cit. (consultado en LA LEY 1571/2022).

BIBLIOGRAFÍA

ALCALÁ DÍAZ, M. Á., "Conflictos de interés socios-administradores: competencias de la junta general en asuntos de gestión y, en particular, sobre activos esenciales", en ALCALÁ DÍAZ, M. Á. (Dir.), *Las sociedades de capital: sus intereses y conflictos*, Tirant lo Blanch, Valencia, 2022, pp. 417-446.

ALCALÁ DÍAZ, M. Á., *Las competencias de la junta en asuntos de gestión*, La Ley, Madrid, 2018.

ALCOVER GARAU, G., "Comentario al art. 44 LSRL", en ARROYO MARTÍNEZ, I. (Coord.); EMBID IRUJO, J. M. (Coord.); y GÓRRIZ LÓPEZ, C. (Coord.), *Comentarios a la Ley de Sociedades de Responsabilidad Limitada*, Tecnos, Madrid, 2009, pp. 605-612.

ALFARO ÁGILA-REAL, J., "Sociedades de capital: el deber de diligencia de los administradores", en *Estudios y comentarios legislativos (Civitas)*, Aranzadi, Cizur Menor, 2015 (BIB 2015/4466).

ALFARO ÁGUILA-REAL, J., "Competencias de la Junta e instrucciones a los administradores (I)", en Blog "Derecho mercantil", publicado el 18 de junio de 2014, disponible para su consulta en: https://derechomercantilespana.blogspot.com/2014/06/competencias-de-la-junta-e.html.

ALFARO ÁGUILA-REAL, J., "El nuevo artículo 160 f) LSC", en Blog "Derecho mercantil", publicado el 13 de febrero de 2016, disponible para su consulta en: https://derechomercantilespana.blogspot.com/2015/02/el-nuevo-articulo-160-f-lsc.html

ALFARO ÁGUILA-REAL, J., "La llamada acción individual de responsabilidad o responsabilidad "externa" de los administradores sociales", *InDret*, n.º 1, 2007, pp. 1-18.

ALFARO ÁGUILA-REAL, J., "Los poderes de la junta y las instrucciones a los administradores", en Blog "Derecho mercantil", publicado el 20 de febrero de 2021, disponible para su consulta en: https://almacendederecho.org/los-poderes-de-la-junta-y-las-instrucciones-a-los-administradores.

ÁLVAREZ ROYO-VILLANOVA, S.; y SÁNCHEZ SANTIAGO, J., "La nueva competencia de la junta general sobre activos esenciales: a vueltas con el artículo 160 f) LSC", *Diario La Ley*, n.º 8546, 2015 (LA LEY 3426/2015).

ARIAS VARONA, F. J., "Acción individual en los casos de cierre de hecho de sociedades y carga de la prueba", RODRÍGUEZ ARTIGAS, F. (Dir.); y ESTEBAN VELASCO, G. (Dir.), *Estudios sobre órganos de las sociedades de capital*, Aranzadi, Cizur Menor, 2017, pp. 1227-1256.

ARIAS VARONA, F. J., "Fundamentos de la competencia de la junta general en materia de activos esenciales en caso de concurso de acreedores", en ARIAS VARONA, F. J. (Coord.); y FERNÁNDEZ TORRES, I. (Coord.); y MARTÍNEZ ROSADO, J. (Coord.), *Derecho de sociedades y de los mercados financieros: libro homenaje a Carmen Alonso Ledesma,* Iustel, Madrid, 2018, pp. 127-150.

ARIAS VARONA, F. J., *La disposición de activos esenciales de sociedades en crisis,* Aranzadi, Cizur Menor, 2020.

ARMENDARIZ ROMÁN, J., "Las instrucciones de la junta y la responsabilidad de los administradores a la luz de la reciente reforma en materia de gobierno corporativo", en EMPARANZA SOBEJANO, A. (Dir.), *Los intentos de reforzamiento del poder de la junta y de los socios en los grupos de sociedades,* Marcial Pons, Madrid, 2018, pp. 77-99.

ASÚA GONZÁLEZ, C., "Comentario al art. 1106 CC", en BERCOVITZ RODRÍGUEZ-CANO, R. (Dir.), *Comentarios al Código Civil,* Tomo VI, Tirant lo Blanch, Valencia, 2013, pp. 8102-8116, p 8107.

ÁVILA NAVARRO, P., *La sociedad limitada,* Bosch, Barcelona, 1996.

BELTRÁN SÁNCHEZ, E., "La liquidación", en ROJO FERNÁNDEZ RÍO, Á. (Dir.); y BELTRÁN SÁNCHEZ, E. (Dir.), *Comentario de la Ley de Sociedades de Capital,* Tomo II, Aranzadi, Cizur Menor, 2011, pp. 2591-2704.

BLANCO GARCÍA-LOMAS, L., "Efectos sobre el deudor", en GALLEGO SÁNCHEZ, E. (Dir.), *Derecho concursal y preconcursal,* Tomo I, Tirant lo Blanch, Valencia, 2022, pp. 651-715.

BOQUERA MATARREDONA, J., "La intervención de la junta general en asuntos de gestión", en GARCÍA-CRUCES GONZÁLEZ, J. A. (Dir.), *La gobernanza de las sociedades no cotizadas,* Tirant lo Blanch, Valencia, 2020, pp. 101-140.

CÁBANAS TREJO, R., "Activos esenciales y competencia de la junta general de las sociedades de capital ¿un riesgo para el tercero que contrata con la sociedad?", *Diario La Ley,* n.º 8521, 2015 (consultado en LA LEY 2717/2015)

CÁBANAS TREJO, R., "Los deberes de los administradores", en PRENDES CARRIL, P.; y otros (Dir.), *Tratado de sociedades de capital,* Tomo I, Aranzadi, Cizur Menor, 2017, pp. 1343-1453.

CAMPINS VARGAS, A., "El acta de la Junta: un comentario al art. 202 LSC", en el blog *Almacén de Derecho,* el 2 de julio de 2018, y está disponible para su consulta en: https://almacendederecho.org/acta-la-junta-comentario-al-art-202-lsc.

CARBAJO CASCÓN, F., *La sociedad de capital unipersonal,* Aranzadi, Cizur Menor, 2002.

CASTRO-GIRONA MARTÍNEZ, J. I., "La seguridad jurídica en el tráfico de bienes y derechos, con especial énfasis en el tema del control de la legalidad y el uso de nuevas tecnologías en el ámbito notarial", *Revista Jurídica del Notariado,* n.º extraordinario, 2010, pp. 9-107.

COHEN BENCHETRIT, A., "La acción individual de responsabilidad de los administradores sociales", en PULIDO BEGINES, J. L. (Dir.), *Responsabi-*

lidad de los administradores de las sociedades de capital, Marcial Pons, Madrid, 2019, pp. 33-78.

CORDÓN MORENO, F., "Comentario al art. 43 LC", en CORDÓN MORENO, F. (Dir.), *Comentarios a la Ley Concursal*, Tomo I, Aranzadi, Cizur Menor, 2010, pp. 506-515 (consultado en Aranzadi Instituciones: BIB\2009\8099).

CORTÉS DOMÍNGUEZ, F. J., "Planes de reestructuración y modificaciones estructurales. Los nuevos paradigmas y algunas paradojas", *Anuario de Derecho Concursal*, n.º 62, 2024, pp. 7-49.

CUENCA GARCÍA, Á.; y FERRANDO VILLALBA, M. L., "Las competencias de los órganos sociales en la sociedad de responsabilidad limitada", en EMBID IRUJO, J. M. (Dir.), *Las competencias de los órganos sociales en las sociedades de capital*, Tiran lo Blanch, Valencia, 2005, pp. 168-281.

CURTO POLO, M., *La protección del socio minoritario*, Tirant lo Blanch, Valencia, 2019.

DE CASTRO, F., *El negocio jurídico*, Instituto Nacional de Estudios Jurídicos, Madrid, 1971.

DE VAL TENA, Á. L., *El trabajo de alta dirección. Caracteres y régimen jurídico*, Civitas, Madrid, 2002.

DÍAZ ECHEGARAY, J. L., "La responsabilidad civil", en DÍAZ ECHEGARAY, J. L. (Coord.), *La responsabilidad de los administradores de las sociedades de capital*, Aranzadi, Cizur Menor, 2022, pp. 191-462.

DÍAZ ECHEGARAY, J. L., *El administrador de hecho de las sociedades*, Aranzadi, Cizur Menor, 2002.

DÍEZ BARTUREN, A., "Nuevo artículo 160.f) de la Ley de Sociedades de Capital, ¿a qué nos enfrentamos realmente?, en *Diario La Ley*, n.º 8579, 2015, pp. 1-8.

DÍEZ-BARTUREN LLOMBART, A., "Nuevo art. 160 f) de la Ley de Sociedades de Capital, ¿a qué nos enfrentamos realmente?", *La Ley: Revista Jurídica Española de Doctrina, Jurisprudencia y Bibliografía*, n.º 8521, 2015 (consultado en la LA LEY 2717/2015).

DÍEZ-PICAZO Y PONCE DE LEÓN, L., *Fundamentos de derecho civil patrimonial*, Tomo II, Aranzadi, Cizur Menor, 2008.

DOMÍNGUEZ PÉREZ, E. M., "Cese de los administradores de sociedades de capital por infracción de prohibiciones legales, intereses opuestos a la sociedad e infracción de los deberes de diligencia y lealtad tras la reforma de la LSC (Ley 31/2014, de 3 de diciembre)", en GARCÍACRUCES GONZÁLEZ, J. A. (Dir.), *La gobernanza de las sociedades no cotizadas*, Tirant lo Blanch, Valencia, 2020, pp. 403-443.

ENCISO ALOSNO MUÑUMER, M., "La posición de los socios en la aprobación y homologación del plan de reestructuración", *Anuario de Derecho Concursal*, n.º 62, 2024, pp. 83-118 (consultado en Aranzadi Instituciones: COM\2024\18065).

ESTEBAN VELASCO, G., "Comentario al art. 161 LSC", en ROJO FERNÁNDEZ RÍO, Á. (Dir.); y BELTRÁN SÁNCHEZ, E. (Dir.), *Comentario de la Ley de sociedades de Capital*, Tomo I, Aranzadi, Pamplona, 2010, pp. 1209-1217.

ESTEBAN VELASCO, G., "Distribución de competencias entre la Junta General y el órgano de Administración, en particular las nuevas facultades de la Junta sobre activos esenciales", en RODRÍGUEZ ARTIGAS, F. y otros (Dir.), *Junta General y Consejo de Administración de la Sociedad cotizada*, Tomo I, Aranzadi, Cizur Menor, 2016, pp. 28-89.

ESTEBAN VELASCO, G., "La acción individual de responsabilidad", en ROJO FERNÁNDEZ RÍO, Á. (Dir.); BELTRÁN SÁNCHEZ, E (Dir.), *La responsabilidad de los administradores de las sociedades mercantiles*, Tirant lo Blanch, Valencia, 2013, pp. 161-247.

FACHAL NOGER, N., "Las operaciones de liquidación concursal", *Anuario de Derecho Concursal*, n.º 59, 2023 (consultado en Aranzadi Instituciones: BIB\2023\801).

FERNÁNDEZ DE LA GÁNDARA, L., *Derecho de sociedades, vol. I*, Tirant lo Blanch, Valencia, 2010.

FERNÁNDEZ DEL POZO, L, "Las operaciones sobre «activos esenciales»: artículos 160 f) y 511 bis de la Ley de Sociedades de Capital", en SEBASTÍAN QUETGLAS, R. (Dir.), *Manual de fusiones y adquisiciones de empresas*, La Ley, 2016, pp. 187-272 (consultado en LA LEY 2851/2016).

FERNÁNDEZ DEL POZO, L., "Aproximación a la categoría de «operaciones sobre activos esenciales», cuya decisión es competencia exclusiva de la Junta [arts. 160 f) y 511 bis LSC]", *La Ley Mercantil*, n.º 11, 2015 (Base de datos La Ley 1585/2015).

FERNÁNDEZ POZO, L., "La tutela de los socios frente a los planes de reestructuración preventiva de su sociedad. Hacia un derecho societario preconcursal", *La Ley Mercantil*, n.º 88, 2022 (consultado en LA LEY 1571/2022).

FERRANDO MIGUEL, I., "De los efectos específicos sobre la persona jurídica", en VEIGA COPO, A. (Dir.), *Comentario al Testo Refundido de la Ley Concursal*, Tomo I, Aranzadi, Cizur Menor, 2021, pp. 735-791.

FLORES SEGURA, M., ["El incumplimiento de los planes de reestructuración: novedades e incógnitas de la reforma", en blog Almacén de Derecho, 1 de junio de 2022 (https://almacendederecho.org/el-incumplimiento-de-los-planes-de-reestructuracion-novedades-e-incognitas-de-la-reforma)

FLORES SEGURA, M.; y MARTÍNEZ FLÓREZ, A., "Comentario al art. 387 LSC", en GARCÍA-CRUCES GONZÁLEZ, J. A. (Dir.), *Comentario de la Ley de Sociedades de Capital*, Tomo V, Tirant lo Blanch, Valencia, 2021, pp. 5293-5299.

FUENTES DEVESA, R., "Enajenación de bienes y derechos de la masa activa", en GALLEGO SÁNCHEZ, E. (Dir.), *Derecho concursal y preconcursal*, Tomo I, Tirant lo Blanch, Valencia, 2022, pp. 1153-1226.

GALLEGO SÁNCHEZ, E., "Comentario al art. 223 LSC", en ROJO FERNÁNDEZ RÍO, Á. (Dir.); y BELTRÁN SÁNCHEZ, E. (Dir.), *Comentario de la Ley de sociedades de Capital*, Tomo I, Aranzadi, Pamplona, 2010, pp. 1584-1589.

GALLEGO SÁNCHEZ, E., "Efectos específicos del concursado persona jurídica", en GALLEGO SÁNCHEZ, E. (Dir.), *Derecho concursal y preconcursal*, Tomo II, Tirant lo Blanch, Valencia, 2022, pp. 745-850.

GALLEGO SÁNCHEZ, E., "Operaciones sobre activos esenciales", en PEÑAS MOYANO, M. J. (Dir.), *Estudios de Derecho de sociedades y de Derecho concursal: libro en homenaje al profesor Jesús Quijano González*, Ediciones Universidad de Valladolid, Valladolid, 2023, pp. 349-368.

GARCÍA GARCÍA, E., "Comentarios a los arts. 227-230 LSC", en GARCÍA-CRUCES GONZALEZ, J. A. (Dir.), *Comentario de la Ley de Sociedades de Capital*, Tomo III, Tirant lo Blanch, Valencia, 2021, pp. 3117-3194.

GARCÍA GARCÍA, E., "Comentarios a los arts. 236-241 bis LSC", en GARCÍA-CRUCES GONZALEZ, J. A. (Dir.), *Comentario de la Ley de Sociedades de Capital*, Tomo III, Tirant lo Blanch, Valencia, 2021, pp. 3261-3392.

GARCÍA MARRERO, J., ["La acción social de responsabilidad de los administradores", en ORTEGA BURGOS, E. (Dir.), *Tratado de conflictos societarios*, Tirant lo Blanch, Valencia, 2019, pp. 367-429.

GARCÍA VICENTE, J. R., "Comentario al art. 1259 CC", en BERCOVITZ RODRÍGUEZ-CANO, R. (Dir.), *Comentarios al Código Civil*, Tomo VI, Tirant lo Blanch, Valencia, 2013, pp. 9041-9049.

GARCÍA VIDAL, Á., *Las instrucciones de la junta general a los administradores de la sociedad de responsabilidad limitada*, Aranzadi, Cizur Menor, 2006.

GARCÍA-CRUCES GONZÁLEZ, J. A., "Comentario al art. 161 LSC", en GARCÍA-CRUCES GONZÁLEZ, J. A. (Dir.), *Comentario de la ley de Sociedades de Capital. Tomo III. La junta general. La administración de la sociedad*, Tirant lo Blanch, Valencia, 2021, pp. 2283-2302.

GARCÍA-CRUCES GONZALEZ, J. A., "Comentarios al art. 160 LSC", en GARCÍA-CRUCES GONZALEZ, J. A. (Dir.), *Comentario de la Ley de Sociedades de Capital*, Tomo III, Tirant lo Blanch, Valencia, 2021, pp. 2243-2282.

GARCÍA-CRUCES GONZÁLEZ, J. A., *Derecho de sociedades mercantiles*, Tiran lo Blanch, Valencia, 2025.

GARCIMARTÍN, F., "El derecho preconcursal: una visión general", *Anuario de Derecho Concursal*, n.º 57, 2022, pp. 9-50.

GARRIDO DE PALMA, V.; y ARANGUREN URRIZA, F. J., "Protocolos y pautas de actuación de los administradores: perspectiva notarial", en HERNANDO CEBRIÁ, L. (Coord.), *Régimen de deberes y responsabilidad de los administradores en las sociedades de capital: adaptado a la modificación de la*

Ley de Sociedades de Capital para la mejora del gobierno corporativo, Bosch, Barcelona, 2015, pp. 427-477.

GARRIGUES, J., *Curso de Derecho Mercantil,* Tomo I, Aguirre, Madrid, 1976.

GIRÓN TENA, J., *Derecho de Sociedades. Tomo I. Parte General. Sociedades colectivas y comunitarias,* Benzal, Madrid, 1776.

GONZÁLEZ-MENESES, M., "Reestructuración de empresas y operaciones sobre activos esenciales (La aplicación práctica de la regla del art. 160 f) LSC a la vista de la doctrina de la DGRN)", *Revista de Derecho Concursal y Paraconcursal,* n.º 24, 2016 (consultado en: LA LEY 99/2016).

GUERRERO LEBRÓN, M. J., "La competencia de la junta general sobre la disposición de activos esenciales (artículo 160.f Ley de Sociedades de Capital)", en GARCÍA CRUCES GONZÁLEZ, J. A. (Dir.), *La gobernanza de las sociedades no cotizadas,* Tirant lo Blanch, Valencia, 2020, pp. 63-99.

GUERRERO LEBRÓN, M. J., "El derecho de separación en los casos de modificación de facto del objeto social", en GARCÍA-CRUCES GONZÁLEZ, J. A., *De Iure Mercatus. Libro homenaje al Prof. Dr. Dr.H.C. Alberto Bercovitz Rodríguez-Cano,* Tirant lo Blanch, Valencia, 2023, pp. 2097-2115.

GUERRERO TRAVIIJANO, C., *El deber de diligencia de los administradores en el gobierno de las sociedades de capital. La incorporación de los principios de la business judgment rule al ordenamiento español,* Civitas, Madrid, 2015.

HERBOSA MARTÍNEZ, I., "Comentario al art. 206 TRLC", en VEIGA COPO, A. (Dir.), *Comentario al Testo Refundido de la Ley Concursal,* Tomo I, Aranzadi, Cizur Menor, 2021, pp. 1192-1196.

HERNÁNDEZ HERNÁNDEZ, J., "La intervención de la Junta General en asuntos de gestión y su repercusión en el deber de diligencia", en MUÑOZ PAREDES, A. (Dir.); y COHEN BENCHETRIT, A. (Dir.), *Deberes de los administradores de las sociedades de capital,* Aranzadi, Cizur Menor, 2023, pp. 267-276.

HERNANDO CEBRIÁ, L., "Presupuestos del deber de lealtad: artículo 227.1", en HERNANDO CEBRIÁ, L. (Coord.), *Régimen de deberes y responsabilidad de los administradores en las sociedades de capital,* Bosch, Barcelona, 2015, pp. 137-186.

HERNANDO CEBRIÁ, L., *El deber de diligente administración en el marco de los deberes de los administradores sociales,* Marcial Pons, Madrid, 2009.

IRIBARREN BLANCO, M., "Competencia de la junta general sobre la disposición de activos esenciales: tendencias en el derecho comparado y cuestiones en los grupos de sociedades", *Actualidad Jurídica Uría Menéndez,* n.º 65, 2024, pp. 63-81.

IRIBARREN BLANCO, M., "Modificación de hecho del objeto social y coherencia de los socios con sus propios actos", en GARCÍA-CRUCES GONZÁLEZ, J. A., *De Iure Mercatus. Libro homenaje al Prof. Dr. Dr.H.C. Alberto Bercovitz Rodríguez-Cano,* Tirant lo Blanch, Valencia, 2023, pp. 2273-2307.

JUSTE MENCÍA, J., "Artículo 227. Deber de lealtad", en JUSTE MENCÍA, J. (Dir.), *Comentario de la reforma del Régimen de las Sociedades de Capital en materia de Gobierno Corporativo (Ley 31/2014) sociedades no cotizadas*, Aranzadi, Cizur Menor, 2015, pp. 361-375, p. 363.

JUSTE MENCÍA, J., "Artículo 236. Presupuestos y extensión subjetiva de la responsabilidad", en JUSTE MENCÍA, J. (Coord.), *Comentario de la reforma del Régimen de las Sociedades de Capital en materia de Gobierno Corporativo (Ley 31/2014) sociedades no cotizadas*, Aranzadi, Cizuer Menor, 2015, pp. 443-462.

JUSTE MENCÍA, J., "La junta de socios y los planes de reestructuración en el derecho proyectado", *Revista General de Insolvencias & Reestructuraciones*, n.º 6, 2022 (consultado en Iuste.com).

JUSTE MENCÍA, J.; y MASSAGUER, J., "Artículo 239. Legitimación de la minoría", en JUSTE MENCÍA, J. (Dir.), *Comentario de la reforma del Régimen de las Sociedades de Capital en materia de Gobierno Corporativo (Ley 31/2014) sociedades no cotizadas*, Aranzadi, Cizur Menor, 2015, pp. 463-476.

LARA GONZÁLEZ, R., "La acción social de responsabilidad: ejercicio por la sociedad", en ROJO FERNÁNDEZ RÍO, Á. (Dir.); y BELTRÁN SÁNCHEZ, E (Dir.), *La responsabilidad de los administradores de las sociedades mercantiles*, Tirant lo Blanch, Valencia, 2013, pp. 89-120.

LLAMAS POMBO, E., "Comentario al art. 1106 CC", en DOMÍNGUEZ LUELMO, A. (Dir.), *Comentarios al Código Civil*, Lex Nova, Valladolid, 2010, pp. 1217-1219.

LLORENTE GONZALVO, M., "Comentario a la resolución de la DGRN de 10 de julio de 2015. Análisis del artículo 160 de TRDLEG /2010, de la ley de sociedades de capital, tras la reforma por la ley 3 1/2014: autorización de la junta general para la transmisión de activos esenciales", *Cuadernos de Derecho y Comercio*, n.º 64, 2016, pp. 185-218.

LUCEÑO OLIVA, J. L., "Los efectos del concurso", en AUGOUSTATOS ZARCO, N. (Coord.), *Compendio de derecho concursal*, Tecnos, Madrid, 2023, pp. 71-91.

MANZANARES SECADES, A., "El nuevo artículo 160 F) de la Ley de Sociedades de Capital en cuanto a la necesaria aprobación por la Junta General de ciertas operaciones sobre "activos esenciales": ¿es también aplicable a la constitución de garantías reales sobre dichos "activos esenciales"?", *Documentos de trabajo del Departamento de Derecho Mercantil (Universidad Complutense)*, n.º 100, 2016, pp. 1-17.

MARTÍN ARESTI, P., *Prestación de servicios o de obra del administrador y deber de lealtad (art. 220 LSC)*, Tiran lo Blanch, Valencia, 2019.

MARTÍNEZ DE MARIGORTA MENÉNDEZ, C., "Conflictos de competencia entre los órganos de las sociedades de capital. La disposición de activos esenciales: problemática societaria y concursal", *La Ley Insolvencia*, n.º 9, 2022 (consultado en LA LEY 2285/2022).

MARTÍNEZ ECHEVARRÍA, A.; y PUENTE GONZÁLEZ, I. A., "Aspectos esenciales del régimen de la responsabilidad de los administradores de las sociedades de capital", en PULIDO BEGINES, J. L. (Dir.), *Responsabilidad de los administradores de las sociedades de capital*, Marcial Pons, Madrid, 2019, pp. 15-32.

MARTÍNEZ FLÓREZ, A., "Facultades patrimoniales del concursado convenido (art. 137 LC)", en ROJO FERNÁNDEZ RÍO, Á. (Dir.); y BELTRÁN SÁNCHEZ, E. (Dir.), *Comentario de la Ley Concursal*, Tomo II, Aranzadi, Cizur Menor, 2004, pp. 2249-2264 (consultado en Aranzadi Instituciones: BIB\2015\9131).

MARTÍNEZ FLÓREZ, A., *La junta general de la sociedad concursada*, Aranzadi, Cizur Menor, 2012.

MARTÍNEZ MUÑOZ, M., "Comentario a los arts. 321-322 TRLC", en VEIGA COPO, A. (Dir.), *Comentario al Texto Refundido de la Ley Concursal*, Tomo II, Aranzadi, Cizur Menor, 2021, pp. 71-77.

MARTÍNEZ MUÑOZ, M., "El cambio de apoderados generales por los directores generales como personas afectadas por la calificación en el Texto Refundido de la Ley Concursal", *Anuario de Derecho Concursal*, n.º 51, 2020, pp. 131-156.

MEGIAS LÓPEZ, J., "Comentario al art. 640 TRLC", en PULGAR EZQUERRA, J. (Dir.), *Comentario al Texto Refundido de la Ley Concursal*, Tomo II, La Ley, Madrid, 2023.

MEIJOMIL GONZÁLEZ, A., *Deber de lealtad y responsabilidad de los administradores*, Aranzadi, Cizur Menor, 2023.

MIQUEL, J., "Las operaciones de liquidación", en ROJO FERNÁNDEZ RÍO, Á. (Dir.); y BELTRÁN SÁNCHEZ, E. (Dir.), *Disolución y liquidación de sociedades mercantiles*, Tirant lo Blanch, Valencia, 2009, pp. 211-248.

MORALEJO MENÉNDEZ, I., *La disolución de las sociedades de capital*, Tiran lo Blanch, Valencia, 2023.

MORILLAS JARILLO, M. J., *Las normas de conducta de los administradores de las sociedades de capital*, La Ley, Madrid, 2002.

MOYA BALLESTER, J., "El convenio", en GALLEGO SÁNCHEZ, E. (Dir.), *Derecho concursal y preconcursal*, Tomo II, Tirant lo Blanch, Valencia, 2022, pp. 1549-1584.

MUÑOZ PÉREZ, A. F., *El proceso de liquidación de la sociedad anónima*, Aranzadi, Cizur Menor, 2002.

NAVARRO MATAMOROS, L., *Panorama del derecho de sociedades contemporáneo: nuevas figuras y tendencias prácticas*, Aranzadi, Cizur Menor, 2019.

NIETO CAROL, U., "Activos esenciales y sociedad en liquidación", en blog *Commenda. Grupo investigador en derecho de sociedades*, 21 de enero de 2019: https://www.commenda.es/novedades-y-jurisprudencia/repertorio-jurisprudencial/organos-sociales/activos-esenciales-y-sociedad-en-liquidacion/

NIETO CAROL, U., "La temática de los activos esenciales", en EMBID IRUJO, J. M. (Dir.); y NIETO CAROL, U. (Dir.), *Estudios de derecho de sociedades,* Tirant lo Blanch, Valencia, 2019, pp. 167-226.

O'CALLAGHAN MUÑOZ, X., "Comentario a al art. 1259 CC", O'CALLAGHAN MUÑOZ, X. (Dir.), en *Código Civil comentado y con jurisprudencia,* La Ley, Madrid, 2008, pp. 1270-1273.

ORBIS, B., "Aplicación práctica del artículo 160 f) de la Ley de Sociedades de Capital: criterio de la DGRN sobre la acreditación de la no esencialidad de los activos", *Actualidad Civil,* n.º 5, 2016 (consultado en la LA LEY 3168/2016).

PANTALEÓN PRIETO, F., "El sistema de responsabilidad contractual: (materiales para un debate)", *Anuario de Derecho Civil,* n.º 3, 1991, pp. 1019-1092.

PAÑEDA USUNÁRIZ, F., "Deber de enajenación de bienes sociales", en PRENDES CARRIL, P., y otros (Dir.), *Tratado de sociedades de capital,* Tomo II, Aranzadi, Cizur Menor, 2017, pp. 415-419.

PAZ ARES RODRÍGUEZ, C., "Anatomía del deber de lealtad", *Actualidad Jurídica Uría Menéndez,* n.º 40, 2015, pp. 43-65.

PÉREZ MILLÁN, D., "La competencia de la junta general respecto de operaciones sobre activos esenciales y el poder de representación de los administradores", en JUSTE MENCÍA, J., y otros (Coord.), *Estudios sobre órganos de las sociedades de capital: liber amicorum, Fernando Rodríguez Artigas, Gaudencio Esteban Velasco,* Vol. I, Aranzadi, Cizur Menor, 2017, pp. 323-360.

PÉREZ MORIONES, A., "La extensión de la facultad de la junta general de intervenir en asuntos de gestión. En particular, la intervención de la junta en asuntos de gestión del grupo", en EMPARANZA SOBEJANO, A. (Dir.), *Los intentos de reforzamiento del poder de la junta y de los socios en los grupos de sociedades,* Marcial Pons, Madrid, 2018, pp. 101-137.

PIEDRA ARJONA, J., "Deberes fiduciarios de diligencia y lealtad: interés de la empresa e interés social", en MUÑOZ PAREDES, A. (Dir.); y COHEN BENCHETRIT, A. (Dir.), *Deberes de los administradores de las sociedades de capital,* Aranzadi, Cizur Menor, 2023, pp. 495-516.

PINO SÁNCHEZ, A., "Presupuestos y extensión subjetiva de la responsabilidad de los administradores sociales", en ARIAS VARONA, F. J. (Dir.); y RECALDE CASTELLS, A. (Dir.), *Comentario práctico a la nueva normativa de gobierno corporativo,* Dykinson, Madrid, 2015, pp. 117-122.

PORTELLANO DÍEZ, P., *Deber de fidelidad de los administradores de sociedades mercantiles y oportunidades de negocio,* Civitas, Madrid, 1996.

PRENDES CARRIL, P., "La responsabilidad de los administradores", en PRENDES CARRIL, P.; y otros (Dir.), *Tratado de sociedades de capital,* Tomo I, Aranzadi, Cizur Menor, 2017, pp. 1483-1512.

PUETZ, A., "La acción social de responsabilidad: fundamento y ejercicio por la sociedad", en PULIDO BEGINES, J. L. (Dir.), *Responsabilidad de los administradores de las sociedades de capital*, Marcial Pons, Madrid, 2019, pp. 79-135.

PULGAR EZQUERRA, J., "Modificaciones estructurales de sociedades en liquidación y en situación concursal", en QUIJANO GONZÁLEZ, J. y otros (Dir.), *Modificaciones estructurales de las sociedades mercantiles*, vol. II, 2009, Aranzadi, Cizur Menor, 2009, pp. 729-771.

QUIJANO GONZÁLEZ, J., "Comentario a los arts. 236-240", en ROJO FERNÁNDEZ-RÍO, Á. (Dir.); y BELTRÁN SÁNCHEZ, E. (Dir.), *Comentario de la Ley de Sociedades de Capital*, Aranzadi, Cizur Menor, 2011.

QUIJANO GONZÁLEZ, J., "Comentario a los arts. 126-129 TRLC", en PEINADO GARCÍA, J. I. (Dir.); y SANJUÁN Y MUÑOZ, E. ((Dir.), *Comentarios al articulado del Texto Refundido de la Ley Concursal*, Vol. I, Sepin, Madrid, 2020, pp. 839-867.

RECALDE CASTELLS, A. J., "Art. 160. Competencia de la junta general", en JUSTE MENCÍA, J. (Coord.), *La junta general de las sociedades de capital: comentario a los artículos 159 a 208 LSC*, Aranzadi, Cizur Menor, 2022, pp. 43-79.

RECALDE CASTELLS, A. J., "Art. 161. Intervención de la junta en asuntos de gestión", en JUSTE MENCÍA, J. (Coord.), *La junta general de las sociedades de capital: comentario a los artículos 159 a 208 LSC*, Aranzadi, Cizur Menor, 2022, pp. 80-95.

RECALDE CASTELLS, A., "La Propuesta de Directiva sobre diligencia debida (*Due Diligence*) de las empresas en materia de sostenibilidad y el deber de diligencia de los administradores", en COHEN BENCHETRIT, A. (Dir.); y MUÑOZ PAREDES, A. (Dir.), *Deberes de los administradores de las sociedades de capital*, Aranzadi, Cizur Menor, 2023, pp. 157-182.

RECAMÁN GRAÑA, E., *Los deberes y la responsabilidad de los administradores de sociedades de capital en crisis*, Aranzadi, Cizur Menor, 2016.

REDONDO TRIGO, F., "Crónica sobre la doctrina contradictoria de las audiencias provinciales en la aplicación del artículo 160 f LSC como preludio de una casación", *Revista Crítica de Derecho Inmobiliario*, n.º 796, 2023, pp. 1235-1250.

REMESEIRO REGUERO, R., "La función notarial de control de legalidad. Estado de la cuestión en el ámbito de las condiciones generales de la contratación y las cláusulas abusivas", *Anuario da Facultade de Dereito da Universidade da Coruña*, n.º 22, 2018, pp. 274-297.

RIBAS FERRER, V., *El deber de lealtad del administrador de sociedades*, La Ley, Madrid, 2010.

RODRÍGUEZ ROSADO, B., "Mala fe y eficacia frente a tercero de los derechos de crédito", *Anales de la Academia Matritense del Notariado*, Tomo 59, 2019, pp. 433-470.

RUBIO VICENTE, P., "La transmisión de unidades productivas", *Anuario de Derecho Concursal*, n. 61, 2024, pp. 7-55.

SÁNCHEZ CALERO, F. J., "Supuestos de responsabilidad de los administradores en la Sociedad Anónima", AAVV, *Derecho mercantil de la Comunidad Económica Europea: estudios en homenaje a José Girón Tena*, Civitas, Madrid, 1991, pp. 905-936

SÁNCHEZ CALERO, F., *Los administradores en las sociedades de capital*, Aranzadi, Cizur Menor, 2007.

SANCHO GARGALLO, I., "Las acciones social e individual en la jurisprudencia reciente", en GONZÁLEZ FERNÁNDEZ, B (Dir.); y COHEN BENCHETRIT, A. (Dir.), *Derecho de sociedades: cuestiones sobre órganos sociales*, Tirant lo Blanch, Valencia, 2019, pp. 951-967.

SERRANO CAÑAS, J. M., "La incorporación de la Business Judgment Rule al Derecho español: el proyectado art. 226 de la Ley de Sociedades de Capital", *La Ley Mercantil*, n.º 6, 2014 (LA LEY 5748/2014).

SOVERAL MARTINS, A., *Administração de Sociedades Anónimas e Responsabilidade dos Administradores*, Almedina, Coimbra, 2020.

TORRECILLAS LÓPEZ, S., "El reformado Art. 225.1 LSC y su significado en el ámbito de las sociedades anónimas deportivas", en MUÑOZ PAREDES, A. (Dir.); y COHEN BENCHETRIT, A. (Dir.), *Deberes de los administradores de las sociedades de capital*, Aranzadi, Cizur Menor, 2023, pp. 105-125.

URRECHA ESPLUGA, S., "GoodPapers: Las instrucciones de la Junta (art. 161 LSC): ¿cuestión tipológica?", en el blog *Almacén de Derecho*, el 10 de febrero de 2018, y está disponible para su consulta en: https://almacendederecho.org/goodpapers-las-instrucciones-la-junta-art-161-lsc-cuestion-tipologica.

VÁZQUEZ PASTOR JIMÉNEZ, L., "La administración del patrimonio de los hijos y actos de disposición", en AAVV, *Estudios y comentarios legislativos. Derecho de familia*, Aranzadi, Cizur Menor, 2012 (consultado en Aranzadi Instituciones: BIB\2012\8032).

VENTO ABOGADOS & ASESORES, "Venta de activos esenciales y concurso de acreedores: ¿es necesaria autorización de la junta?", Blog del despacho: https://vento.es/venta-de-activos-esenciales-y-concurso-de-acreedores-es-necesaria-autorizacion-de-la-junta/

VICENTE DOMINGO, E., "El daño", en REGLERO CAMPOS, L. F. (Coord.), *Tratado de responsabilidad civil*, Aranzadi, Cizur Menor, 2003, pp. 219-302.

VILLAMIL FERREIRA, V., *La separación de los administradores en las sociedades de capital*, Tiran lo Blanch, Valencia, 2021.

VIVERO DE PORRAS, C., "Sentencia de calificación", en PEINADO GARCÍA, J. I.; y SANJUÁN Y MUÑOZ, E., *Comentarios al articulado de Texto Refundido de la Ley Concursal*, tomo III, Sepin, Madrid, 2020, pp. 491-504.

YÁÑEZ EVANGELISTA, J., "Otras acciones de responsabilidad del administrador societario"; acción por daños y por deudas", en ORTEGA BURGOS, E. (Dir.), *Tratado de conflictos societarios*, Tirant lo Blanch, Valencia, 2019, pp. 431-470.